児（こ）・職友（とも）と生きる

渡邉茂雄論文集

編集委員会

叙勲褒章（瑞宝双光章受賞）

四国四県養護施設長研究協議会にて

青年期

1971年〔昭和46〕調布学園広場の中央高速下にて（最後列左から２人目）

少年期（左側）

松島先生（中央）と渡邉先生（右から１人目）

20代の頃（最後列真ん中）

1975年〔昭和50〕調布学園食堂前にて（前列右から５人目）

2000 年〔平成 12〕 職員研修
（前列左から３人目）

福島先生(左から１人目)と平本先生（左から２人目)、高橋利一先生(右から４人目)､梅森先生(右から３人目)と渡邉先生(右から２人目)

村岡先生（中央）と渡邉先生（右から１人目）1972 年〔昭和 47〕４月
関東ブロック児童養護施設職員研修会にて

調布学園講堂にて（２列目中央）

昭和 45 年 10 月（詳細不明）

卒園生仲間の会（左から１人目が渡邉先生）

刊行にあたって

六踏園名誉理事長　中川うめ子

このたび渡邉茂雄氏の論文集が調布学園・第二調布学園の全面的改築の普請竣工を機に発刊されますことは、共に社会福祉に携わってまいりました一人として心からお祝いと感謝を申し上げるしだいでございます。

六踏園は大正一四年五月、調布の地に「調布農場」として設立されて以来、本年で九七年を数えようとしております。その社会事業発足に至る経緯といたしましては、設立母体である天理教東本大教会の初代会長中川よし先生の「教育・医療・福祉」を通じた社会への奉公という三信条の一つとして、今日の社会福祉の姿をお見せいただいております。

当法人の九七年の歴史において、渡邉氏は七〇余年の永きにわたりお勤めいただき、福祉の上にご尽力いただきました。そのご功績に厚く感謝の意を表します。

渡邉氏は、ご家庭においても、宗教家としても、福祉の実践者としても「親孝行の人」であったと思うのでございます。親（実の親、天理教の教えの親、福祉職の上司・恩師）の喜ぶことを率先して実践してこられました。七〇年の人生を福祉に捧げられるその源には、「子どもの喜ぶ姿を見て親の喜びとする」、天理の教えである『陽気ぐらし』の理念が根底にあり、常に人の幸福（福祉）を優先する思想と実践が氏の功績に現れてきているのだと思わせていただきます。

氏は、戦時中において陸軍航空士官学校予科を志願され、昭和二〇年八月の終戦後すぐに東本大教会二代会長中川庫吉先生（六踏園初代理事長）のもとに、復員の挨拶に伺われた際、六踏園事業の一つであった丹波赤熊の瓦工場（京都府）への派遣を命ぜられたのが、六踏園とのご縁であり福祉の道を歩む始まりでありました。

ほどなく東京に戻り調布農場において勤められ、指導員として少年たちとの寝食を共にする生活が始まります。少年指導とともに農作業から野菜の運搬・薪拾いと、少年たちと苦楽を共にした氏の青年期。「親の言う通りに素直に務めさせてもらいなさい」と、六踏園に勤められてからも母親から掛けられた言葉を胸に、惜しみなくその身体を使われました。

昭和二三年児童福祉法が制定され、児童福祉が制度として整えられてより、氏の才能はますます開花するにいたります。その業績は本書に任せることといたしますが、氏は昭和二〇年、三〇年代より当園初代理事長・二代理事長及び調布学園施設長の名代として、当時の福祉業界の諸先生方と交わり、その研鑽姿勢と才覚が認められ、やがては制度・政策作りを担い牽引する人材の一人へと成人されました。

私の五〇年近い理事長時代にいたるまで、第一線にてその活動と活躍は続くこととなりますが、常にその姿勢は福祉を受ける利用者本位であり、働く職員の社会的保障であり、施設運営を守るための働きでありました。福祉を利用し支援する方々の喜ぶ姿を見て自らの喜びとする、まさに氏が携わるそれぞれの親の思いを実現するために身を粉にして、お家の事は妻みよ夫人に任せきりで、福祉の上にご尽力をいただきました。

ご挨拶の結びに、ご家族をはじめ、諸先生・先輩方、関係する多くの方々の永きに渡る支えがあればこそ、ご生前中の氏の実践と実績、そして福祉の内容充実の実りがありますことと存じ、故人に代わり謹んで御礼申し上げます。

刊行を迎えて

六踏園理事長　中川佐治

おかげをもちまして、調布学園・第二調布学園改築工事である児童棟・地域交流棟・管理棟がこのたび新築完成をいたしました。本改築の構想は、渡邉茂雄先生がご健在の頃より温め練られてきたものであり、改築の申請認可と竣工を誰よりも心待ちにしておられたことと拝察しております。六踏園の設立母体であります天理教東本大教会の中川よし初代会長（六踏園園祖）が天寿を全うされてよりちょうど百年の節目にあたるこの年に、本法人としても一つの節目である普請が竣工いたしましたことに、これまでお掛け頂いております様々なご恩と、ご支援頂いております皆さま方に重ね々々厚く御礼を申し上げるしだいでございます。

渡邉先生の論文集の作成と言う記念刊行物の発行に至ったことは、この上ない喜びと好機と感じておりますことはもとより、当法人・施設の養育と運営や、さらには児童福祉・社会福祉の今後を考えます時、温故知新の言葉のとおり、礎を築かれた先人先生方の福祉にかける情熱と信念、その実践と運動の展開を学び、次代へと引き継いでいかなければならない立場として襟を正す思いであります。

渡邉先生は、私が本法人に就職した約三〇年前には、調布学園園長として法人常務理事として、国及び東京都の予算対策委員の中核として、まさに福祉制度の拡充に向け第一線でご活躍をされておりました。その間、本法人の事業をとおして渡邉先生と共に福祉の道を歩ませて頂けましたことは私にとりましても掛け替えのない財産でございます。

終戦直後より六踏園に勤められ、初代、二代、三代理事長の片腕となり、七〇年余の福祉人生を全うされました。幾多の荒波を越えられてまいりました渡邉先生の言葉の中には、常に先代理事長の言葉と思いが込められていました。「社会事業は死んでもやめない」という初代理事長の子どもの育成を思う強い信念、「偉い人にならなくても良い、それぞれの立場で立派な人になってください。」という二代理事長の親心ある子どもたちへのメッセージ、それらの言葉を我々にもていねいに教えていただき、そして、自らも実践し後進の者に示してこられました。

措置費の神様と言われた時代、瑞宝双光章の栄誉に浴した晩年でさえも、自らの功績を自賛することなく、感謝と慎みの心を忘れず、関わる職友と助け合いの心で通られ、「親のおかげ、皆さんのおかげです。ありがとう、ありがとう」と、ニコニコと手を合わされていた姿に、福祉の人としての生き方を学ばせていただきました。

このたび、刊行される本書においても、随所に渡邉先生の福祉理念と利用者・支援者に対する誠真実の思いが見られます。その道をたどり、そしてさらに先の道を開拓する者（後輩）として、折あるたびに紐解いていきたい一冊となることを期待しております。

改めて、渡邉先生の足跡とそれを支えられた多くの皆さま方に深甚なる感謝をささげますとともに、刊行にあたりご尽力いただきました関係機関関係者の皆さまに謹んでお礼申し上げ、ご挨拶とさせていただきます。

目　次◆児・職友と生きる――渡邉茂雄論文集

凡　例

一　本論文集は、雑誌やその他の刊行物などに掲載された論稿、座談会記録などを中心に編纂した。

二　編集方針としては、執筆・発表した論稿の全体像ができるだけわかるように、目次に見られる構成・領域に沿った論稿を配した。収録論稿の刊行年月・掲載雑誌などについては、論稿末尾に付記した。

三　論稿の原文は、雑誌などの刊行物に掲載された大小様々なものであり、見出しや記号など、その体裁も一律ではない。本書への収録にあたっては、すべてを縦書きとし、見出し・記号などの体裁は、読みやすさを基本にしてある程度の統一を図った。

四　文章・字句などについては、原文のままにすることを考えたが、旧漢字や宛て字などが使われている論稿もあり、それらに触れることすらほとんどなくなっている現状を考え、編者の責任で多くは現代文に直した。ただ、それぞれの単語の一つひとつに渡って徹底できているわけではないことをご了解いただきたい。

五　現時点の呼称と異なる論稿中の法の名称・施設名称などは、そのままとした。図表や統計・調査データなどの数値については、とくに明らかな誤りでない限り原文のままとした。

六　第一～三章の冒頭には、論稿にかかわる解説を付記、巻末に著者の略年譜を配し、読者の参考に供した。

第一章　子どもの人権を守るために

―措置制度の拡充を求めて―

❖第一章 解説

「国として児童の生存する権利を守っていこうとしたら、国の責任が明確にされていなければならないという考え方は決して間違っていない。行政処分になるがゆえに権利性が薄く、利用者とサービス提供者との関係も対等でないという指摘に甘んじてはいけない。措置制度においても対等であるべきだし、内容的に対等であらねばならないと思います」「費用が十分に来ようと来まいと、基本的に子どもの生活する権利を守る。子どもと一緒に生きていく、それが私たちの役割です。お金が少なかったから、こんなことをしてあげられない、あんなこともしてあげられないではなく、公的に流れてくるお金を最大限に活用して、利用者本位に使っていく役割が施設の運営者の責任です」

渡邉先生は二〇〇六年第六〇回全養協記念誌のインタビューでこう語られています。

本章では、戦後、児童福祉法が制定され、その制度の維持と措置制度の対価としての措置費の拡充をひたすら推し進めてこられた渡邉先生と措置費の足跡を学び、私たち後進の者たちが何を受け継ぎこれからをつくりあげていくべきかを考えるものとなっています。

1、根拠を明確にした要求運動

①「措置費には施設養護に対する行政の声がはっきり聞こえる」

渡邉先生には、当時厚生省に日参し、定期券でも持っているのかといわれるほどだったという逸話があります。行政があらわす措置費が何をいわんとしているのかを必死につかみ「措置費の仕組み」と「措置費の積算根拠」を推定して形にし、施設実践者に広げていきました。

②「単なる予算獲得運動ではなく予算執行の技術を前提とした運営管理の向上を目標にすること」

先生は「措置費が少なくてとにかく増額しなければならない時代は過ぎたのではないだろうか。確かに措置費はまだ不十分であるが、その措置費がいかに適正に執行されるかが問われ、適正執行、有効利用の上にのみ、増額が可能となる時代に移行していくと考える。そのために、措置費は運営管理の専門性向上を望んでおり、養護の本質課題を再確認しながら施設長の努力を待っているものと考える。」（一九七六年第三〇回全養記念出版）と話されています。実践し、使いこなしながら制度をよりよくしていく、そのことは半世紀たとうとする今でも問われ続けていくものです。

2、広くみんなに行き渡るようにするという視点

現在は「民間社会福祉施設等サービス推進費補助」（二〇〇〇年一月〜）となりましたが、一九七一年（昭和四六年一〇月）に開始した東京都における「職員給与公私格差是正事業」や都加算事業が統合となるにあたっては、東京都社会福祉協議会の予算対策委員長として、制度を守り、そして困る施設が出ないように思いめぐらせ調整し、軟着陸にこぎつけられました。

当時、調布学園でも四〇〇〇万円から五〇〇〇万円の減額が見込まれ、学園内でも騒然としながら、その動向を見定めていましたが、先生は、調布学園のことは二の次で、もっと困っているところはないか、児童養護だけでなく、保育、高齢、障害あらゆる分野での不具合を最小限にすべく、連日その

調整会議に通われていたことが思い出されます。自分のことはさておいてもみんなが困らないように、困ることも最小限にする攻防を繰り広げられていました。

「公私格差の終焉に想いをのせて

交渉を　了えて見上げる　都庁の灯　悲しさ思ほゆ　福祉見直し

涙にて　制度改変　きめにけり　誰ぞ　わがむねを知るや知らずや

渡邉　茂雄　」

当時、予算対策の委員長として万感の想いを持ちながら、その判断が何億円ともなる重責を担われておられました。

3、先達への感謝と後進への叱咤激励

渡邉先生が制度を語るとき、後藤先生や村岡先生他、多くの仲間のお名前が必ずと言っていいほど出てきました。「あの時、松島先生他、諸先輩方が自分を送り出し、叱咤激励してくださったおかげだ」といつも話されていました。また、措置費の積算推計表についても、土台となる数字をつかんできたのがご自身でも、それを児童部会の書記会で代々引き継いでいけるようにと、理解する人を多く

するよう取り組まれていました。

予算対策のノウハウも「盗んで学べ」の職人ではありましたが、一つを問うと何通りもの答えを考えてくださることも多くありました。時には厳しい叱咤激励もありましたが、お話くださるなかで、私たちの弱さや、子どもを見る視点の甘さを指摘してくださっていました。

数字がたくさんだったり、行政用語の多い第一章ですが、渡邉先生の熱い想いと共に読み進めていただけたらと思います。

品川景徳学園 園長　高橋 朝子

措置費について

――養護施設の事務費を中心として――

はじめに

最低基準を維持するために要する費用として、都道府県が支弁するものとされているのが措置費である。更に措置費として、都道府県が支弁する費用に対して、政令の定めるところにより、その十分の八を国庫が負担する。その基準を定めるのが、「児童福祉法による収容施設措置費国庫負担金交付基準」なのである。この問題については、昭和二十三年以来、諸先輩によって解説され、考察されて来たが、昭和三十九年度の予算が決定したこの際改めて分析・考察してみたい。慎重に検討を加えたつもりであるが、遠慮なく御批判を賜わり、色々御教示頂きたいと思っている。

我々は措置費に寄せる期待として、生活保護基準同様、国が行政面に於いて強く関心を持つことを望んでいる。最低基準を維持するためのものが、最低生活しか保障しないものであってはならないし、更に積極的に児童の健全育成に資し、その持つ諸問題を解決するに足る適切な内容でなくてはならないと思う。昨年話題にのぼった、措置費決定に関する審議会的なものの発足も強く望みたいものである。

ここでは、事務費を中心にして述べるが、措置費を考察するに当っては、事業費こそ重要であることはいうまでもない。予算対策の関心も、ややもすると事務費に集中する様なむきもあるが、それは我々の大いに留意せねばならないことであると思う。

以下次の項により分析考察をすすめる。

一、措置費の変遷
二、国庫負担金交付基準について
三、事務費の「国の示す単価」より給与額の算出について
四、「国の示す単価」の積算の内容を推測して
五、措置費の支出に当って
六、措置費と収容定員について
七、参考給与表

措置費の変遷

昭和二十五年を基準にして比較すると、事務費が五倍強、事業費が三倍強。事業費の上昇の度合いは、おゝむね一般世帯の生活水準と同じ様な発展をしていると見られる。事務費については、最近特に改善のむきにあるように見えるが、これは給与等がよくなったのではなく、これほど上昇せしめても尚かつ一般水準にまだまだ格差のある点を、充分考慮されなければならない。このことは、先般の

図１　措置費の変遷

		昭和 25 年	昭和 30 年	昭和 35 年	昭和 38 年	昭和 39 年
事務費	1 人 1 ヵ月単価	1,039 円 80	2,004 円 20	2,408 円 00	4,269 円 00	5,276 円 00
	比	100.0	192.8	231.6	410.6	307.4
事業費中 飲食物費と 日常諸費	1 人 1 日単価	53.04	73.71	92.85	138.45	160.79
	比	100.0	139.0	175.1	259.7	303.1

（養護施設 100 名定員の施設の分を参照して）

国会における、政府委員としての児童局長の答弁の中にも、はっきり格差を認めている点から理解され、更に大臣の発言で、来年度は必ず本俸の是正をするという約束も大いに期待したい。

国庫負担金交付基準について

事務費は最近比較的大きく伸びているが、その内容を交付基準から考察して見たい。いづれ各都道府県を通じて、厚生次官通達の交付基準が配布・説明されると思うので、何らかのポイントを中心にして、概要を説明するにとどめたい。特に厚生省児童局としては、近く「児童保護措置費取扱い要領」を有償ながら全施設必携のものとして配布したいとのことであるから、それに期待することとする。

交付基準では「国庫負担額について」・「単価の設定及び改定の方法」・「支弁額の算式及び支弁の方法」等を中心に別表をそえ説明されてある。

ここでは「保護単価の設定及び改定の方法」の中から必要と思われる事項を主として、その他別表等ですでに福祉新聞等の発表されているものの中から注目すべきものを取り上げて行くこととする。

㋑ 事務費の保護単価の設定について

「児童収容施設に対するその年度における措置児童一人当りの事務費の月額保護単価の設定は、前年度の三月（昭和三十九年三月）現在における、その児童福祉施設の職員の現員（別に定められた児童福祉施設の各職種ごとに定める定数の範囲内で）に係る年間所要経費（次表による合算額）をその児童福祉施設の前年度の三月現在の定員に年間月数を乗じた数により除して得た額とすること。ただしその児童福祉施設の事務費の国の示す単価をこえないものとする」（字句は多少省略した）要するに今まで通りなのである。

次表として示されたものを順次説明して行きたいと思う。

⑴　給与年額

昭和三十九年三月現在の職員の現員の本俸

・暫定手当及び扶養手当の合算額の十二ヶ月分

※暫定手当・扶養手当については、地方公務員の基準の例によって算定した額で打切る。したがって、その施設の所在する都道府県公務員給与表の暫定手当、扶養手当支給率を参考にして、その範囲内で支給すればよいと思われる。

※暫定手当を設けず、本俸と合算して支給している施設では分けて支給することがのぞまれる。

※三月末で退職した職員と交代に四月一日附就職した職員の分は、前任者の給与によって判定される。（二日以後就職した職員については一ヶ月分事務費を削減されることもあるから充分注意すべきである）

※昭和三十八年三月から昭和三十九年三月の間に昇給した職員については、その昇給額が、その施設の所在する都道府県公務員の昇給基準の例により算定した額をこえて昇給した分は認められない。

昇給の概況は、

一五〇〇〇円以内では約五〇〇円

二〇〇〇〇円以内では約一〇〇〇円

三〇〇〇〇円以内では約一五〇〇円
三〇〇〇〇円以上では約二〇〇〇円
位と思われる。

※給与調整は認められない。ただし昨年十月のベースアップ六・六二%はもちろん認められる。
※昭和三十九年四月（実際は昭和三十八年十月）・同十月で暫定手当の支給率の改定が行われる地域（丙地域）では改定に必要な額を含む年間暫定手当総所要額を十二で除した額を三月現在の給与に含めて認められる。
※暫定手当は二級地（乙地域）を基準として算出される。

四級地（甲地域）基準額の三倍
三級地（甲地域）基準額の二倍
二級地（乙地域）基準額通り
一級地（乙地域）四月～九月基準額の三分の二
十月以後　基準額通り
無給地（丙地域）四月～九月基準額の三分の二
十月以後　基準額通り

これによって昭和四十年度からは丙地域は解消され、全ての施設が、甲地域、乙地域の二つに区分されることになった。

(2)　一割加算額

本俸・暫定手当・扶養手当（(1)によって計算される額）の年額の一割を一割加算額として認められる。

一割加算額は昭和三十九年度内における、昇給、諸手当等の分として認められる。ただし給与分として支出されることがのぞまれる。

(3) 期末勤勉手当

本俸・暫定手当・扶養手当の月額（(1)によって計算される額）の三・九ケ月分を期末勤勉手当とする。この期末勤勉手当は慣例によって、支給することがのぞまれる。これも、地方公務員の給与の基準によるべきであろうが、普通多少の勤続年数による差も考えられよう。ただしこの際最低三・九ケ月分が支給されるよう努力すべきである。

三・九ケ月分の内わけとしては

夏期―一・三ケ月分

冬期―二・六ケ月分　または

夏期―一・二ケ月分

冬期―二・二ケ月分

三月―〇・五ケ月分

等、各施設で率は決定して支給しても差支えなかろう。

(4) 超過勤務手当

超過勤務手当は別表により年額

(5) 通勤手当

通勤者に対し、地方公務員の給与基準により算定した額。ただし一人当り月額は九〇〇円以下とする。

※通勤者のない場合は算入されない。

※国の示す基準額では職員一人当り年額二〇〇〇円が積算されているが、一月月額九〇〇円以下で、規定にしたがった通勤手当ならば、何人に支給しても認められる。

(6) 夜間勤務手当

夜勤手当は別表による年額

定員一〇〇人未満の施設では一日一人、一〇〇人以上の施設では一日二人とする。

(7) 社会保険の事業主負担分

健康保険・厚生年金保険及び失業保険または都道府県若しくは、市町村共済組合についてのみ、前年度の三月の職員の現員の給与に見合う所定の実費の合算額

※社協等で行う、共済会等の掛金の負担分はふくまれない。

※労災保険の事業主分については、ふくまれない。

(8) 旅費

年額三六〇〇円を昭和三十八年三月の職員定数倍した額、ただし雇用人及び嘱託は除かれる。

※基準を算出する時には除かれる雇用人の旅費は、実際に支出する時は含めて差し支えないのである。財源は措置費に算入しないが、支出はしてもよいというのである。

(9) 庁費

年額六〇〇〇円を昭和三十八年三月の職員定数倍した額、ただし嘱託を除く。

⑽　補修費

年額六〇〇円を昭和三十八年三月の認可坪数倍した額

⑾　被服手当

年額六〇〇円を昭和三十八年三月の雇用人定数倍した額

⑿　嘱託手当

虚弱児施設、乳児院の場合一人六〇〇〇〇円、他は一二〇〇〇円を定員数倍した額

※　⑻旅費、⑼庁費、⑾被服手当、⑿嘱託手当、はそれぞれその対象になる職員が、定数だけいない場合は、その数で倍した額しか認められないのはいうまでもない。

⒀　自動車維持費

精神薄弱児通園施設のみ、年額一二二〇〇〇円

㋺　その他の手当の算定について

特定の寒冷地に所在する児童福祉施設に関しては、㋑により算定された単価に、その児童福祉施設の職員に係る、「寒冷地手当」「石炭手当」「薪炭手当」として、次の算式によって算定した額を加算した額をもって、事務費の保護単価とする。

なお、寒冷地手当、薪炭手当の支給割合及び支給地域区分については、国家公務員に対する、寒冷地手当、石炭手当及び薪炭手当支給規程（昭和二十五年総理府令第三十一号）によるものとし、石炭手当の支給地域については、国家公務員に対する、寒冷地手当、石炭手当及び薪炭手当の支給に関する法律

（昭和二十四年法律第二〇〇号）、別表の石炭手当支給地域区分によるものとする。

⑴　寒冷地手当算式

㋑の（保護単価設定の基礎となった職員の本俸及び扶養手当の平均月額）×（級地区分による支給割合）×（職員数）÷（その施設の定員×一二ケ月）

ただしこの算出によって得た寒冷地手当月額は、別表の寒冷地の職員一人当りの月額単価表の額を超えないこと。

※職員数は㋑の保護単価設定の基礎となっている職員とし、嘱託及び兼務の職員を除くものとする。

⑵　薪炭手当算式

五級地

〔（七、五〇〇円×扶養親族を有する世帯主の職員数）＋（五、〇〇〇円×扶養親族を有しない世帯主の職員数）＋（二、五〇〇円×非世帯主の職員数）〕÷（その施設の定員×一二ケ月）

四級地

〔（三、七五〇円×扶養親族を有する世帯主の職員数）＋（二、五〇〇円×扶養親族を有しない世帯主の職員数）＋（一、二五〇円×非世帯主の職員数）〕÷（その施設の定員×一二ケ月）

※職員数については、㋑の保護単価設定の基礎となっている職員とし、嘱託及び兼務の職員を除くものとする。

※算式中の「世帯主」及び「扶養親族」の定義は国家公務員に対する寒冷地手当、石炭手当及び薪炭手当支給規程（昭和二十五年総理府令第三十一号）第一条の二に定めるところによるものであること。

(3) 石炭手当算式

甲　地

{(二五、七四〇円×扶養親族を有する世帯主の職員数)＋(一七、一六〇円×扶養親族を有しない世帯主の職員数)}÷(その施設の定員×一二ケ月)

乙　地

{(二三、五九五円×扶養親族を有する世帯主の職員数)＋(一五、七三〇円×扶養親族を有しない世帯主の職員数)＋(七、八六五円×非世帯主の職員数)}÷(その施設の定員×一二ケ月)

丙　地

{(二一、四五〇円×扶養親族を有する世帯主の職員数)＋(一四、三〇〇円×扶養親族を有しない世帯主の職員数)＋(七、一五〇円×非世帯主の職員数)}÷(その施設の定員×一二ケ月)

※職員数については、㋑の保護単価設定の基礎となっている職員とし嘱託及び兼務の職員を除くものとする。

※算式中の「世帯主」及び「扶養親族」の定義は国家公務員に対する寒冷地手当、石炭手当及び薪炭手当支給規程(昭和二十五年総理府令第三十一号)第一条の二に定めるところによるものであること。

(4) 採暖費について

北海道に所在する児童福祉施設に関しては㋑及び㋺の(1)、(2)、(3)により算定された単価に、その児童福祉施設の事務用に係る採暖費として、養護施設、教護院、情緒障害児短期治療施設、精神薄弱児施設、盲児施設、ろうあ児施設、乳児院及び虚弱児施設については、月額一二〇円を、精神薄弱児通園施設及び母子については、月額八〇円を、それぞれ加算した額をもって、事務費の保護単価をする。

ハ　事務費の保護単価の設定について

(1)　イ及びロにより保護単価が設定されたときは、これをその年度の当初の月に係る事務費の支弁から適用するものとし、その後において、その年度中に、その児童福祉施設の職員が減員（一ケ月以内にその者に代るべき職員が補充された場合を除く）し若しくは、別表によるその児童福祉施設の職種別の定数の範囲内において職員が増員し、または定員のみに異動のあった場合に限って、その異動のあった日の属する月の翌月分（その月の初日にそれらの異動があったときは、その月分）の支弁からイ及びロの方法により、その児童福祉施設の保護単価を改定する。

(2)　児童福祉施設が新設される場合において、その開所する月（児童福祉施設の開所は各月の初日から行なうものとする）の前月の事務費の保護単価の設定は、その開所する月の前月現在の職員の現員を基礎としてイ及びロの方法に準じて月額保護単価を設定し、その開所後において職員の現員に異動があった場合は、ハの(1)の方法によりこれを改定する。

ニ　三才未満児加算について

養護施設または虚弱児施設につきイ、ロ、ハにより保護単価の設定時（前年度—昭和三十八年—の三月現在またはその児童福祉施設の開所する月の前月現在）に三才未満の措置児童をあわせて入所させており、かつその三才未満の措置児童に見合う職員がおかれている場合に限って、この職員はこれを現員に算入して設定するものとする。

なお、三才未満の者の加算分の保護単価の公示は、国の示す単価をそのまま設定して差支えないものとする。

㋭　小規模施設加算について
別表（原本で不明）の「職種別の児童指導員、保母」の欄のただし書による職員は、その職員のおかれている場合に限り、これを保護単価設定の現員に算入して設定するものとする。したがって、この場合別表による国の示す単価は小規模施設加算分の単価を加えたものとする。

㋬　職業指導員加算について
職業指導員について、別に定めるところにより、その職員がおかれた場合に限り、これを保護単価設定の現員に算入して設定するものとする。したがって、この場合別記による国の示す単価は、職業指導員設置加算分の単価を加えたものとする。
※別に定めるところとは、認定に関する定めであり、本年度においては、既に職業指導員をおいている施設の約二分の一につき認められる。

㋣　事業費の保護単価について
事業費の保護単価の設定は、原則として、別表に掲げる「国の示す単価」をそのまま保護単価として設定するものとする。

㋠　生活指導訓練費の使途及び支弁額の算式について
(1)　生活指導訓練費は、養護施設、教護院、情緒障害児短期治療施設、精神薄弱児施設、盲児施設、ろうあ児施設、虚弱児施設若しくは、肢体不自由児施設（収容部）に入所している措置児童のうち、小学校第四学年（精神薄弱児施設において、義務教育に準ずる教育を行っている場合においては、第四学年相当の教育費の支弁を受けているもの）以上の児童に対して、社会適応性の向上をはかるための生活指導訓練に充てられることを目的とする経費である。

(2) 生活指導訓練費の各月の支弁額は、次の算式によって算定した額とすること。

月額保護単価（一〇〇円）×小学校第四学年以上の在籍措置児童数

※なお原則として、対象児童に対して現金で手渡すこと。場合によっては、貯金をしておき、必要に応じてつかわせる。遠足等の小遣いとして手渡す等も認められる。

以上交付基準から抜粋して重要と思われる項について、説明してきた。※印の箇所は特に留意する点である。なお多少字句は簡略に表現した。

措置費中事務費の「国の示す単価」より、給与額の算出について

給与は事務費中最も重要なものと思われる。「国の示す単価」によって支払われる措置費、事務費を最大限に活用して、より適切な給与の支払いをしようと思うには、「国の示す単価」からその中に含まれている、給与総額の算出が必要となろう。

交付基準に見られるように、事務費の構成は次の十二項目（精薄通園施設の自動車維持費は別に考えて）の費用からなっている。

(1) 給与

○本俸　○暫定手当　○扶養手当

(2)　一割加算額

(3)　期末勤勉手当

(4)　超過勤務手当

(5)　通勤手当（新）

(6)　夜間勤務手当（新）

(7)　社会保険の事業主負担分（新）

(8)　旅費

(9)　庁費

(10)　補修費

(11)　被服手当

(12)　嘱託手当

この十二項目のそれぞれの費用をどう考えたらよいのか、また交付基準に示す事務費の保護単価設定は、具体的にはどのようになされるのか、また、事務費の保護単価設定をより合理的になさしめるには、給与総額をどのように、きめたらよいか等、例をあげて考察して見たい。

ここで例にあげるのは、全国的に類似施設の多い次の条件の施設とする。

①養護施設

②四級地所在（甲地域）

③児童収容定員　五〇名
④施設の規模　建坪延二八六坪
⑤職員数及昭和三十九年三月現在の給与及び定員改定に伴う増員分の給与等は次の表の通りの施設とする。

	昭和38年3月本俸	昭和39年3月本俸	暫定手当	扶養手当	社会保険事業主負担分	通勤手当
		4月-8% 10月- 6. 62%を含む	甲地域	妻、第一子1000円 第二子以下600円	健康保険 厚生年金 失業保険	昭和39年度より支給予定
施設長	28,000円	32,500円	2,500円	2,600円	1,980円	円
書　記	20,500	24,000	1,900	1,600	1,460	900
指導員A	22,500	26,500	2,100	2,000	1,580	900
指導員B	14,500	17,300	1,300		1,010	
保母A	15,000	18,000	1,500	1,000	990	
保母B	13,500	16,000	1,200		870	
保母C	11,500	13,800	1,050		760	
保母D	11,000	13,200	1,000		750	
雇用人A	10,500	12,200	900		660	
雇用人B	9,500	11,100	850		550	
嘱託医	(1,000)	(1,000)				
小　計	156,500	184,600	14,300	7,200	10,610	1,800
39年4月1日増員保母		18,200	1,000		750	
合　計		14,500	15,300	7,200	11,360	1,800
		ベア分 23,710 昇給分　4,300				
年額分		2,373,600	183,600	86,400	136,320	21,600

さてこの施設の保護単価設定するために、交付基準に示されている通り集計してみよう。

	項　日	内　容	年　額
1	給与年額	220,300 円 × 12 月	2,643,600 円
	本俸	197,800 × 12 月	2,373,600
	暫定手当	15,300 × 12 月	183,600
	扶養手当	7,200 × 12 月	86,400
2	一割加算額	2,643,600 × 0.1	264,360
3	期末勤勉手当	220,300 × 3.9 月	859,170
4	超過勤務手当	2,522 1 人 10,089 10 人	103,412
5	通勤手当	1,800 × 12 月	21,600
6	夜間勤務手当	65,109 × 1 人	65,109
7	社会保険事業主負担分	11,360 × 12 月	136,320
8	旅費	3,600 × 9 人	32,400
9	庁費	6,000 × 11 人	66,000
10	補修費	600 × 286 坪	171,600
11	被服手当	600 × 2 人	1,200
12	嘱託手当	12,000 × 1 人	12,000
合　計			4,376,771
合計 ÷12 月 ÷50 人			7,294.6 円
国の示す単価		6,340 ＋ 714 = 7,054 円	

計算から七、二九四円となる。国の示す単価以上には設定されないので、国の示す単価七、〇五四円（六、三四〇円の小規模施設加算の七一四円を加えて）が、この施設の事務費の保護単価となる。

ここで、この施設の所要額は一月月額二四〇円超過していることになるが、一割加算額の所要額が一人月額四四〇六〇銭であるから、実際の所要額はまだ二〇〇円程度の余裕があることになる。即ち一割加算分としての保留可能年額は一二〇、〇〇〇円ということになる。

今度は逆に、この施設の事務費の国の示す単価から、措置費で賄い得る給与総額は如何程か算出する方法を考えてみよう。

先に示したようにこの施設では、交付基準の国の示す単価から

事務費の児童一人当月額	六、三四〇円
小規模施設加算分の月額	七一四円
計	七、〇五四円
年　額	四、二三二、四〇〇円

を算出し、この事務費の年額中、定まっている項目の年額を差引いて見よう。定額の項目としては、

④超過勤務手当

施設長分（一名）	二、五二二円
一般職員分（十名）	一〇〇、八九〇円
計	一〇三、四一二円

⑤通勤手当

三月現在額の十二月分二一、六〇〇円

⑥夜間勤務手当

一名分　六五、一〇九円

⑦社会保険の事業主負担分

三月現在額の十二月分

一三六、三二〇円

⑧旅　費

職員九名分　三二、四〇〇円

⑨庁　費

職員十一名分　六六、〇〇〇円

⑩補修費

延二八六坪に対し　一七一、六〇〇円

⑪被服手当

雇用人二名分　一、二〇〇円

⑫嘱託手当

嘱託医一名分　一二、〇〇〇円

④～⑫までの合計額　六〇九、六四一円

この、六〇九、六四一円はこの施設の給与等に関係なく認められる額である。強いていえば社会保険の事業主負担分に変更が多少見られる位である。

これから、事務費の年額と④～⑫までの年額の差三、六二二、七五九円が給与年額と期末勤勉手当額と一割加算額の合計ということになる。

今、給与の月額を1とすればそれぞれ

① 給与年額――――12
② 一割加算額――――12
③ 期末勤勉手当――――3.9

となり、合計で給与月額の十七・一倍となる。この数で先に計算した、三、六二二、七五九円を除せば、給与月額は約二一一、八五七円となる。更に給与の月額の構成については、

A本俸

B暫定手当（本俸のおおむね七・五％）

C扶養手当　その施設で定めた定額。ここでは　七、二〇〇円

となるので、ここから、本俸月額は、一九〇、三七九円と計算される。即ち、ここに引例した、養護施設（甲地域、定員五〇名）では本俸月額合計が施設長以下小規模加算職員、及職員定数改定に伴う増員をふくめて、一九〇、三七九円を支出していれば、国の示す単価どおりの保護単価に設定されることになる。更にこの数から職員一人当りの平均本俸額を計算して一七、三〇七円を得る。

即ち本俸平均一七、三一〇円以上支給することが、保護単価設定時の最大留意点であるべきだということになる。

若しこの施設において、一割加算額を保留しないとするならば、先に計算した三、六二二、七五九円を給与月額を1とした場合の給与年額と期末勤勉手当一五・九で除し、二二七、八四七円が給与月額となり、これから計算した平均本俸額は、

〔二二七、八四七―七、二〇〇（扶養手当）〕÷〔一＋〇、〇七五（暫定手当）〕÷一一（職員定数）

＝一八、六五九・三

となる。

即ち定員五〇名の甲地域の養護施設では、平均本俸額が、一七、三一〇円以上であり、一八、六六〇円以下であるならば、措置費のみにおいて、賄得ると考えられる。実際には、庁費も、旅費も、補修費も不足勝ちであるから措置費全体の不足はさけられまいが。

現今、給与の改善を叫びつづけている施設の給与のあり方としては、少くとも、措置費に示す、最低限度としての、平均本俸一七、三一〇円を超えて支給することがのぞまれる。

以上、国の示す単価から給与額を算出する方法である。

「国の示す単価」の積算の内容を推測して

交付基準は保護単価決定のための基準であり、必ずしも措置費の積算とは一致しない時もある。ここで推測し得る措置費の積算について能うる範囲で分析して見たい。

ここでも、先ず考えられることは、「国の示す単価とは何によって構成されているのか」である。それ

を掲げてみよう。

(1) 給与
　○本　俸
　○暫定手当
　○扶養手当
(2) 期末勤勉手当
(3) 超過勤務手当
(4) 通勤手当（新）
(5) 夜間勤務手当（新）
(6) 社会保険の事業主負担分（新）
(7) 旅費
(8) 庁費
(9) 補修費
(10) 被服手当
(11) 嘱託手当

この十一項目である。（精薄通園施設ではこの他に(12)自動車維持費が含まれる）

順を追って分析してみたい。

(1) 給与

A　本俸

各業種、職種別の本俸の額を推計してみる。この推計の基礎になるのは、昭和三十八年度当初に発表された、国家公務員行政職給与表（一）及び（二）に格付けされた本俸額に昨年十月の六・六二％ベースアップを加えたものである。

昭和三十九年度の積算は、六・六二％ベースアップによる本俸額が用いられている模様である。この点については、当然人事院勧告通りの本俸に改訂されるべきであるとして、昨年暮の予算復活時に四億近く要求されたが、当時その要求は認められなかったので、昭和三十九年度の積算は、六・六二％ベースアップだけにとどまっていると見るべきであろう。

B　暫定手当

本俸同様、国家公務員暫定手当表（一）及び（二）が基礎となっている。暫定手当については、改訂はされていないので、一級地、無級地の他は昨年同様である。

甲地域については、四級地が基準表額の三倍、三級地が基準表額の二倍であるので、平均して二・五倍が積算の基礎となっている。

乙地域については、二級地は基準表額通り、一級地は、四月から九月までが基準表額の三分の二、十月以降は基準表額通りであるので、平均すると、十二分の十一が積算の基準となっていよう。

丙地域については、四月から九月までが、基準表額の三分の二、十月以降は基準表額通りであるから、平均して、六分の五が積算の基礎となっていよう。このことから先にものべたが、来年度からはいよいよ丙地域は解消されることになったのである。本来ならば本年十月から解消されるべきであるが、本年

○施設長

業種	等級	昭和38年4月格付本俸額	昭和38年4月是正本俸	昭和38年10月6.62%ベアによる本俸額	(参考)昭和38年人事院勧告による改定本俸
養護	4～3	35,000円	35,000円	37,317円	36,900円
	5～5	30,300	30,300	32,306	32,200
教護他	4～6	40,000	40,000	42,648	42,700
精薄盲ろうあ	4～4	36,700	36,700	39,130	38,900
	5～5	30,300	30,300	32,306	32,200

○児童指導員、教護

教護	6～3	20,700	20,800	22,177	22,300
教護他	5～3	26,500	26,500	28,254	28,300
精薄盲ろうあ	6～5	24,100	24,100	25,695	25,800

○書記

全	6～3	20,700	20,800	22,177	22,300

○職業指導員

全	7～3	16,600	16,700	17,806	18,100

○保母、教母

養護	7～1	14,600	14,700	15,673	16,100
教護他	7～8	16,600	16,700	17,806	18,100
精薄盲ろうあ	7～2	15,600	15,700	16,739	17,100

雇用人

全（行2）	5～5	10,500	10,800	11,515	12,200

度に関しては、年間の平均において、積算し特に十月において改訂しないとのことである。

C　扶養手当

扶養手当は変更なく（児童福祉法発足以来）、職員一人当り（嘱託、兼務の職員を除く）、年額八、五九二円とされている。

(2)　期末勤勉手当

(1)によって積算された、給与月額の三・九ケ月分と

○施設長

業種	等級	本俸	甲	乙	丙
養護	4～3	37,317円	2,925円	1,073円	975円
	5～5	32,306	2,500	917	833
教護他	4～6	42,648	3,350	1,228	1,117
精薄盲ろうあ	4～4	39,130	3,050	1,118	1,017
	5～5	32,306	2,500	917	833

○児童指導員、教護

養護	6～3	22,177	1,675	614	558
教護他	5～3	28,254	2,150	788	717
精薄盲ろうあ	6～5	25,695	2,025	743	675

○書記

全	6～3	22,177	1,675	614	558

○職業指導員

全	7～3	17,806	1,375	504	458

○保母、教母

養護	7～1	15,673	1,200	440	400
教護他	7～3	17,806	1,375	504	458
精薄盲ろうあ	7～2	16,739	1,275	467	425

雇用人

全（行2）	5～5	11,515	850	312	283

されている。

(3)　超過勤務手当

交付基準中の別表にある、超過勤務手当年額単価表によって積算されていると見るべきであろう。推計していくと少々の差があるので、本俸・暫定手当の合算額から平均給与を算出し、(労基法三七条によって、家族手当、通勤手当等は算入しない)一時間当給与を出し、その二割五分増しの手当額を計算すると、約一〇五円となるので、これから積算すると、

施設長　　年額

二、五二〇円

一般職員　年額　一〇、〇八〇円

となる。推計上は、この額を使用する。

したがって、教護、精薄、盲、ろうあ等施設でも多少積算上の違いはあろう。養護施設同様平均給与からの算出による一時間当手当額は

教護　一一四円

精薄盲ろうあ施設　一一〇円

となる見込みである。

(4)　通勤手当

職員定員の三分の一に対し、月額五〇〇円が、積算の基準額である。角度を変えて職員一人当り通勤手当額を算出してみると、職員定数をAとして

Ａ×１／３×５００円×１２月＝Ａ×２０００円

即ち職員一人当りの通勤手当年額は二、〇〇〇円となり、この額が積算の基礎となっている。新しく設定された手当として、前述の超勤手当増分、後述の夜勤手当と共に、給与改善に関する曙光(しょこう)とも見られよう。

(5)　夜間勤務手当

交付基準中の別表にある、夜間勤務手当年額単価表によって積算されているとみるべきであろう。推計していくと、少々の差があるので、本俸、暫定手当の合算額から平均給与を算出し、一時間当給与を

出し、その二割五分に当る手当額を計算すると、二四円八〇銭強となり、この七時間分一七三円七八銭弱の三六五日分を算出すると、約六三、四二〇円となる。推計上はこの額を使用する。

したがって、教護・精薄・盲・ろうあ等施設でも多少積算上のちがいはあろう。養護施設同様平均給与からの算出による一人年額の手当額は、

教護他　七三、二〇〇円

精薄・盲・ろうあ施設　六六、三〇〇円

となる見込みのようである。

(6)　社会保険の事業主負担分

(1)によって積算された、給与年額の五・四五％とされている。

(7)　旅費

職員一人当年額三、六〇〇円とされている。職員としては、雇用人、嘱託を除く、定員内職員数をいう。

(8)　庁費

職員一人当年額六、〇〇〇円とされている。職員としては、雇用人、嘱託を除く、定員内職員数をいう。交付基準では雇用人が含まれているが、ここでは含まれない模様である。

(9)　補修費

その施設の認可された建築延坪数に一坪当六〇〇円として積算されている。ただし建築延坪数は、おおむね、収容児童数一人につき、四坪強と見られている。例えば、五〇人収容施設では二二〇坪、一〇

○人収容施設では四二〇坪とされている。

⑽　被服手当

雇用人一人当り年額六〇〇円とされている、おおむね交付基準で示された雇用人数の半数位の人数について積算されている模様である。

⑾　嘱託手当

嘱託職員（医師）一人につき、年額一二、〇〇〇円が積算の基準とされている。虚弱児施設、乳児院では、年額六〇、〇〇〇円とされている。

以上十一項目によって、措置費は積算される。これによって、養護施設における、児童収容定員が、三〇名、五〇名、一〇〇名、一五〇名、三〇〇名の施設の国の示す単価を計算して見ると次の通りとなる。（端数は概算で計上した）この場合、職員構成及補修費坪数は、「昭和二十七年度における地方財政平衡交付金の額の算定に用いる児童保護費（措置費）の単位費用改訂について」を参照した。現在も略（ママ）これにしたがっていると思うので。

以上は甲地域の場合である。もちろん厚生省において、公表せざるものであるから、その数字は多少誤差もあると思うが、「国の示す単価」と照合して、大差ないので、ほぼほぼこの積算推計にあやまりないものと思う。本年度においては、保育所も、社会関係施設も、その保護単価の積算の基礎を明確に公表したので、収容施設におけるそれもやがては公表されるであろう。

乙地域、丙地域の場合も、「暫定手当」「期末手当」「社会保険の事業主負担分」程度が変更するだけであろう。超勤手当、夜勤手当等の級地差の影響するものも、積算の基礎では変更せず、始めから全国平

児童収容数	30人	50人	100人	150人	300人
職員定数	6人	10人	17人	25人	44人
給与本俸	1,884,360	2,214,700	3,647,680	5,414,580	9,384,670
暫定手当	105,000	168,300	277,200	411,000	711,900
扶養手当	51,550	85,920	146,060	214,800	378,050
期末手当	500,800	802,400	1,323,240	1,963,120	3,404,250
超勤手当	52,920	93,240	163,800	244,440	435,960
通勤手当	12,000	20,000	34,000	50,000	88,000
夜勤手当	31,710	63,420	126,840	126,840	126,840
社会保険負担分	83,980	134,550	221,870	239,200	570,870
旅費	14,400	28,800	46,800	72,000	129,600
庁費	24,000	48,000	78,000	120,000	216,000
補修費	108,000	132,000	252,000	360,000	480,000
被服手当	1,200	1,200	1,200	1,200	2,400
嘱託手当	12,000	12,000	12,000	12,000	12,000
合計	2,881,920	3,804,530	6,330,690	9,229,180	15,940,540
児童1人　月額	6,616円	6,340.8円	5,275.6円	5,177.3円	4,427.9円
国の示す単価	6,616	6,340	5,276	5,177	4,428

（養護施設甲地域）

均において、算入されているものと思われる。

乙地域、丙地域の例として、養護施設一五〇人収容の施設の積算の内容を検討して見ると次の通りになる。

尚、「国の示す単価」において、三〇人、五〇人、一〇〇人、一五〇人、三〇〇人の間の単価は比例分配して決められている。即ち、養護の甲地域に例をとってみると、三一人～四〇人の単価は、三人以内の単価として、前にかかげた、三〇人での積算額をとり、五〇人の単価との中間値六、四七八円をとった。五一人～九〇人までの単価は、五〇人の単価六、三四〇円と一〇〇人の単価五、二七六円の差を五で除し、一一三円若しくは一一二円の差をもって順次定められている。

小規模施設加算分、職業指導員加算分、三才未満児加算分も同様に積算されていると思われる。ただし、夜勤手当、補修費、被服手当、嘱託手当は当然除かれる。

小規模施設加算では、「児童指導員」、職業指導員加算では「職業指導員」、三才未満児加算では「保母」をそれぞれ積算の基準としているのも当然であろう。

この積算から出したそれぞれの保護単価は、事務費の単価と同じ様にそれぞれ計算される職業指導員加算は積算中端数切捨て計算されているらしく、単価で一円内外の差が生じて来る。あるいは私の計算の基礎に誤りがあるのかも知れない。

	乙	丙
児童収容数	150人	150人
職員定数	25人	25人
給与本俸	5,414,580円	5,414,580円
暫定手当	150,700	137,000
扶養手当	214,800	214,800
期末勤勉手当	1,878,530	1,874,080
超勤手当	244,440	244,440
通勤手当	50,000	50,000
夜勤手当	126,840	126,840
社会保険負担分	315,020	314,270
旅費	72,000	72,000
庁費	120,000	120,000
補修費	360,000	360,000
被服手当	1,200	1,200
嘱託手当	12,000	12,000
合計	8,960,110	8,941,210
児童１人　月額	4,977.8円	4,967.3円
国の示す単価	4,978	4,967

以上措置費積算の推計である。

なお、積算に必要な、施設別職員定数については別記する。

(指導員)	職業指導員加算(職業指導員)			三才未満児加算(保母)		
丙	甲	乙	丙	甲	乙	丙
266,124円	213,672円	213,672円	213,672円	188,076円	188,076円	188,076円
6,696	16,500	6,048	5,496	144,000	5,280	4,800
8,592	8,592	8,592	8,592	8,592	8,592	8,592
91,459	77,598	74,201	74,022	68,597	65,633	65,477
10,080	10,080	10,080	10,080	10,080	10,080	10,080
2,000	2,000	2,000	2,000	2,000	2,000	2,000
15,337	13,013	12,443	12,413	11,503	11,006	10,980
6,000	6,000	6,000	6,000	6,000	6,000	6,000
3,600	3,600	3,600	3,600	3,600	3,600	3,600
409,888	351,055	336,636	335,875	442,448	300,267	299,605
683,1円	585,0円	561,1円	559,8円	11人に1人として 2,370.1円	〃 2,274.7円	〃 2,269.7円

◇措置費の支出にあたって

措置費の支出は、行政の指導にも応じて、適正になされなければならないことは当然であろう。措置費が最低基準を維持するに足るように、年々増額を要求するにあたっても、その適正支出はもちろん、より効果的、合理的な支出をはかるよう努力することが大切であろう。

ここでは、次の各項について考察し、措置費支出にあたっての参考に供したい。

(1) 交付基準と積算基礎の関係
(2) 給与のきめ方
(3) 昇給のきめ方
(4) 超勤手当のきめ方
(5) 夜勤手当のきめ方
(6) 通勤手当のきめ方

	小規模施設加算	
	甲	乙
給与本俸	266,124円	266,124円
暫定手当	20,100	7,368
扶養手当	8,592	8,592
期末手当	95,815	91,677
超勤手当	10,080	10,080
通勤手当	2,000	2,000
社会保険負担分	16,067	15,374
庁費	6,000	6,000
旅費	3,600	3,600
計	428,378	410,815
50人施として単価	713.9円	684.7円

(7) 期末手当のきめ方

(8) 一割加算額の利用

これらの他にも、それぞれの加算の支出についても、色々問題があろうが、今回は直接、給与に関係のあるものを、給与としての角度から順を追って考えてみたい。

(1) 交付基準と積算基礎の関係

措置費を決める作業を、厚生省が行う場合に、承認された、国家予算の額が大きく影響し、その範囲内で定められる、保護単価には必ずしも、交付基準に定める通りのものが含まれているとは限らない。例えば、交付基準で、一割加算が考えられていても、実際の保護単価中には積算されず、運営上の妙味(?)として認められているに過ぎない等がそれである。

ここで、考えねばならないことは、我々が理解し、注意しなければならないものは、交付基準の内容であって、それの積算ではないということである。施設の事務費の単価を設定し、その支出の基準を示しているのが、交付基準であるから、交付基準の内容をこそ、十分に理解せねばならないのである。ともすると、積算基礎をい々して、交付基準に定められていることを、理解していない場合が、ありがちで、全く本末転倒といえよう。施設の運営には、積算の基礎は必要でなく、交付基準が大切なのであるといっても過言ではないようにさえ思う。ただ、職員の給与は公務員並にすると約束すれば、或いは公務員並になったと称するならば、当然積算の中で、そのことが、内容的に盛込まれていなければならないし、超過勤務手当九十六時間分を支出せよというならば、労基法通りに支出し得る財源が積算されていなければなるまい。したがって、交付基準を認識理解し、その通りに支出しようと思うと多少の問題点があるとすれば、矢張りそれらは良心的に是正されるべきであろう。夜間勤務手当等も支出の方法によっては、問題化するおそれがあり、十分留意せねばなるまい。本年度から、社会保険の事業主負担分が積算中に算入されたこと等は、大いに活用すべき点であろう。

また、積算基礎において、児童指導員の本俸が、二二、一七七円であるからといって、どの児童指導員にも、二二、一七七円支払わなければならないとしたり、二二、一七七円支払っていれば、それ以上支払う必要がないとしたりすることは、全てあやまちである。「国の示す単価」は積算されて示されるが、事務費の支出にあたっては、交付基準によってなされればよいのである。理想的には内容が全く同じであるべきだが、何か前途は遼々としている感じである。施設としては、交付基準の内容を理解し、その方向によって、自主的な基準を設け、最もよりよく、措置費の支出をはかるべきで、その際の参考として、積算の基礎は考えるべきであろう。

（2）給与のきめ方

各施設とも、給与をきめる場合、その財源を全て措置費で賄うと考えることに疑問があるが、措置費のみで、給与を支払う方法を考え、これにプラスアルファーとして、自己財源を考えたらよいと思う。

①給与の年間総額を、「国の示す単価」から算出する方法は、先に述べたとおりである。

積算基礎における本俸平均は約一八、〇九〇円、交付基準から見た本俸平均は、多少規模によって異るが、約一八、八〇〇円ないし一六、八〇〇円程度である。したがって、本俸平均が一六、八〇〇円を下廻っている施設ではもちろん、先にのべた計算法によって五〇人収容の養護の場合一七、三〇〇円以下の場合等は、本俸の引上げを必要とする。したがって、昇給時において、地方公務員の昇給中以内において昇給せしめるべきであろう。反対に、平均本俸が一八、八〇〇円以上の場合には、自己財源確保の方法を考えねばなるまい。この最大、最低の限度は、各施設が計算によって算出しなければならない、その方法は前述の　◇「国の示す単価」より給与の算出についてを参照されたい。

②養護施設における、児童指導員は、国家公務員行政職給与表第一による(六の三)　二二、三〇〇円に格付けされ、これは大学卒、経験九年程度を考えている。保母は同じ（七の二）一六、一〇〇円に格付けされ、これは短大卒、経験六年程度を考えている。これらから推測して、初任給は大学卒の児童指導員、書記の場合、一六、一〇〇円ないし一九、二〇〇円程度、短大卒の保母の場合一二、二〇〇円ないし一五、二〇〇円程度が適当ではなかろうか。雇用人は二〇才以上ならば、一一、〇〇〇円以上であるべきであろう。

③暫定手当は各地域毎に異なるが、おおむね次のように考えられよう。

甲地域　本俸の七・五%

乙地域　本俸の三%

丙地域　四月～九月　本俸の二%

十月以降　本俸の三%

暫定手当は、いずれ廃止される手当であろうが、現在は設けられるべきものでこの基準は前述の通り、地方公務員に準じて定められるべきものである。かつて、暫定手当が本俸・扶養手当合算額の二〇%程度とされていたことがあるが、現在なおこの率によって支出されている施設があるが、これは改めるべきである。この加訂については、都道府県の民生担当職員と十分連絡して行わないと、本俸の引上げが公務員昇給幅をオーバーすることになって、保護単価設定の際に基準を割ることがあるので、注意しなければならない。

④扶養手当

各都道府県において、その地方公務員の給与基準に、支給額及び対象範囲が定められてあろう。それに準じて支給されるべきものである。国家公務員は、妻及び第一子に六〇〇円、第二子以下には四〇〇円として支給されているが、その地方公務員が、妻及び第一子一、〇〇〇円、第二子以下六〇〇円とされておれば、それに準じて支給して差支えない。財源的には、積算基礎として、措置中に職員一人当年額八、五九二円が見込まれているので、そのころから、支給額を算出すればよいと思う。現実の支給額として、国家公務員並では低くすぎると思われるが、といって、地方公務員並以上には認められない、各施設で慎重に検討して、適当と思われる額を算出する他はない。ただし、未だ、不支給の施設もある模様であるがこれは必ず、その対象には支給されなければならない。

⑤給与のきめ方として、最も大切なことは採用時における配慮である。種々の条件を考慮し、不合理性のないように、定めることに努力すべきである。

でき得れば、単に措置費の単価を割らないようにするのみにとどまらず、それぞれの地方における一般企業の給与に準じて、支給し得る様努力されるべきであろう。もちろんこのためには、国の予算に対する、対策も真剣に考えられるべきであることはいうまでもない。

以上のことを考えて、給与をきめるには給与表を作製し、支給されることが当然と思われる。

（3）昇給のきめ方

近代の給与体系において、昇給のないものは考えられない。しかも昇給は、定期昇給であるべきである。

定期昇給の場合も、不定期昇給の場合も、一定の給与表がなくてはならない。昇給のきめ方としては、給与表の作製が第一である。

給与表を作製し、体系づけて行うことなくしては、その昇給制度は、欠点をさらけ出して、制度化されたものとはいいがたく、とかく、問題をおこす原因ともなるので、充分留意すべきである。ややもすると、措置費の不足を理由に、昇給は実施しなくてもよいとする考え方は、それ自体、昇給制度を否定するものに、つながり易く厳にいましめるべきであろう。

昇給実現のための給与表の作成には、次の順序が普通考えられるのではなかろうか。

①給与財源の確認及び昇給財源の見通し

②初任給の決定

③職員勤続年数の推算

④昇給幅の決定

⑤昇給の限度の決定

⑥職員の級別定員の決定

⑦その他昇給を実施するに当っての、諸問題の掘り下げ及びその解決策

最近特に昇給制度は、問題化され、真剣に考えられるようになって来たが、その意向とは反比例に、実現し難い問題のように思われている。色々問題はあろうが、昇給のきめ方を考え、給与表の作成を試みる以上は、当然のこととして、昇給制度実現の意志と、その必要性に対する信念がなくてはなるまい。しかもこれは、種々の条件から、施設が独自でまたはグループによって、自主的に実施されるのでなければ、本来希うものとは異ったものになる恐れもあり、大いに検討すべきではなかろうか。

①給与財源の確認及び昇給財源の見通し

給与の支出するにあたって、その財源を確認することはいうまでない。若し、措置費のみに、その財源を考えるとすれば、前述の計算法によるものしかないわけであるから、その中で、昇給の見通しも立てなくてはなるまい。一般的に考えられるものとしては、昇給財源としては措置費に含まれる、給与の財源の中、一割加算額のみということになろう。

施設が、よりよき児童福祉の効果をあげようとするならば、当然その基本となす人材確保のためにも、給与財源としての自己財源も考えるべきではなかろうか。

社会保険の事業主負担分としての増額もあった今日、寄附金、収益金等によってでも、一割加算額のみというのではなく、例え十万円でも年額、給与財源、昇給財源として確保したいものである。

昇給財源として標準的には、給与年額の一割を準備したいものである。また給与財源としては、平均本俸一八、〇〇〇円を確保したいものである。こうすることによって必要とする財源は、職員一人当平

均年額二六五、○○○円の他期末手当その他を考えるべきで、これは措置費の他に、職員一人当平均二三、○○○円位の自己資金を用意しなくてはならない。

こんな数字も予対の参考として考えても見たいと思っている。

②初任給の決定

給与のスタートである初任給をきめるのも重要なことである。施設によい人材を集めようと思えば、相当水準の初任給とせねばなるまい。前にも記した通り、大学卒なら、国家公務員の給与表行政（一）による（七の二）一六、一〇〇円以上にはせねばなるまい。短大卒なら（八の四）一三、二〇〇円以上、高卒ならば（八の二）一二、〇〇〇円以上位は考えるべきであろう。国家公務員の場合は、大卒で一七、一〇〇円（上級甲）一六、一〇〇円（上級乙）　短大卒で一三、六〇〇円（中級）高卒で一二、四〇〇円（初級）である。この他に、初任給調整手当として、一種二、五〇〇円、二種一、〇〇〇円が支給されている。

施設においても、職員採用のポイントになる初任給は、大学卒の場合、上級乙の給与計（本俸、暫定手当、初任給調整手当）で甲地域の場合二〇、〇四〇円支給される、国家公務員並にはなりたいものである。

もちろん初任給についても、地方公務員の給与基準を参照して定められるべきであることは申すまでもない。

③職員勤続年数の推算

過去の実績を調査して、職種別にその平均勤続年数を算出し、それによって、職員の回転率を推算することも必要なことである。この場合、施設長は別に考えるのが、現在においては妥当のように思われる。もちろん施設によっては、職員と同様に考えるのが妥当と思われる施設もあろう。

実際にはなかなか複雑なものであろうが、職員の移動を把握する一応の基礎とはなろう。

④平均勤続年数と、過去の実績から、その施設における昇給の振幅を推算するには色々な方法があるが、比較的簡単で、比較的妥当と思われる方法として、次の方法等いかんであろうか。

過去十年間における各年の平均勤続年数の最大なるものを、参考値とする。

一方最低なるものも参考値とする。その最大値と最低値にプラスαしたものを、昇給振幅の基礎となる、勤続年数の動きと見ることができよう。また、現在の平均勤続年数から、ABCD四階級の勤続想定年数を算出する。その場合、AはCの三倍、BはCの二倍、DはCの二分の一、Cは平均勤続年数をとる。これによる想定平均勤続年数は現在の一・六二五倍となる。

この二つの値からその施設の昇給を考慮する際の標準勤続年数の動きとすることができよう。

例えば、或る年は古くからの職員が多く平均勤続年数が八・五年であり、これがこの施設の平均勤続年数の最大値で、また三年後に古い方達が退職して、平均勤続年数が四・五年となり、これが最低値であったとする。

また現在の平均勤続年数を五年として、想定平均勤続年数を算出すると八・一二五年となる。

最大平均勤続年数八・五年

想定平均勤続年数八・一二五年

このことから、平均勤続年数は、おおむね、四・五年～八・五年の振幅の中に存在すると見られよう。

更に最大値に〇・五年のプラスαを附加し、初任給を基礎として現在平均勤続年数の五年と最大九年の昇給累積を算出すれば、(等差として)

五年(現在)(一+⑤)×⑤×1/2　一五

九年(最大)(一+⑨)×⑨×1/2　四五

となり、その差は　三〇

が計算される。

この三〇を昇給累積とする経過年数は、1/2x(x+1)=三〇

の式を満足させるX、即ち、七・二六二年が算出される。このことからこの施設においては、約七・三年間の昇給財源を確保すれば、昇給制度が確立されよう。この場合、物価等の値上りによる、ベースアップは、国の措置費の改訂にまつこととしてである。この値と、確保し得る財源から昇給の幅が決められる。

(昇給財源×七・二六二)÷(職員定数×三〇×一二月)=昇給幅

昇給財源を二六四、三六〇円(五〇人収容養護甲の一割加算額引例施設分)とし、(二六四、三六〇×七・二六二)÷(一一×三〇×一二)=四八四・九

この施設に沿ける平均本俸は一七、九八〇円であるから、

施設長を除き

一三、〇〇〇円未満の昇給幅　四〇〇円

二〇、〇〇〇円未満の昇給幅　五〇〇円

二五、〇〇〇円未満の昇給幅　七〇〇円
二五、〇〇〇円以上の昇給幅　八〇〇円

程度のものが考えられる。

⑤昇給幅は定まっても、無限に昇給することは考えられないので、昇給の限度を考えなくてはならない。国家公務員並に考えると、それぞれのクラスにおいて、最高額を定めている、施設における給与表も四等級程度に分けるべきであろう。そしてそれぞれの年級において昇給の限度が定められるべきであろう。等級としては、雇員級、初級職員、中級職員、上級職員等とされることもよいのではなかろうか。そして雇員級は八、〇〇〇円位から始って三〇〇円ないし五〇〇円の昇給幅で二〇、〇〇〇円位まで、初級は一二、〇〇〇円位から始って、四〇〇円ないし六〇〇円の昇給幅で二二、〇〇〇円位まで、中級は一五、〇〇〇円位から始って、六〇〇円ないし八〇〇円の昇給幅で三〇、〇〇〇円位まで、上級は一八、〇〇〇円位から始って、七〇〇円ないし九〇〇円位の昇給幅で四〇、〇〇〇円位まで、等その施設に適した内容で定めて、それぞれの職務の内容、資格等で昇給の限度を定める方法等は如何であろうか。

⑥級別の職員には一応、各等級ごとに定員を設け、その中で計画的運営をすべきであろう。欠員の生じた場合等は下からの昇給と新規採用を考えて人事に計画性をもつことも、大切なことではなかろうか。

⑦以上給与表作成、昇給制度実行ための意見の一端を示したが、昇給制度そのものが、今や大幅に改革されようとしている現在の考え方として、年功序列型の体系に大きな矛盾を感ずるものであり、能率給的体系も施設運営上十分研究しておかねばならぬ問題であると思う。

昇給制度は合理的には違いないが、乏しい財源において、これをなす場合、決して問題が起らないものでもない。当然考えられるのは、人事の転換、若い力の注入等からする、退職勧告等も必然的に起り得る問題であろう。したがってこれには、老後の保障、退職金の問題等を併せて考えないわけにはいかないのである。定年制も考える必要があろう。

また一方視野を変えて、国では昇給のことをどう考えているのであろうかといささか予算対策めくが、考えてみると、国が昇給財源的な加算を措置費に組入れることを反対しているのにはいくつかの理由があって、

		甲地域養設施設50人収容施設の例							
措置費中の本俸財源		2,214,700							
小規模加算の本俸年額分		266,100							
合計		2,480,800							
自己財源年額分		0		0		120,000		224,000	
支給本俸平均月額		17,300		18,000		17,500		17,500	
平均本俸による本俸年額		2,283,600		237,600		2,310,000		2,310,000	
昇給財源分		197,200		104,800		290,800		394,800	
移動のない場合昇給財源が0になるまでの年数		3	5	3	5	3	5	5	8
昇給可能推定年数		5	8	5	8	5	8	8	—
昇給巾月額		747	498	397	265	1,102	734	997	665
昇給財源を本俸に繰入れた場合の平均本俸月額		18,794		18,794		19,703		20,490	
上の昇給巾において昇給した場合	5年後の本俸平均	21,035	19,790	19,985	19,325	23,010	21,170	22,485	20,825
	8年後の本俸平均	—	20,924	—	20,120	—	23,372	25,476	22,820

その理由が解消されれば、昇給財源の加算も考えられないこともないと思われる。いくつかの理由の中には、措置費の適正な支出に対する疑問、予算単価の未消化等もあるのではなかろうか。もちろん主なる理由は、民間施設における、資格、格付等の人事に対するコントロール不可能な点で、これは本来いかんに補助されようとも、自主性を守るべきだと私は考えているので、コントロールのない補助であることに対する認識の問題であろうと思っている。施設長の昇給について理由の一つともなっていよう。したがって施設長については、その資格、格付等で、新構想を施設側でも考えるべきであると思う。

幸い、社会保険の事業主負担分等が加えられたので、昇給制度を確立せんとする意欲に応え得る、財源ができたとも考えられることから、思い切って給与表の作製、給与体系の確立に努力したいものである。

昇給のきめ方の資料になるかと思って、昇給幅と財源の関係を表にしてみた。（表は前頁）

期末手当、超勤手当、夜勤手当等による多少の変動はあるが、この表から見ると、年額二〇万円程度の自己財源を持てば、ほぼ永久に五六〇円程度の平均昇給が毎年一回可能となるのである。定期昇給も程遠くないようにも思えないであろうか。

（4）超勤のきめ方

超勤手当は労基法第三七条で定められている通りに支給すべきである。即ち、給与年額（本俸＋暫定手当）（扶養手当は含まなくともよい）を一年間を五二週、一週間を五四時間とし、二、八〇八時間で除して、時間給を算出し、その二割五分増賃金を算出する。

5 時間	6 時間	7 時間	8 時間	9 時間	10 時間	11 時間	12 時間
250 円	300 円	350 円	400 円	450 円	500 円	550 円	600 円
300	360	420	480	540	600	660	720
350	420	490	560	630	700	770	840
400	480	560	640	720	800	880	960
450	540	630	720	810	900	990	1, 080
500	600	700	800	900	1, 000	1, 100	1, 200
550	660	770	880	990	1, 100	1, 210	1, 320
600	720	840	960	1, 080	1, 200	1, 320	1, 440
650	780	910	1, 040	1, 170	1, 300	1, 430	1, 560
700	840	980	1, 120	1, 260	1, 400	1, 540	1, 680
750	900	1, 050	1, 200	1, 350	1, 500	1, 650	1, 800
800	960	1, 120	1, 280	1, 440	1, 600	1, 760	1, 920
850	1, 020	1, 190	1, 360	1, 530	1, 700	1, 870	2, 040
900	1, 080	1, 260	1, 440	1, 620	1, 800	1, 980	2, 160

積算基礎の平均一時間当給与は八三円でこの二割五分増は約一〇五円である。

それぞれの年額を定めてあるが、施設の実態から超過勤務時間を詳細に記録することは困難なので、超勤手当を定額支給することもやむを得まい。実際には、各都道府県ごとに、関係官署の係とよく相談して、ある支給方法をきめるべきであると思うが、超勤時間は一応、施設長は年二四時間、月二時間、職員は年九六時間、月八時間とされてあるが、此れにこだわることはないと思う。ただし、女子の超過労働については、労基法

一時間当超過勤務手当早見表

	本俸＋暫定手当支給額	標準額	1時間	2時間	3時間	4時間
1	0円以上～10,000円未満	9,000円	50円	100円	150円	200円
2	10,000～11,800	10,900	60	120	180	240
3	11,800～13,600	12,700	70	140	210	280
4	13,600～15,400	14,500	80	160	240	320
5	15,400～17,200	16,300	90	180	270	360
6	17,200～19,100	18,100	100	200	300	400
7	19,100～20,900	20,000	110	220	330	440
8	20,900～22,700	21,800	120	240	360	480
9	22,700～24,500	23,600	120	260	390	520
10	24,500～26,300	25,400	140	280	420	560
11	26,300～28,100	27,200	150	300	450	600
12	28,100～30,900	29,000	160	320	480	640
13	30,900～31,800	30,900	170	340	510	680
14	31,800～	32,700	180	360	540	720

手当額算出法――（標準額×12月）÷2,808円×1.25

で一日二時間、一週六時間、年一五〇時間をこえてはならないとされていることは忘れてはならない。

超勤をきめる一覧表として参考になればと思い上記の表を示す。

ただし、実際には、超勤時間総てに対する手当を支給することは困難であると思うので、標準的に月に八時間（施設長は二時間）分を考えたらよいのではなかろうか。

三一、八〇〇円以上で打切ることは現実には違法かもしれないか、現状ではやむを得ないと思う。この表の見方は、本俸・暫定手当合計一六、八〇〇円の人がいれば5の一五、四〇〇〜一七、二〇〇円の欄を見て一ヶ月九時間超勤とするならば八一〇円ということである。

この表にあるように、毎月一定、または毎月不定どちらにしても、給与別超勤手当を支給することが必要になろう。例えば、施設長は毎月一時間分、指導員、保母は九時間分、書記は八時間分、雇用人は五時間分と定めその額を支給することも致し方ないと思う。

（5）夜勤手当のきめ方

午後十時から午前五時までの勤務に対して深夜業手当として支給されるものである。実際には、夜勤をした時間は翌日休むということにして、手当としては、二割五分分だけしか積算されていない。

養護施設の場合、一〇〇人以下の施設では毎日一人、一〇〇人以上の施設では毎日二人の夜間勤務手当を措置費に積算しているが、普通に計算するならば、当然超過勤務として取扱われるものであるが、法的に許されないので夜間勤務を命ぜられたものが、一日七時間分の割増分だけを支給されることにして、積算されているのである。

この支給について、どうきめるかは、相当むづかしいことに思われるが、やはり超勤手当同様、都道府県の係員とよく相談してきめることが必要と思われる。

夜勤をした分を、翌日に休ませるわけにはいかないと思われるし、また実際に夜間勤務そのもののあり方も、いわゆる深夜業と異なるので一日七時間分（約一七五円）を一日分の手当とし、各職員毎月何日分かずつを支給する以外には方法がないと思う。例えば五〇人収容の施設で一日一人として、月に三〇人分を、施設長一日分、指導員保母四日分、書記一時間分のようにしてそれぞれの一日分手当額を乗

	本俸+暫定手当支給額	標準額	1日分	2日分	3日分	4日分	5日分	6日分	7日分	8日分
1	0円以上～ 10,000円未満	9,300円	70円	140円	210円	280円	350円	420円	490円	560円
2	10,000～11,300	10,600	80	160	240	320	400	480	560	640
3	11,300～12,600	12,000	90	180	270	360	450	540	630	720
4	12,600～14,000	13,300	100	200	300	400	500	600	700	800
5	14,000～15,300	14,600	110	220	330	440	550	660	770	880
6	15,300～16,600	16,000	120	240	360	480	600	720	840	960
7	16,600～18,000	17,300	130	260	390	520	650	780	910	1,040
8	18,000～19,800	18,600	140	280	420	560	700	840	980	1,120
9	19,800～20,600	20,000	150	300	450	600	750	900	1,050	1,200
10	20,600～22,000	21,300	160	320	480	640	800	960	1,120	1,280
11	22,000～23,300	22,600	170	340	510	680	850	1,020	1,190	1,360
12	23,300～24,600	24,000	180	360	540	720	900	1,080	1,260	1,440
13	24,600～26,000	25,300	190	380	570	760	950	1,140	1,330	1,520
14	26,000～27,300	26,600	200	400	600	800	1,000	1,200	1,400	1,600
15	27,300～28,600	28,000	210	420	630	840	1,050	1,260	1,470	1,680
16	28,600～30,000	29,300	220	440	660	880	1,100	1,320	1,540	1,760
17	30,000～31,300	30,600	230	460	690	920	1,150	1,380	1,610	1,840
18	31,300～	32,000	240	480	720	960	1,200	1,440	1,680	1,920

じ計算することもやむを得まい。

上記の表等は参考にならないだろうか。

夜勤手当に関しては、一〇〇人以下の施設では一名としてあるが、実際には、五〇人を一名とし、一〇〇名を二名とした比例配分になっているので、六〇名の施設では、一・二人（月に三六名）七〇名の施設では一・四人（月に四二名）八〇名の施設では一・六人（月に四八名）九〇名の施設では一・八人（月に五四名）分のそれぞれ夜勤手当が支給できると思われる。

（6）通勤手当のきめ方

人事院の勧告の中に、国家公務員に対する通勤手当支給の改訂について述べてあるので、それを参考にし、都道府県の係員と相談して定めるべきであると思う。

人事院の勧告では

「交通機関等を利用する者に対する通勤手当の支給限度を九〇〇円に引き上げる(前は七五〇円) なお、スクーター・オートバイ等原動機付交通用具を使用する者に対する支給額を三五〇円、自転車その他の交通用具を使用する者に対する支給額を三〇〇円にそれぞれ引き上げること」

施設の通勤手当もこの範囲で定められると色々便利であると思う。

なお、通勤手当の支出項目は、給与としてではなく、所得税の対象外の職員厚生費的なものとして考えて支出することが適当ではなかろうか。ただし所得税の対象外に考えられる額は九〇〇円以下である。

(7) 期末手当のきめ方

交付基準の説明中にも述べてあるので、ここでは、その支給の時期と、支給すべき額の積立保留について考えてみたい。

期末手当も毎月の事務費の中に算入されてくるので、支払うべき時期が来るまで月々の分は、積立保留しておかなくてはならない。しかし各月には三・九ヶ月分の十二分の一ずつしか算入されていないのであるからそれだけで期末手当を支払うとすれば、七月には一・三ヶ月分、十二月には一・六ケ月分そして三月に一ヶ月分と支給せねばならなくなってしまう。できれば三月に支給すべき、勤勉手当は〇・五ヶ月分以下にとどめ、十二月には二ヶ月分以上支給せねばなるまい。そのためには、十二月期末手当支給の際に立替支出し得る余裕金が必要となる。施設独自で不可能な場合は、都道府県等において当然考えるべきものとして、相談すべきである。措置費ではこうなるからといって、慣例にない方法での期末手当支給は、やはり運営管理上是正すべき点とされよう。尚五〇人定員の施設でも、毎月の事務費中の期末手当分を積立て、保留する際、銀行を利用すれば、年間二、八八〇円の利息は生まれるはずである。

（8）一割加算額の利用

一割加算額とは、交付基準において、本俸・暫定手当・扶養手当の年額の一割を昇給財源または諸手当として支給するものとして、年度始めの単価設定の際に控除的に取り扱われるものである。これを実際に昇給財源に利用するとしても、年度繰越保留が認められなければ、役に立たないし、また他の事務費があまりにも不足しているので、余剰金的に考えてしまえば、当然流用されてしまう恐れもある。そこで一割加算額については、年度当初に予算を組む時、その使途に関する計画を十分立てて保留するものなら、完全に保留しておくべきである。実際には一割加算額相当程度の寄附金他の収入があろうから、一割加算額を年度繰越して保留することも可能と思われる。したがってその使途の制限は実質的には、あまり考えなくてよいであろう。

さて、いくつかの利用法の中から、

(1) 昇給制度実現の財源としての保留
(2) 本俸・暫定手当・扶養手当の補充、調整
(3) 諸手当として支給
(4) その他の事務費の支出財源に充当
(5) 事業費の不足分に充当

(6) 退職金積立金に充当

等が考えられはしないだろうか。

ある施設では、この一割加算額に寄附金を若干加え、職員厚生費の保留金として、昇給財源にも、退職金財源にも利用し運営している。

ただし、ここで考えなくてはならないのは、一割加算額は本来保留すべきものではなく、現在の給与改善に全額支出すべきであるとする意見である。現在のベースの低さでは当然の意見と思われるが、施設運営の原則としては、定期昇給財源として、その実現確立のために、また職員の福利厚生的なものに、身分保障的なものにと思索はめぐらされるべきではなかろうか。

以上措置費の支出に当って参考までに意見を述べたものである。

◇措置費と収容定員について

措置費が、その施設運営の財源中占める位置が大なれば大なる程、その内容を合理的に考察せねばなるまい。いささか利害得失に走るきらいはあるが、収容定員から見た措置費の在り方について考えてみたい。

昭和三十九年度では、長年の期待であった職員構成の改善があったので、新旧職員定数の一覧表によって考察を進めてみたい。ここに掲げる職員定数とは、その児童収容定数に対して、最低の構成を要求される職員数のことである。

一応児童定数三五名から一三〇名までを重点におき、あと一四〇名と一五〇名を取り上げてみた。他の児童定数の施設はこれに準じて、考察されんことを願うものである。

尚表中の措置費年額とは、保護単価×児童定員数×十二ヶ月をさし、積算通り支出年額とは次の合算額をさす。

（1）人件費年額

本俸・暫定手当・扶養手当・期末手当・超勤手当・通勤手当・社会保険事業主負担分・庁費・旅費

（雇用人については、庁費＋旅費を含まず、被服手当を含む）

施設長　（イ）六九二、一三九円

（ロ）六〇二、一五一円

指導員・書記・小規模加算分

四二八、三七八円

保母　三一三、八四八円

雇用人　二三九、二三三円

（2）夜勤手当年額

一〇〇人未満　一人分　六三、四二八円

一〇〇人以上　二人分　一二六、八五六円

（3）補修費年額

一〇〇人以下

｛四坪×児童数＋二〇坪｝×六〇〇円

一〇〇人以上

〔四二〇坪＋児童数（一〇〇名以上の分のみ）×三・六坪〕×六〇〇円

（4）嘱託手当年額

各施設とも　一二、〇〇〇円

またB／Aとは、措置費が実際の支出を賄う率である。

この表は、養護施設の分であり、特に金額を示した分は、甲地域の分である。

（『児童福祉研究』№8　一九六四年四月）

改善の主役は施設である

――民間社会福祉施設職員　給与改善のために願う――

はじめに

給与の改善を求める声は、ここ数年来耳にたこができるほど聞きもし、言いもしてきた。しかし、はたしてどれほどの改善ができたといえるのであろうか。職員の処遇が、どのくらい向上したのであろうか。

なぜ職員給与の改善は、遅々として進展しないのであろうか。そしてこれからも、なかなか推進することのできない問題として、取りのこされてしまうのであろうか。

給与改善は推進してもらうものではない。自らが推進していくものなのである。自らの努力によって、確立していく決意なくしては、改善の実現は期待できない。このことをしっかり心に定めて、給与改善について考えてみたい。

給与改善とは何か

給与改善の内容として、職員は何を期待し、経営管理者は何を目指しているのであろうか。

民間施設職員の給与改善が、給与体系の確立・公務員なみの処遇・財源支弁から改善責任は国や都にあるなどの論には十分慎重に対処しなければならない。

給与体系の確立も極めて重要なことであるが、と言っても、便宜主義的な体系の確立に了(おわ)ってはならないのである。

給与改善は、働く職員の立場から、より充実した給与のあり方として、実現しなければならない。給与のあり方として、統一された年功序列型給与表の設定が、給与体系の確立だとは、誰れも考えてはいないと思うがややもすると、その問題にかたよって論議されていることがないだろうか。

本来、働く職員の立場から求められる給与のあり方としてならば、当然、経常給与としての基本給・諸手当等、臨時給与としての賞与（期末手当）・退職金・年金等の問題が綜合的に考えられなければならないのである。それらが給与体系の中で、より充実した内容をもっての実現を目指してこそ、給与改善と言えるのではなかろうか。

又、公務員なみの処遇と言うことと、システムを準用することとは、分けて考えなければならない。我が国における多くの給与システムの中で、遅れているとされている。学歴尊重・経験主義・機械的な年功序列型賃金による公務員の給与システムを、民間施設職員の給与改善のモデルとして取入れることは、賛成できない。財源のない施設としては、その財源を公に負担せしめようとするために、やむを得ない方法とも思われるが、本来民間施設職員の給与は、独自に確立していくべきものであって、よしんば、極めて暫定的な便法として、一時的に公務員給与システムが目標にされるにもせよ、それは究極の目標ではなく、公務員以上の処遇を内容とするシステムを給与改善の目標とすべきである。

「給与改善の財源」については、公の責任は当然であるが、「給与改善」の責任は施設が負うべきものである。

公は財源を負担し、施設は改善を実現しなければならない。支出した財源の使途について、規制を加え、民間の自主性をおびやかすような考え方を公がもつことは全くナンセンスであり、一方施設としても、財源の活用に努力することなく実質的給与改善に着手しないまま、公の責任をのみ云々するのも又ナンセンスではなかろうか。施設は鋭意給与改善の具体策につき企画し、実行することが、自らの責任であることを銘記しなければならない。

給与改善の留意点

給与改善は、民間施設職員としての特色が十分活かされた上で進められるものであろう。その留意点として、すぐ頭に浮ぶのは、次の諸項である。

①給与改善は、当面段階的改善に甘んじなければならないであろう。現状やむを得ないとしても、目標は高く定め、段階的改善と、安易な妥協とは区別してかからなければ、改善の意味がない。

②改善すべきものは給与だけではない。給与改善はそれ自体孤として存在するものではなく、各種の要素と共に実現することなくしては価値がない。即ち

○専門職としての確立

○職員増員による適正配置

○勤務条件の改善
○施設設備の充実
○福利厚生と身分保障の改善
等々である。

③公私格差の是正は、公私共々の給与改善向上を併せて推進する中にこそ、本質的な問題解決の道であることを忘れてはならない。

④公の財源負担は、それが如何なる型であっても、それが民間施設の自主性を侵害するものではない。民間の自主性は、他の力によって失われるものではなく、もしそこなうことがあるとすれば、それは施設自身の行動・考え方に原因するものである。

⑤給与改善は、第一線で働く中堅以下の職員の処遇を優先して改善されるべきである。現在民間施設の特色は、今回の調査にも見られるように、初任給においては、比較的公私の格差が少ない。上に厚く下に薄い公務員システムによる改善を単純に採用した場合、第一線で働く中堅以下の職員にとっては、極めて不利な内容になるおそれがある。この点は十分留意しなければならない。

⑥今実現に努力せんとする給与改善は、将来の人材集めの対策ではなく（もちろんその役割も立派に果たすことになると思うが）現在働く職員のいかにも不遇な給与を改めることを主とすべきである。現在施設に働くあらゆる職員の実質的な処遇向上がはかられる給与改善でなければならない。

給与改善に果たす役割

夫々の果たす役割として、施設・部会・社協の役割を考えてみたい。もちろん、国や都も努力する役割は大いにあるが、給与改善を自らの責任として論じているので先ず施設の役割から考えてみたい。

施設は給与改善実現の場である。先ず施設自ら改善を行う姿勢をとらなければいけない。現行の措置費においてさえも民経調、給与調整費等を活用して、段階的・部分的に改善することはできよう。ここで大切なのは、改善実現の決意なのである。

部会は、研究・討議し具体策を企画する場である。同一業種としての給与調整のための場をもち、体系の画一化をのみ計るのではないが、諸般の問題点を協議し、共通の理念に立って協力体としての成果を期待したい。年功序列型賃金体系の欠点を是正しながら、公務員給与システムの領域に準じて、民間施設の独特な体系づくりなど考えてみてはどうか。

部会の段階では、山積みされた問題点が論議され、企画され、実行されて然るべきである。そして社協に対する要望をまとめ、社協の一組織として、社協の給与改善に果たす役割を分担する義務が部会にはあるのである。

社協の役割は、施設との連絡・調整、都や国との交渉が主である。各種別部会の討議と緊密な連絡をとりながら、論議の場を部会として、種別部会長会（以後部会と称する）その意見を調整し、結集し都や国との交渉にあたる役割を果たすよう心がけて欲しい。

従って部会での代表者による検討は十分行い、色々な方法により、部会での論議を効果的ならしめる役割を果たす必要はある。この部会討議の充実を計り、その結果を社協に設けられた給与調整委員会活動に十分反映し、給与改善について民間社会福祉事業全体の地についた運動となるようにしなければならないであろう。

さらに別に、退職金・年金については、公私の格差以前の問題があるのであるから、社協の果たす役割として、本腰になって、取組んでほしいものである。

かくして、社協に集中された全部会、全施設の要望として、その財源の獲得については、都や国に対し、部会・施設の総力を結集し、社協機能の全力をあげて運動していくことを期待したい。

給与改善の成果は、社協・部会・施設の取組み方にかかっている。特に現在以上に、公の信頼を得ることも必要であろう。と言っても、私の権限と、公の規制力とは、はっきり区別していなければならない。

給与改善と期末援助経費

都において、現在公私格差是正の一部として、援助経費が支出されているが、現行四万円のこの援助経費は、各職員平等であると言う点において極めて有意義なものである。給与改善の考え方によっては、援助経費が、格差是正の役割を果しているように見えるかも知れないが、給与は本来基本給のみではないこと、多少の手なおしはあるにもせよ、改善の基準となる年功序列型賃金が、上に厚く、下に薄いこと。勤務条件の改善のないままでは、長期勤続の職員が少ないこと等から考えて、この援助経費と給与改善とは引替えにはできないのである。もし、引替えにされるようなことがあったとしたら、それこそ、第一線職員の処遇向上の目的は達せられないのみか、給与改善そのものの挫折につながるやも知れない。

全職員同額に支出される優れた特色をもつこの期末援助経費は、公私格差是正の点で考えるならば、各種手当の格差・臨時給与の格差の是正策として、そのまま残されるべき経費であることを、主張していかなければならない。

従って、給与改善の基本線としては、今後この経費の増額方式も、従来の考え方による一時的な格差是正の方法としては、あまりとるべき道ではないのではなかろうか。

（季刊『児童養護』第3巻1号、一九七二年八月に掲載）

■講座

措置費について①

みんなで措置費をよく識ろう

養護施設における措置費について、全養（全国養護施設協議会・当時）としても、すでに数回にわたって解説されてきたが、実際にはなかなか理解し難いもののようである。

厚生省でも、措置費が、初めて扱う人には大そう複雑であるために、「児童保護措置費手帳」（以下措置費手帳と略す）を発行して、その理解と、正確で迅速な事務処理の推進につとめている。

措置費手帳は、厚生省児童家庭局企画課が有料で発行しているものである。ずいぶんていねいに解説をしているが、措置費制度そのものが、極めて複雑な仕組になっているため、簡単に理解できる内容とは思えない。

しかし、これからの施設としては、施設長および書記の方々には、十分理解していただき、その上で養護の実もあげたいものである。

さらに、この理解にもとづいて、予算獲得の運動も推し進めるならば、一層効果ある活動が期待できるのではなかろうか。その願いをこめて、編集者の指示を承り、愚筆ながら、ここに、措置費、特に事務費に主点をおいて、再度の解説をするものである。

措置費とは

「措置費」という言葉は、もともと法律上の用語ではなく、行政上用いられている用語である。国の予算費目では「児童保護措置費」と呼ばれている。

また、措置権者から措置のため、児童の委託が、民間施設に対しておこなわれる場合、この委託に伴ない支払われる費用という意味で「委託費」とも呼ばれる。

その他、児童福祉施設の「運営費」または、「経常費」ともいわれているが、それぞれ、経費の性格や、機能を表現しようとする場合の用語であるが、行政上では「措置費」という用語が正確である。

措置費は、児童福祉法第二十七条第一項第三号等の規定により、福祉の措置が行なわれた時、その入所後の保護または委託後の養育につき、児童福祉施設最低基準を維持するために要する費用として、都道府県や、指定都市が児童福祉施設等に対して、毎月いわゆる委託費として支弁する経費をいうのである。(養護施設としての表現による)

厚生省では、措置費手帳の中ではっきり、最低基準を維持するための費用であるとした、児童福祉法の法に従って措置費をきめているようにいっているが、はたしてどうなのかみんなで措置費をよく識って、解明していくべきではなかろうか。

措置費の支弁、その徴収及び国庫負担の関係については、措置費手帳に詳細に記述してあるが、そのうち、養護施設に関係のある部分について抜すいしてみよう。

イ　支弁義務者

都道府県知事や、指定都市の市長が、養護施設への入所の措置をとると、その都道府県及び指定都市が、措置費の支弁義務者として、その養護施設に対して毎月措置費の支弁をしなければならない。

ロ　徴収権者

支弁義務者が支弁した措置費については、それぞれの都道府県・指定都市の知事及び市長が、措置費の徴収権者として、本人またはその扶養義務者から、その負担能力に応じて徴収しなければならない。

ハ　国庫負担額

措置費に対する国庫の負担は、各会計年度を単位として、その支弁義務者が支弁した措置費の支弁総額と、その地方公共団体が児童等の措置のためにした実支出額から、その地方公共団体に対し直接措置費のためになされた寄付金その他の収入を控除した額を比較して、いずれか少ない方の額から、上述の徴収金を控除した額を精算額として、その十分の八額の国庫負担が行なわれるのである。

しかし、この国庫負担分は、別に示す国の基準をこえては、負担されない。

（措置費の保護単価）

措置費の措置児童一人当りの日額・月額などの単価を保護

別表1　養護施設の負担区分

措置費の区分		都道府県知事及び指定都市の市長
養護施設の区分		都道府県立市町村立・私立施設
措置費の支弁義務者		都道府県・指定都市
措置費の徴収権者		都道府県知事及び指定都市の市長
措置費の負担区分	市町村	
	都道府県指定都市	$\frac{2}{10}$
	国	$\frac{8}{10}$

単価と呼んでいる。

児童福祉法は、厚生省令という形式で最低基準を設け、施設入所児童の心身の健やかなる育成を確保しようとしている。

措置費の内容は、この最低基準の企図するところを、経済的に具現するものでなければならない。厚生省は、措置費によって、最低基準は維持されていると、措置費手帳でも、述べているが、施設側では、どうしてもそうは思えないし、まして、いうところの最低基準が、全くナンセンスであれば、抜本的に、改善するよう強く求めるものである。

ここで、措置費手帳に述べている最低基準について、そのまま写してみたい。

（昭和四十六年度版　三十三頁）

児童福祉法第四十五条には「厚生大臣は、中央児童福祉審議会の意見を聞き、児童福祉施設の設備及び運営について、最低基準を定めなければならない」と規定している。

児童の福祉を護る施設になんらかの基準もなく、恣意的に児童の保護を行なうこととなると、必ずしも十分な福祉が保障される所以ではない。また、保護者が安心して施設にあずけることができるためにも、児童福祉施設における設備と運営が一定の水準以上にあることが必須の条件である。こうした趣旨で、施設において必要とされる最低基準が設けられているのである。

「設備」というのは物的設備のことであり「運営」というのは職員の問題を含めて施設をどうういごかすかということである。

「最低基準」というのは、極めて低いという意ではなく、児童の健康にして文化的な生活を保障するのに必要な最低限度の基準という意で、これは憲法第二十五条にいう「健康で文化的な最低限度の生活」と同一の考え方である。具体的にどういう基準線をもって最低とすべきかは、現実の社会的、経済的諸条件に照応して決められるべきものであり、またこれらの諸条件の変動に即応して、逐次高められていかなければならないものである。（後略）

措置費手帳に書かれている文章である。内容的には、いささか未熟な表現ではあるが、その精神は見事である。しかし、具体的な内容が伴わなければなんにもならないし、そのいわんとするところを、措置費に示してほしいものである。

養護施設の措置費

養護施設の措置費は、これを大別すると、事務費と事業費に分かれている。

（事務費の内容）

事務費は、施設を運営するために必要な、職員の人件費（本俸のほか、調整手当・扶養手当・期末勤勉手当・超過勤務手当・社会保険事業主負担金・通勤手当・住居手当・夜勤手当・被服手当・嘱託医手当・寒冷地手当など）旅費、庁費（備品費・消耗品費・光熱水費等の諸経費）、建物の補修費、保健衛生費等の管理費、民間施設に対する民間施設経営調整費等をいうのである。

職員の数については、最低基準を基礎として、その職種と定数が定められている。

その他に、定員が四十五人以下の施設に、小規模施設職員加算があり、また、三才未満児及び年少児加算額、さらに職業指導員加算も設けられている。

昭和四十七年度には、人件費として児童指導員、保母等に、特殊業務手当が本俸額の四%また、民間施設経営調整費と同様に、総人件費額の四・四%が、民間施設分として措置費に組込まれることになっているが、まだ詳細は発表されていないので、この解説は昭和四十七年三月現在においてすすめていく。

（事業費の内容）

事業費は、主として直接入所児童のために使われる経費であり、施設における保護の内容は、児童の日常生活全般にわたるので、経費の費目も広範囲となっている。

（養護施設の事業費の支弁費目一覧表）

一、生活諸費

(1) 飲食物費―主食費、副食費、調味料、間食費等

(2) 日常諸費―被服寝具費、日用品費、炊具食器費、厚生修養費、光熱水費など

二、教育諸費

(1) 教育費―義務教育用の教材代、学用品費、通学用品費、実験学習見学費等

(2) 学校給食費―学校から徴収される実費。

(3) 見学旅行費―小学六年生、中学三年生の修学旅行の交通費、宿泊費、見学料等

(4) 入進学支度金―小学一年。中学一年への入進学に必要な学童服、帽子、靴等の購入費

三、その他の諸費

(1) 保育材料費―未就学児童(乳幼児)の保育に必要な絵本、折紙等の文具材料、玩具等の購入費

(2) 生活指導訓練費（以下内容略）

(3) 期末一時扶助費
(4) 医療費
(5) 職業補導費
(6) 就職支度金
(7) 児童用採暖費
(8) 葬祭費

交付基準

正しくは「児童福祉法による収容施設措置費国庫負担金交付基準」（以下交付基準と略す）と称する。現在大問題としている、開差問題なども、この交付基準の中で、暫定々員制の方向づけをしているのである。いってみれば、措置費は、この交付基準によって内容的に、ほとんど確定してしまうのである。国としては、最低基準を維持するための費用を、各都道府県等が措置費として支弁したならば、その十分の八は国庫が負担するときめておきながら、国庫負担の限界以内としているため、実際には、この交付基準が、最低基準を維持するに足るものかどうかが問題となるのである。

交付基準は、各都道府県知事・指定都市の市長宛に、厚生事務次官通達の形で通達される。

この交付基準の中で、「定員」について、次のように記してある。

「定員」とは市町村立（指定都市立を除く）及び私立の施設にあっては、都道府県知事または指定都市の市長が認可した収容定員をいい、都道府県立または、指定都市立の施設にあっては、その都道府県または指定都市の条例等で定めた収容定員をいう。

ただし、都道府県知事または指定都市の市長が、暫定定員を定めたときは、その暫定定員をいう。

さらに、「国の示す単価」については、その施設の種別、所在する地域、定員等によって定まる別表（いわゆる単価表）に掲げる事務費の措置児童等一人当りの月額単価をいう、と記してある。

措置費を論ずるものの多くは、この国の示す単価を論ずるのである。

この国の示す単価が、最低基準を維持するに足るものなのであるかどうかが問題となるのである。

もちろん、国の示す単価の基は、交付基準によるものであるし、交付基準は最低基準によるものであるから、措置費の改善は、最低基準を改訂しなければならないものであることはいうまでもないが、実際には、国の示す単価の範囲内でしか措置費の支弁をうけない施設として、その国の示す単価が、交付基準の内容をも満たしていないと知るとき、何とも不可解なものを感じるのではあるまいか。

このことは、措置費制度発足以来の問題であって、かつて先輩丹下（芳典）氏（元家庭学校主席指導員）が東京の「児童福祉研究」の中で二十年前に述べているものでもある。

国の示す単価

国の示す単価は、各施設に明確に提示されるが、それがどんな内容で積算されているかは、公表されていない。業種によっては、（成人施設・保育所等）では一部公表されているが、児童収容関係では、徹底的に極秘とされている。

このこともまた極めて不可解なことである。たしかに、施設の運営は、最低基準に準拠して行なわれればよいし、交付基準によって行なわれればよいと思う。しかし、国の示す単価はこうなっているのだ、このような積算できめられているのだという内容を示していけないことはないと思う。

勇気をもって、その内容の公表を求めることも必要であると思う。公表されている他業種の積算内容等から推計した、養護施設の国の示す単価の積算内容は次の通りである。ここでは、昭和四十六年度分(人事院勧告の内容を含めた、昭和四十七年三月現在の国の示す単価)をとりあげたい。

例として、定員五十名、甲地域の養護施設の分を考察することとしたい。(別表2)

問題点

国の示す単価の問題点として、第一にあげられるのは、これが公表されていないということである。厚生省では、公表しない理由として、積算の内容は、施設運営に直接関係がないことをあげている。例えば、超勤手当は、交付基準で本俸及び調整手当の〇、〇四二七としてある。これは(本俸+調整手当)を年間勤務時間すなわち二、八〇八時間で除し、超勤の割増し二割五分を加え九十六時間分とした数値である。

積算上は、別に記した通りであり、実際に支給するのは交付基準通りでよいのであるから、職員の分としては積算に関係なく支給すればよいとし、その額も、大体賄えるとしている。実際には調整手当八%地域では八千円余、六%地域では一万二千円余、余分に積算してあるとしている。また児童指導員と保母との割合いも、本来は二人の指導員と五人の保母の割合いで計算されるべきものを、三人と四人として計算し、少しでも施設側に有利になるよう配慮されているとしている。

別表２　国の示す単価

	50人甲		100人甲	
①本俸				
施設長　大 79,400				
小 71,700	1人 71,700		1人 79,400	
書記 51,000	1〃 51,000		1〃 51,000	
指導員 51,000×1.04 53,040	3〃 159,120		4〃 212,160	
保母 45,700×1.04 47,528	4〃 190,112		10〃 475,280	
調理員等 37,400	3〃 112,200		4〃 149,600	
計	12〃 584,132	7,009,584	20〃 967,440	11,609, 280
②扶養手当 1,420	12人 17,040	204,480	20人	340,800
③調整手当 （①＋②）×0.05		360,703		597,504
小　計 （A）		7,574,767		12,547,584
④期末手当 A ×4.8/12		3,029,907		5,019,034
⑤超勤手当 @ 282	1,080時間	304,560	1,848	521,136
⑥夜勤手当 @ 155,855	1人	155,855	2人	311,710
⑦通勤手当 4,845	12人	58,140	20人	96,900
⑧住居手当 2,772	12人	33,264	20人	55,440
⑨社保事業主負担分 A ×0.07		530,237		878,331
⑩被服手当 600	1人	600	2人	1,200
⑪嘱託手当 12,000	1人	12,000	1人	12,000
小　計 （B）		4,124,563		6,895,751
⑫庁費 20,000	9人	180,000	16人	320,000
⑬旅費 4,408	9人	39,672	16人	70,528
⑭補修費 250	660㎡	165,000	1,260㎡	315,000
⑮保健衛生費 2,500	50人	125,000	100人	250,000
小計 （C）		509,672		955,528
総　計 A＋B＋C		12,209,002		20,398,863
1人月額	÷600	20,348.3 20,348	÷1,200	16,999.0 16,999

ならば、公表することをさしひかえる必要はないのではなかろうか。公表しては具合の悪いことが他にあるのではなかろうか。

問題点の第二は、その具合の悪い所である、調整手当の八％地域・六％地域を含む甲地の調整手当率が五％ということは、なんともおかしいことである。このことは乙地でもいえる。乙地域は三％地域と零地域があるが、全て零としていることがそれである。また、通勤手当、住居手当、嘱託手当等はあまりにも低額過ぎると思われる。

さらに、被服手当が低額のみならず、調理員等を二人と積算しながら（三人と積算することを主張しているが）被服手当は一人分しか積算しない点は、全く不思議なことである。

旅費・庁費は全員の分が積算されて当然であるのに、特に庁費は全職員（嘱託を除く）分をと交付基準で明記しながら、調理員等の人数はのぞくところに、公表できない具合の悪さがあるのではなかろうか。しかし、このことなら、保育所も同じであるので公表できない原因とは思えない。

補修費もおかしな計算である。一坪を三平米で計算するのは、措置費だけではないだろうか。現在五〇人を定員とする養護施設で、その建物面積が七〇〇平米以上のところがあるのであろうか。平均的には、八〇〇平米を超えているのが現状ではないか。

問題点の第三は、一割加算が実際には算入されていないことである。

実際に算入されていないことから、給与改善の時、限度設定の時、実態調査の時と常に不合理な問題がおきるのである。施設側としては、強くこの点を主張して、一割加算の算入を要求したいが、そのことが一割加算制度の撤廃につながってはと考えて、ためらっているのではなかろうか。一割加算は、施設にとって、今後の重要な課題と思われる。

紙面の制限もあり、さらに措置費については解明していく機会を期待して、今回は中途半端ではあるがここでペンをおく。

（季刊『児童養護』第3巻1号、一九七二年八月に掲載）

■講座

措置費について②

措置費の勉強がまだ足りない

措置費が、施設運営に極めて重要な役割を果すものであることを知りながら、措置費についての勉強が、余り深められていないのではなかろうか。

つい先日、某県某施設の方から、「一割加算のうちどの位庁費等に廻わしてもいいのでしょうか」との質問をうけた。

結論から申せば、一割加算は一円たりとも庁費に廻わしてはいけないのである。

一割加算の制度は、年間所要経費の算定方法として、「前年度の三月現在の職員の本俸・扶養手当並びにこれらに対する調整手当の合算額の一割」が計算されるが、これは、職員の人件費として支出されるべきものであって、はじめから庁費等への流用が認められているものではないのである。ただ、庁費等があまりにも低額であって運営に困難なため本来認められないものが、黙認されている様な取扱いを受けてきたものなのである。この取扱いも、昭和四七年六月二七日の通達によって、改めて、流用禁止が打ち出されたのである。その通達の中では、「人件費については、その総額を人件費として支出（流用禁止）し、職員処遇の確保を図るものとすること」とある。

措置費に対する掘り下げがなされているならば、通達等に対する関心も深められ、一割加算の動向等も十分把握されていなければならないはずである。

したがって、一割加算額は、今後人件費以外への流用はできないことを確認しなければならない。それでは、今の庁費で足りるはずがない、という方が多かろう。その通りである。庁費や旅費、補修費は、全くけたはずれに足りないのである。全養協の調査でも、最低、職員一人当り五万円以上が必要であるとしている。

それが、やっと二万円でしかない。しかも交付基準では、職員定数表に掲げられているその施設の嘱託の職員を除く、全職員数を対象にすると明記してありながら、実際には、調理員等の数が削除されているのである。これで足りるはずがないし、これでは一割加算の流用禁止は納得できないのではなかろうか。

措置費の勉強をするということは、児童の福祉向上を目指すわれわれの業務遂行の「種」となり、「こやし」となるのである。

措置費の分析をしなければならないのは、第一に施設長であり、施設経営者である。私自身一施設長として、もっともっと勉強すべきであると反省している。そして書記の方にも、もっと勉強していただきたい。少くとも、厚生省児童家庭局企画課編による「児童保護措置費手帳」を必携し、必読していただきたいと念ずるものである。

措置費の内容が意味するもの

措置費は、それ自体数字が主であるかもしれない。そして、そこに綴られる文句も、直接養護に関係のないような表現ともみえるかもしれない。しかし、そこには、施設養護に対する行政の声がはっきり聞こえるのである。措置費は、その内容として、養護施設の運営要領を、はっきりと述べているのである。

措置費をみるときに、そこに厚生省の施設養護に対する方向づけを知らなければならないと思う。まず総合的にみて、措置費は何をいわんとしているかを考えてみよう。

①施設運営の全てを、公費が賄うべきではない

この考え方は、特に民間施設において、どうしても納得できないものとして、長年要求し続けてきたものである。

措置費の中で、何が一番足りないか、考えてみるとすぐわかる。それは、措置費では支出できない経費である。建築の際の自己負担金・各種負担金等がそれである。現在も要求中である。減価償却費も、火災保険料も、社協等の会費も、措置費では支出できないのである。施設運営に必要な経費を、すべて公費で賄う方向では、考えていないことを、措置費は、頑固なまでに、主張しているのである。措置費で支出を認められている経費でも不足が目立つ。施設運営は措置費だけでも可能な状態を希(ねが)う施設の念願は、将来ともなかなか実現されはしないだろう。見方を変えると、措置費が足りないことを理由に、施設運営の欠陥を主張し続けることができなくなる時期のくることを考えなければならないということである。特に、職員処遇等については、近い将来、措置費以上の内容を求められることも考えておかなければなるまい。

このことから、措置費は、施設の独自制を求め施設運営の自己責任をも求めていることを知ろう。日常諸費を日常生活諸費と変え、費目統合を考えている行政の姿勢にも、施設運営の独自制と責任の強調をしるべきである。

対象者の福祉向上の役割を、行政と施設が分担すべきとする考え方も、ここから明確となってくる。今この考え方を否定ばかりするものではないが、施設としては、十分考慮して対処すべきことであることは、論をまたない。措置費の内容が何をいわんとしているかを、その施設の中で、しっかり分析しないまま受入れて、後になって後悔する愚はとらないよう留意しよう。

②福祉行政の分担化

措置費をみて、福祉行政の分担化をいうのは、おかしいかも知れないが、暫定々員制度の内容からも、地方自治体との共同責任制をうかがいしることができよう。本来措置費の支弁義務者は、地方自治体である。最近、措置費に属するものを含め、自治体が独自に負担するものが増加し、あたかも、施設運営の経費は、国及び地方自治体が共同で負担する方向が強調されているともみられる内容である。措置費の支弁義務者が地方自治体（養護の場合は各都道府県・指定都市）であることから、交付基準においても、地方自治体の諸条例に拠るべき点が各所で指示されている。もとより、福祉行政は国が根幹的役割を枚すべきであろうが、地方自治体の責任も、更に追究されて然るべきであろうと思う。国の示す単価が、交付基準を十分に満たしていないのであるから、措置費の充実に国及び地方自治体の共同責任を求め、福祉行政の分担について明確な姿勢を実現させなければなるまい。そのことを措置費は自らその内容に知らしめているのである。

特に、公私格差について、是正の方向を打ち出している国が、公とは、地方自治体を指しているとするならば、公私格差是正には、国及び地方自治体の共同責任があるとみるべきであろう。

③施設自体の運営責任

措置費の傾向は、極めて徐々にではあるが、施設の運営努力を高く評価する方向で、転換しつつある。費目統合の方向も、六・二七通達による繰越五％の内容も、一面では運営の独自制を推進するものではあるが、他面では、運営の責任をも強調するものでもある。施設（特に民間施設）としては、この際措置費のこの傾向を慎重に検討する必要がある。しかも、この傾向は一部に留まらず、措置費全体の傾向にも及ぶものと推察される。

措置費が、施設にその運営の独自制と合せて責任を求める中には、先にも述べたように、施設運営経費の全てを公費に期待はできないという前提があるとすれば、当然、経費面にも施設自体の負担をも併せて求められているとみなければなるまい。運営経費の一部施設負担の方向づけは、今後の民間施設の重大な課題であると思う。

一概に、必要経費の施設負担を否定することは、民間施設の自主性を尊重する意味から、軽々に決することはできない。本来、民間施設の運営経費は、措置費オンリーの傾向から、民間財源の導入を行政施策として配慮すべきではないだろうか。したがって、措置費が、施設運営の独自制をいうならば、措置費外の民間施設運営経費の道を積極的に開発するのが、行政の役割であることを強調したい。そこに、行政施策としての社会福祉目的税的方策と、民間財源の開発を大きく前進させる方途がのぞまれるのである。施設自体の運営責任は、これらの積極施策なしでは、福祉の後退にもつながるものではなかろうか。官営福祉と、自由社会福祉との根本的課題として、大胆に取組んでいかなければならない問題でもあろう。

次いで、養護施設として、現在の問題となっているいくつかの項目について、措置費の中で示す内意を考察してみよう。

①児童福祉は、職員が根幹である

職員処遇問題が、措置費の重点課題になった最近の動向は、国の施策も、福祉は人であるとの方向づけを明らかにしている。

元来、社会福祉で福祉事業は人であるというときには、質的な、しかもその質の中のごく一面のみが強調されてきた。心優しき人、児童を愛する人、耐えることのできる人、奉仕する人、等々。もちろんこれらの人の質は、必要な要素であることを否定はしない。しかし、そのために専門性、科学性等が無視されがちであったことも事実である。

措置費の最近の傾向は、人の質を十分にとらえているとはいえない。職員処遇では、量的な配慮が中心的に考えられているように思える。このままでは、施設職員になり手がなくなりはしないだろうか。だから処遇を改善しよう。施設職員の労働性は、あまりに低劣であり過ぎた、だから職員数の改善をはかろう、等がそれである。人の問題は、質と量との両面で考えられるべきである。

国が措置費に示す職員問題も、児童福祉は、職員が幹根であるとの方向で考えられているとしても、まだ、その不十分さは、ますます改善されなければならない。

施設運営上、措置費が職員処遇を重点としていることを、格付是正・特殊業務手当・民間施設給与等改善費等々から考察し得られる、施設としても、措置費中の職員処遇に関わる経費の使途には十分配慮して、福祉は人であるの実をあげねばならない。その上で、一層の職員処遇改善の予算を獲得する努力をしなければなるまい。この課題はこれからが勝負である。

措置費は、職員の研修について全く無視している。職員の質が考えられている措置費というからには、研修経費の算入が必要である。現在の措置費の中で、研修のための費用といえば、年間一人四、四〇八円の旅費があるのみである。しかし、旅費については、措置費手帳の中で「旅費は施設の維持経営のために必要とする最小限度の旅費額」と記しているように、とても研修費、研修の旅費が算入されているものではない。来年度の概算要求の中で、指導福祉措置が新らしくうたわれているが、この説明の中に初めて研修等のための言葉がでてきた。措置費が、職員の質を向上せしめたいと初めて言ったのである。

措置費に魂があったなら「遅かった、すみません、しかもほんの少しでお恥しい、でもこれからをみててください」とでも言うのではないだろうか。

②今後の動向として、通勤交替制を示している

措置費の動向は、少くとも住込みを主体とはしていない。通勤手当が新設された昭和三九年度、住居手当が新設された昭和四五年度の勤務の形態は、当然通勤制を考えてのことである。通勤率は三分の一を基準としてはいるが、考え方としては、通勤と職員住宅による労働性の向上を措置費はねらいとしているのである。もとより、その施設において、職員の勤務形態を通勤とするか、住込みとするかはそれぞれの施設の決するところではあるが、そのいずれにもせよ、交替制が考えられていることは当然である。夜勤起居をともにする職員を一人としている点は、その考え方によるものである。今後、最低基準改訂等の考察の中では、措置費に期待するものとしては、この方向を見誤ってはならない。夜勤職員は少くとも二〇人ないし一五人に一人は必要であることも、当然主張すべきであろうし、そのための、男子職員の配置可能な施策も、大いに主張しなければなるまい。

現今、四八時間勤務は、最低の常識であるはずだが、いまだに、交替制を確立できないのが、養護の実態ではなかろうか。住込制だからといって、長時間勤務を強制することは、もはや不可能な時期にきていることを、施設運営上明記しなければならない。

措置費は、養護の体制を交替制と確立した時に、また大きく飛躍するものであると確信する。通勤手当も住居手当も夜勤手当も夜勤職員も職員住宅補助も、すべて交替制確立の方向でこそ実態に即した内容に改善されるのではなかろうか。しかも、その上で交替制のもつであろう処遇上の欠陥を、最小限にくいとめ、逆に、処遇上の利点とのばしていくのが専門分野としての養護の動きであるべきではないか。

交付基準の考え方

施設が措置費によって、その運営を内容的に左右されていることは事実である。

ここでは、交付基準に示されている内容をどう考えるかを分析して、参考に供したい。

①扶養手当や調整手当は、必ず支給しなければならないものなのか？

この点については、「私立施設の職員の扶養手当及び調整手当については、地方公務員の給与条例等の例により算定した額をもって、最高とする」と示されている。この解釈のしかたが問題となる。

イ　その地方公務員給与条例通りとする。
ロ　それ以下とする。
ハ　支給しない。

の三点が含まれる。本来、調整手当は甲地域で五％、乙地域で○％の算入しかない。（ここで注意しなければならないのは、甲地域とは、調整手当支給地域表でいう甲地・乙地をいい、乙地域とは、それ以外すなわち、無支給地域をいうのである。まぎらわしい表現であるので、注意しなければならない）したがって、調整手当を地方公務員給与条例により算定した額以下という意味で五％（甲地において）することも認められるのである。もし甲地域において無支給とするならば、次の点を留意しなければならない。

イ　その分が本俸等で消化されること。
ロ　そのことを給与規定等で明記すること。
ハ　そのことを職員が諒承すること。

等である。

参考までに、調整手当の支給率は、甲地域の中で、東京・神奈川・愛知・京都・大阪・兵庫の六都府県の甲地が八%、山口県下関市と福岡県福岡市と北九州市が六%であとの乙地（甲地域中の）が三%である。

②超勤手当と夜勤手当の関係はどうなっているのか

職員の超勤時間は、年間九六時間である。

夜勤時間は、五〇人以下で二、五五五時間が考えられている。ここで大変な矛盾があるのである。夜勤は独立しているのではなく、超勤の加算として考えられているのであるから、年間九六時間の超勤で消化するには、最低二六人の職員がいなければならない。

どこがまちがっているのであろうか。

夜勤の単価が低くすぎるのであろうか。たしかに六一円では低くすぎる。これは平均時間給の二割五分の計算であるが、このことから、いくつかの問題点が出てくる。

イ　夜勤手当は指導員を対象として考えられている。（指導員は男性の考え方も含む）この考え方からすれば、夜勤した時間は翌日等の勤務時間から差引く考え方が必要であるか、または一時間の夜勤単価を三六六円とするかしなければならない。

ロ　夜勤を全職員（または全処遇職員）が勤務するのとするならば、女子については、深夜勤の許可が必要であるし、当然別の日の勤務時間を差引き、週五四時間を超過しない配慮が必要である。

ハ　深夜勤を睡眠可とし、午後十時から午前五時までの間に、一時間ないし二時間ほどを勤務時間とするならば、宿直手当的考え方を導入しなければならない。

これらの考察を含めて、交替勤務の形態を確立することの必要性が考えられないだろうか。交替勤務として、宿直（泊り）を週勤務時間に含む考え方を主体とすべきであると考えるがどうでしょうか。このことから、職員配置の適正化と、泊り勤務の正当な手当化が確立してくると考える。この考え方が確立していない現在としては、夜勤手当を、超勤手当に支出する等の配慮をすることもやむを得ないとも考えられる。

この件に関して、措置費の考え方としては次のように述べられている。

「夜勤手当は、勤務が深夜（二二時から五時までの間）に亘る場合の割増分（二五％）の給与であり、児童収容施設においては、深夜においても勤務する職員を一名ないし二名配置することはぜひ必要であると考えられるため措置費に算入されているものである。しかし、施設によっては保母が全員寮舎内で児童と起居を共にしており、随時用便起こし等の仕事を行なっているような場合等は、必ずしもこの制度になじまないと考えられるが、このような場合においても、この費用を超勤手当に支出する等それぞれの施設の勤務の実態に即応して活用するよう指導することとし、交付基準の規定どおり夜勤手当を保護単価算定の基礎に算入して差支えない」。

現在、措置費の中で、最も不備な面の一つであるのは、この夜間処遇の考え方であると思う。

③交付基準通り支出したら、事務費が極端に不足するが、どうしてか

全くその通りであって、困っているのは少数の施設ではない。このことから、所要額保障の要求がでてくるのである。交付基準にしたがって算定はするが、国の示す単価で打ちきられる制度を何としても打ち破らなければ、通勤手当も、住居手当も、定昇制度も完全には実現できないのである。

最後に一言

紙面が切れて、たまたま十分な考察ができなかったが、最後にもう一言を許していただきたい。

措置費が施設運営の重大要素であることを、もう一度再確認し、措置費の勉強を、全施設、全職員で深めていくことを提言したい。

全養協としても、予対を中心に、措置費の問題を解明し、合理的な、効果的な予算対策を推し進めていかなければなるまい。

措置費の講座として、極めて不十分であったが、これからまだまだ、費目統合・民間施設給与等改善費・特殊業務手当の問題等も探究していく必要があり、時期をみてまた勉強させていただくことを期待してペンをおく。

（季刊『児童養護』第3巻2号、一九七二年一一月に掲載）

児童福祉の課題と予算対策

「老人医療」で始まり、「老人医療」で終った予対（予算対策、以下「予対」で）であった。結果は、防戦しただけに止ったが、その間の運動を通して、福祉界全体の意識が統一され、視野が開かれたことは老人医療の無料化継続に、まさる大成果であったのではなかろうか。ただ、老人医療の無料制は、予対運動のみの成果ではないことも知らねばなるまい。日頃福祉に充分ご理解をいただいている国会議員諸先生の努力、厚生省あげての奮闘、そしてマスコミの応援等、各界の力の結集が、高く評価されねばならない。いささか見方をかえれば、選挙をひかえての政治的配慮の所産とも見られないでもない。選挙のすんだ来年にも、財政当局から押し切られないだけの、予対の体制をより確立強化したい。

具体的福祉施策の長期構想が必要

予対が、内示から政府案決定までの一時期に最大の焦点を置いているのでは、とても、強い方針は打ちたてられず、大きな期待には応え得ない。予対関係者の間で何度も言われてきたことではあるが、はっきりと指針を定め十分な協議と調整のもとに、継続的な運動として展開されることなくしては、真の成果はあげ得ない。「老人医療」も、大蔵内示に、突然驚かされた。これは、予対委員の一人として、怠慢と問われてもやむを得ないと私自身反省している。来年度予対は、今日からでも始め、進んで、長期構想の中での福祉の展開が予対の方針とならなければならないと思う。

今年こそ福祉施設の正念場

施設部会としても、今回の予対が、福祉施設の長期構想を土台に、展開されたことを、改めて認識したい。なればこそ、労基法対策の完成が絶対にゆずれない項目であったのだし、民間給与等改善費を重点項目として、貫き通してきた。

ここで、考えなければならないのは、労基法対策の二年目完成は、一応成果を得たが、果して、この体制で、労基法は守れるのであろうか。これで完了したのであろうか。対象者の処遇と、職員の労働条件が、ともに向上するだけの施策として満足できるであろうか。この答を出し、どう実践するかが、新らたに施設に与えられた課題である。

さらに、民間給与改善費の一％増率も、民間施設のかかえた爆弾的問題である。この対応をあやまれば、まさに福祉の本質を問われるに至ることまちがいない。予算に一応の成果を見た今年こそ、福祉施設の正念場を迎えたのである。

新目標は研修強化

養護施設について見ると、大きな課題をかかえた時期である。施設福祉と地域福祉の連帯性を実践の中で示していく時期がすでにきている。地域ぐるみの児童健全育成に、施設が傍観していてはならない。養護施設でも里親問題、児童館問題等、具体的課題を検討し、その討議を実践によって、展開することの重要性に目を見開らかなければならない。幸い、児童家庭局は、近年この問題と取り組み、今回の予算にも十分その意向がうかがえた。予算成果こそ、大きなみのりはなかったが、その方向に動きつつあることは、養護施設にとっても、長期構想の一つとして、将来あるべき姿として、今後の予算の動向に、明確に示していかなければなるまい。

地域福祉、ボランティア育成、地社協専門員問題等が、福祉施設の課題として、連帯的福祉観の中で、とりあげられるところに、今後の展望を見い出せない限り、施設そのものの充実もあり得ないし、施設予算の進展も期待できない。

そのためにも、新しい年の、進むべき方向は、これらの展望をとらえ、十分理解し、福祉施設運営の本質を見あやまらないことを期して、研修強化充実に、徹するべきであろう。

（月刊『福祉』一九七六年二月号　に掲載）

措置費の推移と課題

措置費とは

「措置費」という言葉は、もともと法律上の用語ではなく、行政上用いられている用語である。これは、児童福祉施設への入所の措置に伴い、支払われる経費という意味を表わしていて、もちろん、最低基準を維持するに足りる費用という性格も含んだ意味なのである。

ところが、関係者の間では、これと異なる言葉で、措置費を指そうとする場合が少なくない。

まず「児童保護措置費」という語が用いられることがあるが、これは国の予算費目の呼称であり、主として、予算の編成や執行と関連して用いられる。

次に「委託費」ともいわれるが、これは、措置権者から、措置のため児童の委託が主として民間施設に対して行われる場合、この委託に伴い支払われる費用という意味（サービスの対価としての性格）を表わす場合に用いられるのである。

次に、児童福祉施設の「運営費」または「経常費」ともいわれるが、これは経費の使途に着眼して施設における日常必要な諸経費という性格を指していて、施設整備費等の臨時費を含まない趣旨をも含んだ言葉である。

以上の用語は、いずれも経費の性格ないし機能を端的に表わそうとする場合の用法であるが、行政上は「措置費」という用法が正確であることは、上述のとおりである（児童保護措置費手帳より）。
「児童福祉施設に入所後の保護または委託後の養育につき、児童福祉施設最低基準を維持するために要する費用」が措置費である。

このことについて、「社会福祉研究」第八号（財団法人鉄道弘済会弘済会館発行）で、二葉学園の村岡末広氏が主論として述べているので、引用させていただく。

児童福祉法では、委託を里親と、保護受託者に措置することだけに使い、それ以外は、入所と区別している。生活保護法は、公立施設と団体や私人を分け、後者に対しては、委託としている。老人福祉法、身体障害者福祉法、精神薄弱者福祉法の三法では、行政措置を行なう当該都道府県立の場合は、措置入所という表現を使い、他の国立や他府県立の公営施設および社会福祉法人などの団体立には委託という用語を使い、厳密に区分している。

――中略――

一般的にいって、成人を扱う施設の場合、対象者自身の選択が収容措置を大きく左右することであるのに対し、児童の保護は緊急性が非常に高く、そのための措置あるいは入所という行政権限的なひびきの強い用語になっていると思われる。このような用語上の違いはあるにせよ、いずれも行政措置にともなう福祉の保障を表現していることであって、措置入所も措置委託も、いずれの法律にも、施設側に正当な理由がない限り拒んではならないという条文が必ず入っている。これは、公営にも、民営にも及ぼす行政行為の保障を求めるもので、いわゆる法の執行が及ぼす範囲は、まったく公私ともに差異はないわけであるが、この措置および委託にともなう保障としての費用を「措置費」または「委託費」といっている（委託費と従事者の処遇・村岡末広氏主論より）。

措置費のことを委託費と称しても、この論から言えば、けっしてまちがってはいない。

しかし、これからの措置費を考える時には、行政と施設の両者間協議性を加えた委託契約的要素を大きく期待すると同時に、行政責任を十分保障するような措置費の確立を強く望みたい。

ここで本題とは離れるかも知れないが、行政の責任感覚と、措置費、委託費の考え方に別な解釈をしてみたい。

措置費は、行政権限的なひびきが強いものとしての感覚から、行政措置に伴う費用で、行政の一方的な考え方できめていくが、それだけに、責任は行政が重く取りあげる。が一方、委託費に委託契約的な協議合意性を、期待するならば、行政としては、一方的に責任はとらなくともよい費用と考える。従って、協議性の高いものは、行政責任は低く、行政が一方的に決めるものは、行政責任が高い。行政責任の高いものは、それだけ、費用も充実するという考え方である。一見道理に合っているようだが、よく考えると随分おかしな考え方である。充分双方が協議してきめるものは、低保障でもやむを得ないとするなどの論議は、封建性そのもののように思えてならない。しかし、この考え方は、現在の行政感覚に強く根ざしていることも否定できない。措置費の性格も、そのあたりに一つの問題点が残されていると も考える。

その考え方を打開して、正しく十分な協議のもとに、施策の方針が定められるべき方向を期待したい。そして、全養（「全国養護施設協議会」）が念願とする、措置費の決定に関する、審議会的な機関の設置の実現を強く要請したい。その方向にこそ措置費の正しい性格が見出せるであろう。幸い、最近の行政姿勢には、すでにその熱意も十分にうかがうことができる。措置費の在り方に、今こそ積極的な主張をするチャンスとも言える。施設長も、それに応え得る措置費に対する理解を深める研修に大いにつとめる時期でもあろう。

措置費のこれまで

措置費は、終戦後、昭和二十一年九月に公布された生活保護法によってスタートする。この時に、国の責任としての八割の国庫負担制度も確立されたのである。その後、昭和二十三年、児童福祉法の施行に伴って、現行の措置費制度が始まった。

昭和二十四年八月二十七日、シャープ使節団の「日本税制報告書」による勧告に従い、結果的には、措置費が、従来の国庫負担制度から、平衡交付金制度に繰り入れられることとなった。この頃は、三カ月ごとの四半期計算で精算する等随分煩雑な請求事務がなされていたのである。

この平衡交付金制度は、多くの弊害が生じて、昭和二十八年に、再度、国庫負担制度にもどったのである。そして、昭和三十年度より、事務費の支弁方式について根本的な検討が加えられて、いわゆる「現員現給制度」を実施することとなり、従来の現員払い方式から「定員払い方式」に改められたのである。

その時に示された「事務費実行限度施設別、地域別算定内訳表」が、事務費積算の原型となったのである。この時の五〇人定員の甲地域施設における年額は約一四一万五千円であり、一〇〇名定員で約二四三万八千円である。児童指導員の本俸月額が一一、六〇〇円であった。

事業費では、昭和二十六年に教育費が新設され、昭和二十三年からあった学校給食費が昭和三十年に完全実費支給となり、採暖費が新設されたのもこの頃である。
昭和三十九年、本俸の格付制度が実現するまで、いわゆるベースアップ闘争の時代であった。本俸の格付は、措置費事務費の大改善の一つといえよう。これでベースアップ獲得の労苦は一掃され、公務員格付が生れたのである。現行の書記や児童指導員が六等級三号と定められたのもこの時である。
この昭和三十九年には、十対一が初めて改善され、九対一になったのである。この年に超勤手当が施設長二十四時間、その他の職員九十六時間に改善され、夜勤手当や、通勤手当が新設されたのである。
この昭和三十九年からの措置費の改善が極めて、急上昇の様を呈し、いわゆる予対全盛期が始まったのである。
特記すべき改善事項を代表的なものについて、年次を追って示せば次の通りである。
昭和四十一年　八対一・民経調（民間施設経営調整費）新設
昭和四十三年　幼児加算
昭和四十四年　給与格付是正
昭和四十五年　三未加算三対一
昭和四十六年　七・五対一
昭和四十七年　七対一　五対一　民間施設給与等改善費新設
昭和四十八年　事務費の保護単価制度
昭和四十九年　栄養士　一〇一人以上
昭和五十年　労基法対策　特別給与改善費六%他

この間、一〇〇号通達が昭和四十九年五月に出された。いずれ、措置費の変遷については、紙面の余裕を見て、全養通信で発表できれば幸いである。

措置費の論議

措置費のことについては、各界各氏が、角度を変えて論じてきている。著名なのは、保育の柴田、母子の西条、内部障害の川崎、老人の小国等の諸先生方であり、それぞれ独自の分析と主張を示しておられる。わが養護施設界においても、第一人者の松島前会長を始めとして、歴代予対の正副部長、広島の上栗、北海道の広瀬、福島の内山の諸先生に代表される主張がなされてきた。東京の、大谷、丹下、後藤、田岡、村岡、長谷川の諸先生も特色ある主論を述べられてきた。全社協においても、山本前福祉部長、河田現福祉部長がこの措置費に関しては、指導的立場を有し、りっぱな見解を示されてきた。しかし、社会福祉施設界について、総じていえることは、措置費を深く理解し、十分に分析していると見られる人が、きわめて少いということである。

労基法問題と定昇問題が、「ほんね」と「たてまえ」の違いから、福祉界になかなか浸透していかないこととは別に、措置費に関する諸問題は、難解で、なかなか徹底しにくいらしい。労基法は守るべきだとする「たてまえ」、定昇制度は何が何でも実現せしむるべきだとする「たてまえ」は、かくされている、「ほんね」に打ち消されてなかなか確立されていかない。しかしこれは、福祉界の宿命的要素もあり、今後時間をかけて、解決していく道がある。措置費には、そんな「ほんね」も「たてまえ」もないはずであるのに、十分知ろうとしない。あるいは知ろうとはするが第一義的に取り組もうとはしない。特に最近の傾向としては、従事者の方に熱意がうかがえて、措置費解明のきざしが見えているのに対し、施設長が、措置費を知らな過ぎることが目立ってきたように思える。このことは、施設長が、措置費を重要視していないからか、いや、そうではあるまい。施設長が、措置費を知らないのは、厚生省が、知らせないからか。厚生省が知らせないことは、たしかであるが、前述の諸先生方や、全養の通信等で、厚生省が知らせる以上に明記してきたはずである。もっと、積極的に、施設長として、措置費に取りくむべきであり、措置費を十分理解して、その費用を活用して、施設の運営管理に充実性を見出すべきである。またこのことが、今日程重要な時期はないように考える。

顧りみて、昭和三十年四月、事務費実行限度施設別、地域区分別算定内訳表を示して以来、措置費論は、常に全養の中心的テーマでもあったはずである。

昭和三十三年九月発行の、「児童福祉研究」第二号に、近年としての措置費論の圧巻ともいえる、丹下芳典氏（当時東京家庭学校）の事務費論、村岡末広氏（二葉学園）の事業費論の二大分析が発表された。私が、今日なお、指導書として尊敬し、利用している論文であり、措置費を論ずる人が、等しく参考にされている論文である。

ここに、この「児童福祉研究」第二号「養護施設における措置費についての一考察」(事務費について)丹下芳典氏の論文の一部を紹介したい。

―前略―国の限度額の低い理由は、昭和三十年七月発行の全養協通信十一号に述べている通り、各施設の限度額算出基礎の中には算入されている職員に対する昇給額としての給与額の一割加算分、および度々の全国大会で問題になっている社会保険事業主負担分が、事実、国の算出基礎の中に算入されていないためである。―中略―このような限度額が、法第五十条に言う、最低基準を維持するに足る額であるかどうか、養護施設運営要領に要望する事項を充すに妥当な額であるかどうか明白である。―中略―最低基準に示された職員数については、児童指導員および保母の総数は、通じておおむね児童十人につき一人以上となっている。最低基準の出来た昭和二十三年から十年間も、職員は、限界能力を強要されて来ているわけであるが、十年前と比べて収容児童も変化し、より専門的な、科学的な、技術的な養護が要求されてきた今日、なお十年昔と同じように、児童十人に一人の職員では、到底不可能な状態となっている。可能な範囲内において、より小人数をより完全に養護し立派な社会人とすることが、われわれ大人の子供たちに対する責務ではなかろうか。その意味においても、ぜひ六人に一人位に改正すべきであろう。そうなって始めて保母も十四時間労働から解放され、より科学的な合理的な養護が出来ると信ずる。そして更に、二交替制も考えられるのである。―後略―

十八年前のこの主張は、連綿として続いた全養の主張でもある。十八年前に、一割加算の実額支給と、六対一を要望されている。今日を予言したり、想定したりしての六対一ではないであろうが、今実現した、六対一が、二十年来の悲願であったこともまた事実である。丹下先輩に負けずに、五年後の五対一を、十年後の四対一を主張することも、あるいは今日のわれわれの役割ではなかろうか。丹下、後藤、村岡の三先生の指導を受け、昭和三十九年「児童福祉研究」第八号に「措置費について」の考察を発表した。それ以来、毎年、措置費事務費の積算推計表を発表してきた。この事務費の積算推計表の発表は「全養協通信」第七十五号をもって、終りとしたい。今後、どなたがなさるかは別として、私として、積算推計は、七十五号を最後として、今後は、積算の分析よりも、違った角度からもっと、有意義な措置費への取り組みに努力していきたいと考えている。

昭和三十九年、措置費の考察を発表した時、私なりに、三つの目標を立てた。当時の予対部長今井新太郎先生にも、その目標を話したが、「大いに結構やりたまえ」と賛意も得た。心に期した目標ではあるが、そのための努力は、決して惜しむまいと誓ったものである。

それは、

一、六対一の実現

二、一割加算の実額確保

三、事務費の倍額獲得

やっと九対一に改善された時であり、この目標が達成できるのはいつのことやら考えていなかった。

昭和二十三年以来、十対一が九対一に改善されるのに、十五年以上かかったのであるから、六対一の実現は少くとも二十年はかかるのではないかと思っていた。六対一が、今年度から実現することになったが、こんなに早く目標達成するとは考えてもいなかった。福祉施設あげての努力とはいえ、すばらしい改善であることは事実である。心に秘めて目標にしていた私にとっては、実に感慨深いものであった。六対一が実現して、当然、次の目標が立てられるべきであろう。全養では、四対一を当面の目標としている。六対一以上に困難な目標であると思う。どこまで増員すればよいのかという問いかけが厚生省にもあろう。簡単に出してよい意見ではないが、私としては、六対一以上の改善は、画一的になされないのではないかと思う。少くとも昭和三十九年当時には、六対一を最終目標だと考えていた。

次いで、一割加算の実額確保である。丹下先輩もこのことを主張されていた。今は亡き後藤先輩も、この主張を強く示しておられ、給与体系確立の最大の目標だと考えていた。当時、それが、いかに不可能に近い目標であったかは想像されよう。

民間施設経営調整費が、昭和四十一年に新設された時に大きな期待を持ったが、達成はできなかった。昭和四十七年、民間施設給与等改善費が生れたときは、これをつぶしてはならないと思った。そして、最高一四％支給が実現し、一割加算実額確保の目標も、一応到達したと見ることができよう。

第三の事務費の倍額獲得は、当時一〇〇名定員の甲地域施設が、年額六三三万円余であるから、それが倍になればというものではない。具体的には、児童指導員の本俸と、一〇〇名定員の事務費総額の比を、倍にしたいということである。昭和三十九年の措置費では児童指導員の本俸が、二〇、八〇〇円で、一〇〇名甲の事務費総額が、六、三三〇、六九〇円であった。即ちその比は、指導員本俸の三一五倍ということになる。従って立てた目標は、児童指導員本俸の六三〇倍以上の事務費年額の獲得としたのである。この目標も、本年度一〇名定員特甲地施設の事務費年額が、十月以降分として、六二九四万円（民給改一二％として）となり、指導員本俸の九万六千六百円と比して六五一倍となり、初めて昭和三十九年の三一五倍の倍額目標が達成できたのである。

六対一の実現・一割加算の実額確保・事務費の倍額獲得の三目標が、全く同時に昭和五十一年度に実現したのである。

昭和三十九年に、この目標を立てた時、これが、簡単に実現するはずがないと思っていたし、よしんば実現しても、同時に実現するとは、全然想像だにしていなかった。全く偶然なのかも知れない。あるいは必然なのかも知れない。とにかく実現したのである。立てた目標が三つとも同時に実現した今日、今井、後藤両大先輩に心で報告し、私としての転期とも決意している。

措置費のこれから

措置費が、大きく飛躍したのではない。物価高や、社会の諸情勢が、やむなく増額させてきたのである。今後の措置費が、ここ数年間のような伸びを示すとは思えない。

措置費のこれからが、民給改にも見るような、格差をもった、傾斜をもった方向で、改善されていくであろうことは間違いないと思う。画一的改善は、今後暫くはあり得ないのではなかろうか。

措置費も、一〇〇号通達に見られるように、弾力的運用の方向をとり、事務費の積算分析の必要も、うすれてこよう。積算分析を必要とする施設は、今までの資料で十分分析可能だと考え、三つの目標達成と結びつけるつもりはないが、私自身の措置費との取り組み方を大きく変えていきたいと思う。

これからの予対は、単なる予算獲得運動ではなく、予算執行の技術を前提とした、運営管理の向上を目標にしたものでなければ、実効はあがらないだろうし、その研修を目的とした運動の展開が主とならなければならないと思う。

措置費が少くて、とにかく増額をしなければならない時代は過ぎたのではなかろうか。たしかに、措置費はまだ不十分ではあるが、その措置費が、いかに適正に執行されるかが問われ、適正執行、有効利用の上にのみ、増額が可能となるような時代に移行していくと考える。そのために、措置費は、運営管理の専門性向上を望んでおり、養護の本質課題を再確認しながら、施設長の努力を待っているものと考える。

（『養護施設三〇年』第三〇回全養研協記念出版、一九七六年九月）

〔7〕　昭和52年12月12日　（月曜日）

制定から30年目

児童福祉法をかえりみて

渡辺茂雄

問い直せ〝慈愛〟の心

捨てられても親を慕う子

きょう十二日は、児童福祉法が制定されてちょうど三十年目。戦後の荒廃した中から子供たちの生活を守ろうと生まれた法律だが、この間に子供たちをとりまく生活環境は大きく変わり、あらためて子供たちの幸せを守ることの大切さが問われている。法成立当時から児童福祉問題にとりくんでいる全国社会福祉協議会・養護施設協議会・総務部長で調布学園理事の渡辺茂雄さんに児童福祉法三十年をふりかえり、現在の問題点などを明らかにしてもらった。

渡辺茂雄さん

「すべての国民は、児童が心身ともに健やかに生まれ、且(か)つ、育成されるよう努めなければならない」　児童福祉法は、この理念で始まる。昭和二十二年十二月十二日、戦後混乱の中に、児童福祉法は公布された。

その一年前、昭和二十一年十二月、中央社会事業委員会が開かれ「現下の情勢に鑑み、児童保護事業を強化徹底する具体策」として児童保護法原案を示して諮問された。婦人委員も多く審議に参加し「児童保護法」から「児童福祉法」構想に飛躍していったのである。翌昭和二十二年三月、第九十二国会で超党派二十五人の婦人代議士により、児童保護に万全を期す立法化に関して建議がなされ、その年の秋、第一回国会においてわが国で初めて「福祉」の二字を冠した法律が成立したのである。子供のための「児童福祉法」が女性の力によって生み出されたのも意義深いものがある。

児童福祉法が子供の幸せを祈りつづけた三十年、子供たちの幸せは守られてきたであろうか。

日本に孤児院はなし

現在、日本に孤児院はない。全国の養護施設入所の児童中、両親ともいない児童は、昭和二十七年三六・六%であったものが、昭和四十五年では六・四%に減少している。すべて子供は、両親の愛に育てられることが幸せの第一であろう。親がありながら、施設には多くの子供が、その親に養育を放棄されて仕方なしに入所してくる。

児童が心身ともに健やかに生まれ、かつ育成されるように…（児童福祉法）＝調布学園で

新潟県のある児童相談所のケースに三人の子までできた嫁ぎ先から、一人だけ子供を連れて家出をし、残された子供は施設に入所。その母親は転々と町を渡り歩き、数回の同棲（せい）生活を繰り返し、子供三人を産み、そのあげく五人の異父兄妹の養育を放棄して蒸発してしまった。まことに悲しい児童福祉法無視、母性愛喪失の事例である。しかも、このような境遇にある子供たちが、なお母を許し、母を求めているのも、また事実なのである。

養護施設の子供たちの作文集「泣くものか」（亜紀書房・九五〇円）には、親を責め、親を憎みそれでも親を慕い、親を求める叫びが満ち満ちている。

子供たちの人権が、親によって損ねられ、政治によってゆがめられてはいないであろうか。いまだに、子捨て、子殺し、子連れ心中の絶えない現状では、児童福祉法は泣いていよう。

生活様式も変わる

児童福祉法が公布されて三十年、その歳月は生活の様式を大きく変え、ひときれのパンを奪いあうみにくさはなくなったが、ひときれのパンに喜びをわかちあう美しさもなくなってしまってはいないだろうか。

児童福祉法が不幸な子供だけのためではなく、別扱いのない、地域社会に密着した存在で、すべての日本の子供たちの明るい道しるべとなることを祈ってやまない。

資料1
『東京新聞』1977年12月12日付

最近の福祉行政の動向をめぐって

——機関委任事務から団体委任事務へ・児童相談所の区移管問題・公私格差是正事業の見直し——

一　機関委任事務から団体委任事務へ

昭和六一年度の厚生省予算案が示された中で、最も重大な福祉行政上の動向としては、措置費等の国庫補助率が二分の一に引き下げられたことと、これに伴って、これまで国の責任で行う「機関委任事務」であった福祉施設等の運営を一部を除いて、地方自治体が主体性を持って実施する「団体委任事務」に変更したことである。

「機関委任事務」とは、国の事務であって、法律又はこれに基づく政令によって、地方公共団体の長に委任された事務を言う（地方自治法一四八条二項より）。

「団体委任事務」とは、地方公共団体自体に委任された事務で、固有事務や行政事務と同様に、地方公共団体の責任で処理すべき事務を言う（地方自治法二条二項より）。

勿論、予算案等閣議決定も、次期国会において、関係各法改正案とともに、議決されて成立するものではあるが、この内容が変わることはない。

「機関委任事務」が「団体委任事務」に変わることにより、福祉行政は、地方自治体の独自な取り組みが大きく前進することとなる。

現行の各種福祉施設運営等は、施設の規模、設備の内容、職員の配置など、重要な事項すべてについて、細かく国が定めていたが、今後は各地方自治体に条例準則は示されようが、入所対象者の決定、費用徴収額などを初め、主たる職種以外の職員配置等についても大部分の事項は条例で地方自治体が決めることとなるのである。

この正月一七日発表された自民党の昭和六一年度運動方針案要旨でも、「(前略) ③われわれは、いま二一世紀への山坂を登る重要なベースキャンプの位置にある。その最重要課題の第一は行財政改革の推進(中略)第二に教育改革の推進(中略)第三に日本型福祉国家を建設する。将来の高齢化社会に備え、効率的で均衡のとれた社会保障政策を推進し、社会・経済の衰弱を招いた先進諸外国のわだちを踏まず、国民全体の意識改革による自立・自助の努力、家庭基盤の充実、連帯感のある地域社会づくりを進める。(後略)」と述べられている。昭和五四年に検討材料として発表された「日本型福祉社会」(自民党研修叢書八)では、

○成長なくして福祉の充実もありえない。
○民間の創意と活力を生かした日本型の福祉社会の方向に活路を見出したい。
○「ゆりかごから墓場まで」とその完ぺきさを誇ってきた英国の社会福祉制度を初め、先進諸外国がその軌道修正の方向を模索し始めていることからも「日本型福祉社会」を樹立すべきである。

○福祉の効率という点からは、国または地方自治体（官）よりも民間にゆだねた方がうまく行くものは、企業と競争市場に任せることが賢明である。
○日本型福祉社会の政治においては、国が何をどれだけ与えるかを競うのではなく、自由と活力と安定を増進するために、いかに優れたルールをつくるかをめぐって競争するものでなければならない。

等述べられており、その内容については、大いに注視する必要がある。わが国における福祉の動向は、その線に従って進められているものと考えられるから。

また、地方自治の動向に関しては、「地方自治経営学会」の昨年一一月のアンケートの内容にその一部を見ることができよう。その中で「現在、自治体を最もしばりつけているものは何か」の問に対して、四二・三％と最多の答は「国庫補助金による国の統制・関与・干渉」であり、また「どのような点に焦点をあわせ最も力を入れて改革を進めるのがよいか」の問に対して、五二・九％の答があったものは「国庫補助申請にかかる手続き、手間、事務の大幅な簡素化」と発表している。

今や、自助・連帯の考え方や、補助率の削減も、地方自治の方向に伍して、大河の流れるが如く、逆らうことのできないもののように考えざるを得ない時勢と言えよう。まさに地方自治の時代の到来なのであろう。

「補助金問題検討会」の報告の中で、生活保護に関して「国民の健康で文化的な最低限度の水準を保障するものであり、その実施に当たっては、全国民に共通した公平と平等が求められるので、事務の性格は今後とも機関委任事務とすることが適当である」と述べられ、補助率も一〇分の七を守った。児童福祉法による乳児院・養護施設等では、児童の生存権を守る立場から、同じ様な視点に立ち生活保護と同等に扱うべきであるとの見解も示されてきたが、一律に補助率は二分の一に引き下げられ、団体委任事務に変えられた。今後もこれらの業界からは厳しく反論が続くであろうが、諸般の情勢からすれば、他面において、この厳しい現状の中に将来につながる飛躍すべき活路を見出すことも重要なことであろうと考える。

本来、社会福祉施策の推進は、住民に最も身近な、日常生活に直結する事項として、身近な地域社会としての地方自治体の取り扱うべきものとしてきた論も多い。このことは、「新たな福祉施設活動の展開」(全社協・施設制度基本問題研究委員会)の論の中でも、「今後の養護施設のあり方」研究会(全養協)が「福祉圏」構想として大坂譲治氏の論の中でも取り上げられてきている。地方自治体が積極的に福祉活動に取り組むことにより、国の役割も一段と大きく追求されるであろうし、国・地方自治体の協力関係の中で、社会福祉行政の充実・向上を期待したい。更に、今回の団体委任事務への改変を、民間活動主体の福祉体質の改善に進む礎石として、最大限に活用することが肝要であろう。まさに民間福祉施設界試練の時代と言えよう。

二　児童相談所の区移管問題

昭和一八年七月、都制が施行されて以来、東京都における都・区制度は、数次に亘って改正が行われてきた。昭和二二年三月、三五区制が二二区に統合され、同年八月、練馬区の分離によって現在の二三区制が確立した。その時以来、特別区には、原則として市と同様の機能が付与されてきた。

昭和四九年四月、特別区政調査会が発足し、昭和五六年八月には、「特例」市の構想を打ち出している。同年一一月には、都制度調査会も発足し、昭和五九年六月には「新しい都制度のあり方」の答申を出し、都・区協議会がもたれるようになった。以来、都区制度検討委員会を設け、積極的な検討が進められてきた。この間、昭和五九年二月には「特別区を市にする促進大会」も開かれた。

児童相談所の区移管問題は、この「新しい都制度」の中で提起されているのである。

現在の二三特別区域内に新狭域自治体を設け、特例市等の呼称を想定し、現行政令指定都市に準ずる機能が予想されている。

「新しい都制度」の役割分担事務配分の中で、「新狭域自治体」は、現行特別区が有する事務のほかに、その新しい性格に相応した住民に身近な事務を処理するとして、「児童福祉に関する事務」の中で、児童相談所を移管することとなっている。これは移管される一一項目の一つであって、次の様な都の意見が表明されている。

「児童相談所に関する事務は、基本的には住民に身近な基礎的自治体で一貫して処理することが望ましいので、新狭域自治体の事務とする方向で検討するが、人口規模等とのからみ、専門的機能の確保、児童福祉施設の設置、運営者との入所措置に係る調整等の対応策をあらかじめ講じていく必要がある」また別に「センター機能については、広域行政の立場から、今後どのような機能を果すべきか検討する」と述べられている。

特別区の考え方としては、「移管を受ける方向で、問題点のうまい解決策がないものかどうか、引き続き検討を続けたい」としている。この移管問題と大変関係のある国の通達が昨年七月一二日に出されている。

①「地方公共団体の事務に係る国の関与等の整理、合理化等に関する法律等の施行について」

②「児童相談所の設置形態について」

である。臨時行政改革推進審議会が、「地方公共団体に対する国の関与・必置規制の整理合理化に関する答申」の中で、行政機関・施設、設置形態の弾力化として、「①児童相談所、②身体障害者更生相談所、③精神薄弱者更生相談所及び ④婦人相談所については、機関相互・他施設との総合的有機的運営が図られるよう設置形態の弾力化を図ることとし、併せて、職員配置基準についても、専門的機能を維持するに必要最小限度に止める方向で見直しを行う」とあるのを受けたものであって、①の通達では、地方児童福祉審議会に関し、設置義務を解き、そのまま置いても、社会福祉審議会の分科会としてもよいこととした他、都道府県等本庁の社会福祉主事の必置規制を廃する事項や、児童福祉施設等の設置認可等に関しても大きな変更を打ち出している。②の通達では、前述の整理合理化答申のもとで、改正前との違いでは、「児童相談所の運営については、他の関連する相談所等と併設することも差し支えない」が加わり、児童相談所の職員構成の標準では職員構成表（員数も明記してあった）をはずし、職種のみを示している点と、「業務に支障のないときは、職務の共通するものについて他の相談所と兼務することも差し支えない」の項が加わったことである。

国はさきに、児童相談所の運営に関する費用を地方交付税に算入することとしていることから、児童会館がそのために大幅な職員削減をされていることと同様に、交付税のない東京都では、児童相談所の充実を極めて困難なものとしている。

区移管の問題は、諸般児童福祉充実を一層必要とする現況の中で、その中心的存在と言える児童相談所が、移管によって、より内容充実の可能性が、増大するのか、減少するのかの方向にかかっている。前述の国の通達の内容は、必ずしも児童相談所機能に低下現象をもたらすものではないとしても、その充実を期待することのできないことは明白である。その時期に区移管問題が生じているので、児童福祉の向上を願う者としては、是が非でも、児童相談所機能の充実を第一に配慮される方向で強く求めるのも当然である。

児童相談所の区移管には、特別区制度検討委員会の意見にもあるように、現在、児童相談所が二三区内に七ヶ所しかなく、しかも偏在しており、人口五〇万人に一ヶ所という国の基準と、設置数の問題、人口の少ない区では、設置義務をどうするのか、都・区間の協定、区・区間の協定は夫々どう考えて行くのか、あまりにも問題が多過ぎる。本来、区の自治性の強化に反対するものではなくとも、区移管に伴う諸問題が、どのように解決されるのか、措置権の移管に伴う都の責任はどうなるのか、本当に児童相談所機能の充実は実現するのか、明確な方向づけがなされないのでは、簡単には賛意を示し得ない。諸法規の改正を前提とする新狭域自治体がスタートするには、相当の年限がかかるとは思うが、新しい都制度の発足は決定的と思われる現在、児童相談所の区移管に関する諸問題の解決策を一日も早く明確にしてほしい。

児童相談所整備に関する原則としては、
①情緒障害児・各種暴力行動児・登校拒否児を始め、いじめ問題を有する児童、性的問題に悩む児童、

親や家庭の養育能力低下に苦しむ児童等が増大する現状から、その適切な対応を、児童の生活権・生存権・発達権等の保障の立場を土台として、タイミングよく処理することが必要であるとする行政認識

②社会的養護に関わる児童問題がますます質的に困難度を増し、その対象児も減少の方向にはない現象認識から、家庭・児童の社会的期待に即応できる、予防・相談・治療・措置・一時保護等の機能

③各児童福祉施設が実践する児童福祉に対する適切な対応を常時可能とする機能等が充実完備する方向でなければならない。

そのためにも、区移管以前において、児童相談所の増設、一時保護所の増設、職員配置の増員強化などの実績を具体的に示して、諸関係者の危惧を払拭し、区移管の積極的協力性を促進できるようにしてほしいものである。

三　公私格差是正事業の見直し

昭和四六年一〇月に始まった「給料公私格差是正事業」も一四年余を経過した。その総額も七五億円弱（昭和五九年度決算額）までになってきている。実施要綱の目的にもある「職員の処遇改善を図り、もって施設経営の近代化と施設入所者の処遇の向上及び均等化に資する」ことには、極めて偉大な成果をあげている。職員の生活安定、定着性にも大きく寄与し、民間福祉施設振興に関して、都政の最も顕著なる功績の一つと言えよう。

東京都がこの制度を長く継続し、その水準を堅持することに格段の配慮を尽していることは、極めて高く評価されている。一〇年余を経て現在では、都内民間福祉施設にとって、運営上絶対不可欠の制度となっている。個人的な見解ではあるが、「給与公私格差是正事業」の継続は、都民福祉の一端を担う、民間福祉施設職員に対する都としての正当な施策であり、一層の確立を願うものとして、都職員の給与関係例規に準ずる立場を堅持し都職員の給与関係基準の変動に関しては、その利・不利を問わず、その都度の改正に準拠する内容は諒承すべきものと考える。制度発足以来一〇年余を経て、当初より是正し残された格差に加え、この間に新たに生じた格差もあり、適切に改善されるよう望むことは、その目的に照らしても極めて妥当なことであり、その努力がつくされなければならない。

福祉施設運営が、国の機関委任事務とされてきた今日までは、福祉施設職員の給料に関しては、本来国の責任に帰するところのものが多いと認識し、国のそれに関する努力が、必ずしも万全とは言い難かったことを問題としてきたが、団体委任事務と改変されたこれからは、都の責任において、一段と内容充実に努めることを期待したい。諸手当の改善等、当面の課題として、都と協議要請すべき事項も少なくはないが、現状の成果を十分評価しつつ、その水準維持を優先し、十分時間をかけて対応することも肝要であると考える。

表題に与えられた、「公私格差是正事業の見直し」の点については、都が方針としている、現状水準の維持継続を第一と考え、大きく改変を図る時期とは考えられない。

前述の通り、昭和六一年度からは、団体委任事務に改変され、その業種によっては、都の事務とするもの（例、児童福祉施設への入所措置に関する事務）、都、市及び福祉事務所を設置する町村の事務とするもの（例、母子寮への入所措置、精神薄弱者援護施設への入所措置等に関する事務）、市町村の事務とするもの（例、保育所への入所措置に関する事務）等に措置の在り方が変わることとなり、このことから、その責任の推移が、現在までの諸施策にどう影響するのか、極めて気にかかるところである。公私格差是正事業に限っては、団体委任、機関委任に関わりなく、維持継続されるものと信じてやまないが、如何なる事情があったとしても、この制度の現状水準維持継続を不可能ならしめる見直しには絶対反対を表明したい。

国が、機関委任事務を団体委任事務に改変して、地方自治体の独自な取り組みが大きく前進することとなるこの際、都独自の都民福祉増進の理念に基づいて、民間福祉施設の活動躍進のため一層内容充実した「給料公私格差是正事業」への新発足をこそ願望してやまないものである。

（『福祉展望』創刊号一九八六年三月号に掲載　東京都社会福祉協議会）

■論壇

一一一号通達を考える

はじめに

昭和六二年九月二四日付で「施設の適正かつ安定的な運営を確保するために、より一層の運営費の弾力的な運用を図ること」を目途に、厚生省社会・児童家庭両局長名により各都道府県知事・指定都市市長宛に出された「社施第一一一号通知」について考えてみたい。

「凡そ鰥寡・孤独・貧窮・老廃・自存する能はざる者は、近親をして収養せしむ。若し近親なくば、坊里（地域）に付して安価す」（大宝律令―養老戸令）

「済貧恤救は、人民相互の情誼に因て、其方法を設へき筈に候得共、目下難差置無告の窮民は、自今各地の遠近により五十日以内の分左の規則に照し取計置・委曲内務省へ可伺出、此旨相達候事」

（恤救規則　前書き）

いかにも物ものしい条文を並べはしたが、現今、政府の打ち出す、自立・自助・連帯の方針が、日本の政策としては、大宝の古昔から不変のものであることが、理解できるのではなかろうか。昭和五四年八月、閣議決定した「新経済社会七ヶ年計画」の中にある福祉の項では、「高度成長下の行政を見直して、施策の重点化を図り、個人の自助努力と、家庭及び社会の連帯の基礎のうえに、適正な公的福祉を形成する新しい福祉社会への道を追究しなければならない」と明記しているが、基本的方針には、今も昔も、大きな相違のないことがよくわかろう。

行政施策は、現今民主主義の時代では、その大綱は、将来的にも急激な改変が行われるはずもなく、わが国における福祉の根本は、自立・自助・連帯を基本に置き、その上に公的保障がなされる体制が続くと見るべきであろう。そのことが、公的責任回避とは言えないであろう。民間活力の導入、シルバー産業への期待、身近には、施設運営上の弾力化と言っても、この基本施策には、この考え方が基礎となっていることも認識せねばなるまい。論点は異なるが、労基法の改正も、昭和五四年八月の閣議決定の方針が具現化したと見ることができる。そのときから審議も深まり、発表もされてきているから、当然われわれの対応もそのときに始めるべきであり、その件は、全養協でも早くから提起されてきており、行政施策対応の基本であると考える。

社施第一一一号の改正点

社施第一一一号に示す主な改正点は、

①施設会計において発生した預貯金の利息については、管理費加算分相当額を本部会計へ繰り出すことができること。

②人件費引当金、備品購入引当金が創設され、修繕引当金の改善がなされたこと。

③「剰余金」が「繰越金」に科目改定されたこと。

等である。今回、民間施設給与等改善費の配分方式も改正され、管理費部分は二%に増率され、利息分も含めて、本部会計への繰り出しも、相当多額が認められ、併せて、いままで本部会計で計上すべきものとされてきた人件費関係積立金や、備品購入準備金が、引当金として認められ、きわめて幅の大きい弾力化への改正が、本部会計を中心になされたものと考える。

社施第八号について

社施第一一一号通知の適用について、施設運営費の運用及び指導のあり方について、社施第八号は詳細に記している。ここでも、運用の弾力化が、具体的に示されている。と同時に、運用上の適正を欠くことのないよう、指導の強化も示されていると見るべきであろう。就中(なかんずく)、都道府県独自の補助金制度に関して、問一七は、取り扱い方によっては、なかなか厳しいものと考えざるをえない。国の示す措置費内容の不十分な面をカバーする意味ももった都道府県独自補助金について、不十分と見られる事実が、多額の繰越金・引当金等によって解消していると認められても、はたして弾力化が必要なのか、独自補助金支給が必要なのかとの疑問が生じた場合、大きなマイナス現象が現れないとは言えまい。

「第一一一号通知」と予算対策運動

一一一号通知が示している法人会計への繰り出しが相当額計上され、各種引当金も限度近く確保している施設に、予算対策、経費不足の論理は、きわめて説得性を欠くことになるのは明白である。

半世紀に及ぶ施設の予算対策運動の基本方針は、施設措置費の不足と、一部新規事業経費支給を訴えてきたところにあると考えたとき、「一一一号通知」が、広く施設の歓迎するところとなるとすれば、予算対策運動の基本理念は、大きく方向を変えねばならないのではなかろうか。

足りないからお願いしてきた時代は終わり、余った経費の自由な運用を願う時代となってきたのである。本当に、施設福祉の進展に経費の足りない時代は終わったのであろうか。

民改費の改正

「第一一一号通知」と関連性の深い「民改費の改正」も、長年の要請が認められたものではあるが、運用上には十分な配慮が必要である。今回の改正では、高額繰越金・引当金を有する施設に対する民改費の一時支給停止が明記されている。このことは当然の措置とも言えるが、「処遇内容が特に優良な施設等に対する加算制度の創設」とともに、施設運営内容の評価が加わり、施設間に新しい措置費の格差支給が生ずるのであるから、施設としては、十分慎重な対応を用意しなければ、思わぬ状況を自ら招くこととなろう。

施設の対応

行政施策の改変は、それがいかに施設運営にプラスになる内容であるとしても、その施策が、施設を運営するのではなく、施設運営はあくまでも運営の責任者である施設長・理事者の役割であることからしても、施策改正を、いかに施設運営にプラスになる方向で運用するかどうかが「決め手」となることは、言うまでもないことである。

「第一一一号通知」運用上の留意点は、

①通知の内容、行政指導の方針を熟知すること。

②通知の趣旨を、施設運営の方針にいかに位置づけるかを、法人・施設が熟慮のうえで、確定すること。

③将来を考察し、施設個々として、団体として、その方針の樹立につとめ、たとえ当面有利と認められる内容でも、厳然としてその利用を取り上げず、主体的方向づけに努力すること。

④団体事務化の方向づけから思考しても、国の通知を、各都道府県毎の課題として、運用上、いかに活かしていくかに努めることが肝要である。

等である。「第一一一号通知」の内容について、項目毎に分析することは、他日にゆずることにしても、この通知が、民間施設の要請によるものである経緯からも、施設運営内容の充実向上に用いることをあやまてば、悔いを後年にまで残すことになるであろう。就中、養護施設業界としては、極端に、繰越金・引当金を計上できる余裕がないところから、多額に計上できる業界や施設を羨んで見ても救いはない。本来、措置費は、養護事業に全額充当してしかるべきものとしての原則からは、効果的支出につとめ、養護内容向上に意が用いられることこそ肝要であり、そのため財政困難な状況は覚悟すべきではなかろうか。そこには、行政に対する予算要請の運動展開が、ますます必要となってくるのが当然であるはずである。

（季刊『児童養護』第19巻1号、一九八八年七月 に掲載）

■インタビュー

措置制度および措置費制度をめぐって

渡邉　茂雄 氏　元全国児童養護施設協議会副会長・調布学園統括園長

措置費の権威者、予算対策運動の先覚者という看板が掲げられるほど、数字にはめっぽう強いことは万人が認めるところである。多くの業績の中でも注目すべきは、施設実践者に「措置費の仕組み」と「措置費の積算根拠」を推定して発表したことだ。これは現在でも脈々と生き続けている。

措置制度は堅持すべきだ

福島　社会福祉基礎構造改革によって、措置制度から利用制度へと老人福祉施設を中心として移

行されていきましたが、全養協としては措置制度を堅持する立場をとりました。このことについて先生は、どうお考えですか。

渡邉　結論から言えば、憲法、あるいは児童憲章で示しているように、いまの日本における児童養護施設をふくんだ児童福祉の施策において、国の責任を明確にしておくべきだという意味では、措置制度は守るべきだと思います。措置制度だと利用制度に比べて、権利性が弱いとか、内容的にいろいろ問題が残るのではないかというふうにつなげるのは、もっと慎重にすべきだと思うわけです。たとえば、利用制度のあまりよくない例で、戸塚ヨットスクールがあります。そうとう高いお金を払って利用している子どもたちに虐待問題を起こして批判の対象になった。

利用制度であろうと措置制度であろうと、費用が十分来ようと来まいと、基本的には子どもの生活する権利を守る、子どもと一緒に生きていく、それが私たちの役割です。お金が少なかったら、こんなことをしてあげられない、あんなこともしてあげられないというのではなく、公的に流れてくるお金を最大限に活用して、利用者本位に使っていく役割が施設の運営者の責任です。

国として児童の生存する権利を守っていこうとしたら、国の責任が明確にされていなければならないという考え方は、決して間違っていない。行政処分になるがゆえに権利性がうすく、利用者とサービス提供者との関係も対等でないという指摘に甘んじていてはいけない。措置制度においても対等であるべきだし、内容的に対等であらねばならないと思います。

措置費制度は画一的ではなくなってきている

福島　措置費制度というのは、一生懸命やっていようとやっていまいと、お金が同額支払われるという意味合いでは、いわゆる施設間の競争原理、サービスの向上につながるインセンティブが働かない、制度にあぐらをかいて努力をしないというような批判も受けました。

渡邉　第三〇回全養協大会（大阪）のとき、私は三〇回記念誌に職員配置で六対一が五対一になるとか、四対一になる等の画一的な改善はないだろうと、書いています。すでに実践している施設にはこれだけの費用は出すけれども、実践していないところには出さないとか、あるいは民間施設給与等改善費のように傾斜で配分されるとか、もういまから三〇年前に指摘している。すでに措置費でも傾斜配分があり、あるいは実践していないところには出さないとか、あるいはこういうことをやったらこういう加算をしますとかという考え方があのころからすでにいくつかの予算でついていました。

全養協が一生懸命考えた『子どもを未来とするために—児童養護施設の近未来—』で述べられているように、養護の範疇で入ってくる子どもたちのところだけに目を向けていればいいのではなく、里親にも目を向けるべきだ。あるいは、地域の子どもの福祉に目を向けるべきだ。あるいは将来の子どもの福祉に目を向けるべきだ。もっとグローバルに考えるべきだ。というのは、『子どもを未来とするために—児童養護施設の近未来—』でもいろいろな形態、あるときには家庭的養護、労働性の面から見て非常にむずかしいけれども、小集団養護等をもっとはっきり目標にしなければならない。これはずいぶん論議されています。あるときは一般地域家庭のショートステイ事業、あるいは児童相談についてもセンター的な役割を果たさなければならない。

福島さんが会長時代に児童家庭支援センターの役割としてのわれわれの進言も厚生行政の方向も決めました。

それに児童養護施設という幅が単に児童相談所から来た子どもたちを児童相談所の言うとおりに養護するだけの場所でなくなってから、二〇年以上たっているのじゃないですかね。

福島　従来の措置制度は歴史的に見て、たとえば戦後だけを考えると親のいない子ども、戦災孤児等、行政が選別した子どもを入所させていたけれども、いまの話ですと、実際問題として地域の子育て支援、ショートステイ、トワイライトステイ、そういうものをやっていくこと、つまり地域住民がもっと使いやすいような児童養護施設にしていくということと、措置という制度を考え合わせると、措置制度の行方が心配ですね。

渡邉　基本的には、一九五二（昭和二七）年に現員現給制度をつくると同時に、厚生省が決めた定員払い制度が継続されていくというのが理念的には正しいのではないかと思っています。

そのほかに、同じ措置施設のなかで一般家庭のお子さん方を預かるとき、あるいは家庭の児童福祉を担う児童福祉センター的役割を果たしていくときには、当然のことながら利用という考え方が出てくるでしょう。ただ、利用だからと言って国および地方公共団体はそっぽを向いて利用する人が金を払えばいいという論理はいまの世の中にないでしょう。

どんなことでも、それが福祉であり、国民生活の土台的な役割であれば、本人も若干負担するのは当然だけれども、国及び地方公共団体はそれに補助金とか公金等を出すべきだと思います。

最低基準問題をめぐって

福島 職員配置の問題だけで言えば、一九七六年から六対一でストップしたまま現在まできていまして、後は加算方式、手あげ方式で職員が増えてきているということを、それなりに評価はするにしても、最低基準を維持するための費用が児童養護施設の措置費なんだから、措置費を上げるにはやはり最低基準を変更しないとだめという考え方が全養協の内部にも、各施設にも強いのですが、実態として最低基準を変更することはやらないですよね。

渡邉 最低基準の問題で論議したのが、松島正儀先生にご指導いただき始めた年代ですから、昭和三〇年以前。そのときでも松島先生のご意見は「渡邉さんよ、これは最低の基準だよ。守らなければいけない最抵の基準だよ。だから、君のところも僕のところも東京の各施設、あるいは全国の各施設はそれ以上の基準を自分でつくって努力していこうじゃないか」というものでした。

東京の各施設は、人件費として措置費に入っている費用を全部使えば、常勤職員、あるいは非常勤にしても五人ぐらい多く雇用できるはずです。たとえば、八時間勤務、九時間勤務になったときについた費用だとか、あるいは決められた職員のほかに二五〇〇万円ぐらい人件費に使っていい金が措置費のなかに入っているわけでしょ。二五〇〇万円ということは、五〇〇万円の人を五人採用することができる。もし、パートの人なんかを入れれば六人も七人も採用できる。運営上そのお金はどこに行っているかというと、どうしても使わなければいけない他の運営費、あるいは建物を建て替えるときの借金返し、いろんなかたちで許される範囲内で活用しているということでしょう。また、九時間勤務、八時間勤務になったときの諸経費、管理費に入っている推進費、非常勤の雇用、こういうものをみんな人件費として算入しているわけだから、この人件費をどのように使っていくか、施設努力がまだ足りないということでしょうか。単純に言えないのは、心理の人に常勤していただいて五百数十万、あるいは民間施設給与等改善費の対象になるのかどうかは分かりませんけれども、東京など高い級地で算出される地域は、そうとう大きく跳ね上がるわけですよね。

職員の働く環境、それは即、子どもの養護水準のレベルアップにつながるということを考えていくのが施設運営責任者の役割ではないのかと思うのです。

福島　措置費の弾力的な運用がどんどん拡大されてきています。かつて措置費は、目的外使途を禁じていましたが、それが緩和されて、法人にある一定の要件を満たせば目的外でも使っていいという動き方、あるいは建物の費用にも使えるという方向に拡大してきています。この流れについて先生は、どうお考えですか。

渡邉　非常に危惧しています。たとえば、民間施設給与等改善費のうち、かつては二%しか事務費には回せませんよ、と言っていたのが、経理基準が大きく改定されて、基本になる基準がきっちり経理で守られているならば、そうとう制限がないようになってきた。建物を建てるときに多額の借金をするけれども、東京都のように振興費が都加算で足されているという道府県は少ないのではないですか。そういうことを考えると、経営責任者の負うところが大きい。事業費は回せないけど、人件費はどうなのだろう、その他の費用はどうなのだろう、というなかで、お金を借金返しにお使いになることは差し支えないですよと言っているのが、児童養護施設の実態をある意味で見とおした判断ではないかなと思うのです。その温情的な判断にあまり甘えると、それはいつのまにか経費削減につながるのではないでしょうか。

三位一体改革をめぐって

福島　一つは三位一体改革で、児童養護施設も含めて、措置費における国庫補助金を廃止し、地方自治体は地方交付税で寄こせと言っていますが、かりに国庫補助金が廃止された場合、どういうことが予想されますか。

渡邉　地方財政平衡交付金を一九五〇（昭和二五）年から三年間やって、五三年にこれはダメだと戻した。ちょっと言いにくいけれど、人口密度の少ない県、地方独自の税収の少ない県では、一九五〇、五一、五二年に平衡交付金で起きたような問題がいまはないというよりも、いまのほうがもっと大きくなっているように思うのです。

あのとき、厚生省関係も、国政関係も、多分に連合国軍の意向も含めて、適正緩和、いわゆる地方分権ということにまだ慣れていない、民主主義もまだ確立していない日本に対して厳しく求められて大急ぎで実施したけれども、三年間で元に戻した。

それと同じ問題がいままったくなくなっているかというと、日本の経済の偏りというのは、四七都道府県のなかではまだまだあります。したがって、私は、保育の私立施設は一般財源化しないという与党合意は正解だったと思います。したがって、それよりもっと厳しく反映するであろう、児童施設等は一般財源化をしたら大変なことになるのです。

四七都道府県のなかでいま地方交付税をもらっていないのは東京都だけのようです。われわれ東京都で施設にかかわっているものは、東京都がよければいいという考え方になってはいけないのではないかなと思っています。

実態ではこうした一般財源化に、たぶん国は踏み切れないだろうと思います。もし、踏み切ったとしたら、何も知らない人の判断であって、それは一九五〇年から五三年までの三年間の失敗、その背景になったものが完全に解消しているかどうかの検証がきっちりされないといけないと思います。

（聞き手　福島）

（第60回全養協記念誌、二〇〇六年十一月に掲載）

「公私格差是正事業」の経緯

東京都における「職員給与公私格差是正事業」は、昭和六一年度予算が、八八億五千万円を超える膨大な額となった。昭和四六年度では、十月一日に実施予定で、初年度予算一億五千万円余を計上したのである。現在では、民間社会福祉施設に対する都独自の補助金として、不可欠の制度であり、福祉向上、振興にこの上ない効果を示している、最も貴重な制度の一つである。そのスタートから関わりをもった一人として、その経緯について、述べてみたい。

(一) 職員給与改善の動向

戦後、児童一人一月当りの事務費の単価は国の措置費を見ると、表(1)のような経過を示して昭和四六年度に至っている。

この間、国の措置費は、若干のベースアップの他、昭和三二年度に超過勤務手当、三三年度に期末勤勉手当(〇・五ケ月分)、三九年度に通勤手当、夜勤手当、四一年度に民間施設給与調整費、四五年度に住居手当等が新設されてきた。

昭和三三年度に期末勤勉手当が初めて、〇・五ケ月分支給されるようになったが、これから、職員給与改善の動きが一段と激しくなってきた。

昭和三三年一月一三日に開催された、社会福祉予算確保緊急全国大会では、福祉関係としては、異例とも言えるデモ行進も行われ、期末手当二・五ケ月を要求し、熾烈な運動が展開された。結果としては一・〇ケ月分に止ったが、事業費予算の獲得運動とともに、今までにない激しいものであり、いわゆる組織的な予対運動が盛んになったはしりとも言えよう。

昭和三五年十二月、東児研は養護施設を中心に給与の大々的な調査を行った。職員給与に職員が自主的に取組んだものとしては画期的なことがらであろう。当時東児研の責任者は、村岡末広氏・後藤正紀氏・田岡貫道氏・長谷川重夫氏達であり筆者も参画した。

昭和三六年四月、東児研は「東京児童収容施設従事者会、略称、東児従」と改組し、児童部会内に位置づけられた。東児従は、全国従事者組織に呼びかけ、全児従の発会も見たのである。この頃から、公私格差是正の要望が厳しく論議の中心になってきたのである。昭和三六年には、東社協に「民間社会福祉事業従事者処遇調査委員会」が新設され、この委員会は、資格・給与・労務管理・福利厚生の四小委員会が設けられ、松島正儀氏は給与小委員長として中心的役割を果たされている。後藤正紀氏が、当時保母の平均給与が一二、〇〇〇円台の時に、初任給二万円案

表（1）

年度	月　額
21	40円
22	180円
23	899円
24	789円
26	1,403円
28	1,895円
30	2,230円
32	2,372円
34	2,408円
36	3,175円
38	4,507円
40	6,880円
42	9,521円
44	11,844円
46	18,367円

※○学童，1人1ヶ月分
○29年以後は甲地域
○月を30日として計算
○円未満4捨5入

を打出したのも有名な話である。

児童部会は、新部会長森芳俊氏、前部会長松島正儀氏の理解と援助も受け、後藤正紀氏・村岡末広氏・長谷川重夫氏を中心に、職員処遇改善の運動の展開を始めた。

昭和三五年一二月、東京都は、民間社会福祉従事者に対して餅代五、五〇〇円を支給した。これも公私格差是正の端緒とも言えよう。この餅代が給与是正の始まりである。

児童部会東児従は、昭和三七年当時の民生局長島岡静二郎氏に対して、公私の格差改善を要請したが、当時は、運動の展開も要領が把握できず、成果はあがらなかった。

昭和三七年五月、一都五県児童施設合同研究会（現在の関ブロ合同研究会の前身）が茨城県大洗で開催された。この時、「給与に関する研究委員会」が設けられ、初めて職員給与に関する研究が従事者によって行われることを、多くの施設長に認められたのであった。このことは、松島全養協会長、茨城の横田藤太郎氏等の深い理解によるものであり、職員給与問題が、ようやく全国的な課題となってきた。

（少し間をとばすことにする）昭和三九年、国が初めて、職員配置の改善を行った。児童福祉法発足以来、指導員・保母と児童の率は、十対一のままであったがこの年初めて、九対一に改善されたのである。同時に、福祉施設職員の給与実態調査が実施され、格付是正が開始された。

（二）公私格差是正への動き

東社協は、昭和二九年に、従事者処遇実態調査を、昭和三五年に、施設職員給与実態課査を実施し、民間社会福祉施設職員処遇の低劣性を明確にしてきた。昭和四二年、美濃部氏が知事になってから、急激に、公私間の格差が増大し、それまで少なきを不満としながらも、じっと耐えてきた民間施設職員も、公私等しからずは我慢ができなくなってきた。児童部会では、徹底した資料を基として、公私格差是正に同じ轍を踏むべからずと厳しく要請をしてきた。

四項に及ぶ、公私格差の是正を迫ったのである。

① 職員配置基準の公私格差

② 職員給与の公私格差

③ 施設設備基準の公私格差

④ 児重処遇の公私格差

の四項である。東京都は、このうち「児童処遇の公私格差」は絶対ないと受けつけなかったが、実際には、事故補償、諸教材費、小遣い、理髪代等には公私の格差があったのであるが、今後の改善充実を期待して（実際努力のあとが認められた）三項に絞り要望することとした。

昭和四五年、年少児加算が国は六対一に対して、都は五対一の改善が行われた。

ここでは職員配置の公私格差是正については、別の機会にゆずることとして、「職員給与の公私格差是正」に関して述べることとしたい。ただ、職員給与の公私格差是正事業の蔭にかくれて、職員配置の公私格差是正の極めて遅れていることに関しては、行政もさることながら、施設関係者としても、決して忘れてはなるまい。

(三) 職員給与公私格差是正のスタート

昭和三六年度、前年度実施の、給与実態調査を基に、東社協に新設された「民間社会福祉事業従事者処遇調査委員会」は、児童部会から、主要スタッフを施設長、従事者ともに多数参画せしめ、中心的な役割を演じてきたのであるが、その改善内容の実現は必ずしも満足できるものではなかった。北見氏、三宅氏、橋本氏と歴代の民生局長を中心に、いささか辟易(へきえき)されたのではなかろうかと思うほど要請に要請をし続けてきた。その間、児童部会副部会長であった後藤正紀氏には筆者も随分と尻をたたかれたものである。

昭和四三年十二月、東児従の主要メンバーが中心となって、日社職組(現在の日社労組)や保母の会、保育労組とともに、従事者四団体の構成により社会福祉事業従事者団体連絡会主催による「社会福祉予算獲得決起集会」を開催し、公私格差是正運動の展開の熱を盛り上げた。

東京都は、昭和四四年度から公私施設職員の給与格付是正として「給与改善費」を支給するようになった。

これを裏付ける意味をもって、都は東社協に委託して、昭和四四年度に、民間施設職員給与実態調査を行った。措置費対象施設約五〇〇ケ所、六〇〇〇名に及ぶ職員を対象として、大々的な調査が実施されたのである。

と同時に、東社協に、「民間社会福祉施設給与調整委員会」を設け、児童部会からも、村岡末広氏等が参画し、調査の分析を含め、民間施設職員給与の実態の把握を目指した。

この調査の結果、公私職員の給与格差が、本俸で月額約一万円弱あることが明確となった。調査の内容は非公開であるが、当時参画した筆者が把握した部分的実態であるが、児童関係施設に格差が比較的大きく、成人関係施設には比較的小さいことが判明し、一部成人施設には、都基準給与に比較して倍以上の給与取得者が民間施設にもあり、公私間格差もさることながら、民間施設の間にも大きな格差のあることも明確になった。

公私格差是正の主張は、児童部会、母子福祉部会、保育部会等、児童関係部会の人達に大きく唱えられたのもまた当然の事である。

都は、それまで実施してきた、期末援助費（当時一人あたり年額四万円）では、実質的な公私格差の是正は実現できないとして、昭和四六年度から、現行の「職員給与公私格差是正」の制度をスタートさせることを公表し、社会福祉審議会にも答申を求めることとしたのである。

この間に、児童部会は、従事者会の幹部達を中心に、制度発足を最重点項目として、東社協の中で最も活躍した部会と評価されていた。併せて、美濃部知事との対話集会も、松島正儀氏の格別の努力により実現し、養護事業内容の充実に併せて、公私格差是正制度の早期発足に総力をあげて奮闘した。筆者は当時、母子寮長として、母子福祉部会にも属していたが、児童部会の活躍は、他部会の人々からも大きな期待をもたれていたことも記憶に新らしい。衛生局長から民生局長になったばかりの、朝日仁一氏が知事の「朝日さん、養護施設には看護婦もいないのですか、早くなんとかしなければいけませんね」との言葉に答えようもなく困惑していたことも、ユーモラスなエピソードとして思い出す。

都は、昭和四六年度よりの実施を決定し、民間施設職員給与を、三ケ年間に、都公務員給与水準にあわせる計画を発表した。昭和四五年十月、原則的試案も示した。その試案は次の各項が主体となっていた。

① 補助金方式とする

② 第三機関による間接払いとする

③ 初任給格付を都公務員初任給より、民間施設の任用基準が確立するまで、一号下位とする。

④ 原則的に有資格職員については、行政職一表を適用、無資格職員に対しては、行政職二表を適用する。

⑤ その他（略）

この原則中、③の一号下位は、都の職員は厳密な採用試験を経て採用されるが、民間施設では定まった任用基準が認められないので、やむを得まいというのであるが、どうしても承諾することはできなかった。

②の第三機関は当初東社協を予定していたようであるが、当時の東社協幹部は、諸般の事情もあってであろう、これを拒否した。是非論はさておき、次いで財団の発足となる。

東社協は、昭和四六年七月「公私格差是正対策委員会」を設けて、年度内実施予定の制度に対する諸事項の検討と、都との交渉に当ることとした。筆者もそれまでの経緯もあり、副委員長として参画し、作業小委員長の役割も引き受けることとなった。

この際児童部会従事者会会長の吉沢章子氏（育成園保母）も副委員長として活躍された。

時を同じくして、民生局長にはＮＨＫの論説委員として、予算や養護問題で、親密な助言等もいただいていた、縫田曄子女史が着任され、力強くも思うと同時に、なかなかの手ごわさを感じたものである。

（四）制度発足の諸課題

「公私格差是正対策委員会」が「昭和四六年公私格差是正に関する中間答申」を十月二二日に提出する間に、生み出す苦痛で、最も努力を集中した事項として。

① **初任給一号下位の撤回**
② **本俸以外のはねかえりの実現**
③ **給与格付は、民間施設の自主性の侵害とする意見の調整**

等が主なるものであった。この他にも、資格基準が定っていない寮母の行（一）格付や昇給短縮も都並みに取扱う件や逆格差の調整、都外施設職員も同様に扱う件等、交渉の中心的役割を果す立場としては、まさに苦悩の連続であった。

幸い、初任給の一号下位の撤回は、民間任用基準設定に努め、資質向上策の徹底をはかることを前提に、縫田局長の鶴の一声で、決着を見ることができた。本俸以外のはねかえりにも前向きで実施する約束も得た。もちろん、このために、都側の人々との交渉に、当時の企画課長牧野氏が、あきれて、定期券でも買っているのですかと、笑いながら聞く位通ったものである。今でも、この制度実現に努力して下さった、朝日・縫田両局長を始め多くの都の方々の温情と熱意に感謝の念は忘れられない。

一番時間もかかり、心身ともに疲れた問題は、自主性が侵害されるとの意見の調整であった。各部会の幹部の方々に、何度も何度もお会いし説明し、一生けん命その諒承を得るために頑張った。一番頼りに思ったのは、児童部会の先輩や仲間たちであり、中でも、松島正儀氏、村岡末広氏には本当に力づけられたものである。幸い、高山委員長の絶大な力によって、最後の全体委員会で、決定を見た時には思わず、がっくりと座りこんでしまったほどであった。児童部会以外で、好意的に助力してくださった人で忘れられないのは、鶉目氏と中城氏である。鶉目先輩は、「私はどうも賛成できない。しかし君の努力は評価しよう。だから反対はしない安心したまえ」と力づけてくださった。中城先輩は「絶対自主性は守らなければならない。民間の施設長に給与の決定権がなくなるとは何事か」ときつく叱られた。その時「その通りです。施設長の権限と自主性を最も大切に考えています、この際どうか賛成していただきたい」と申し上げますと、「私の意見を素直に理解してくれたことを可として賛成する」と、後輩を叱りながらも、優しく励ましてくださる温情には、本当に嬉しさを感じた。この社会の人間味溢れる素晴らしい人間関係を今も忘れられない。

施設長の格付は、三等級までと予定された件で、国の措置費で二等級格付の成人施設関係者からの反論もあったが、縫田局長の「この制度は、施設で日夜苦労もいとわず頑張っている職員のためと考えてくだささい。施設長の方々と一緒にこの制度を作り、一緒に伸ばして行きたいと考えています」との言葉が反論を引込めさせてくださったものと今でも信じている。

「昭和四六年度公私格差是正対策委員会」の中間答申内容は全てを述べるには紙面も限られているので、ここでは、その最後に「是正と並行して解決されるべき事項」として記述した七項目を参考に供したい。

① 全給与（退職金を含む）の公私格差是正
② 職員配置に関する公私格差是正
③ 施設整備・設備に関する抜本改善
④ 職員資質の向上策の確立と福利厚生面の公私格差是正
⑤ 対象者処遇の公私格差是正
⑥ 庁費等、施設管理経費の大巾増額
⑦ 振興費の大巾増額

今日も尚課題と言える七項目ではないか。

(五) 都社福審の中間・最終の答申より

昭和四六年九月三十日に中間答申を、翌昭和四七年十月三一日に最終答申を、都の社会福祉審議会は提出した。

① 中間答申より

「社会福祉事業の中で『公の責任』の分野に属する事業の実施主体が公私の両者に併存している現状においては、特にそこに見られる、いわゆる『公私格差』は一刻も放置することのできない問題であって、その早期実現は、当面のみならず将来にわたっても東京都における社会福祉事業の推進に大いに貢献するものと考えることができる。」

「本俸格差の是正だけでは不充分であり、近い将来に本俸格差だけでなく諸手当を含めてその格差を解消するように要請したい。」

等々の答申内容は今も生かして欲しいものである。

② 最終答申より

最終答申は「東京都における社会福祉事業の経営のあり方について」全面的に論述しているので、その関係のある部分を抜粋するに止める。

「都営・民営をつうじて最もすぐれた社会福祉施設を選択し、そこの配置基準を最低として、………現行の配置基準は全面的に再検討され、引きあげられねばならない。」

「職員確保の重要な条件の一つは、十分な給料と諸手当である。対象者の直接処遇にあたる福祉職員の場合………賃金のうちにその専門的能力にみあうものが含まれなければならない。それが不可能な場合、過渡的には専門職手当があたえられなければならない。」

今も昔も、当然な正論と感じるものであるが、昨今の福祉見直しが、あまりにも朝令暮改の愚に見えてならない。その場限りの社福審の答申と片付けないよう願いたい。

（六） 昭和四六年以後の経緯

国は昭和四七年度には、主として職員給与の公私格差是正のための民間施設給与等改善費の新設をしている。

東社協の公私格差是正対策委員会は「公私格差是正折衝委員会」と改称し、各種の制度内容の充実に真剣に折衝を展開し、実施期を迎え、尚、なすべき交渉に力を尽してきたのである。

昭和四八年度では、対象施設、六六四ケ所、対象人員数一〇、七七五人、予算額は一八億三、一一一万円となった。ちなみに、昭和六一年度予算では、対象施設九〇〇ケ所、対象人員数一六、三〇〇人、予算額も八八億五、二八一万円となっている。

昭和四九年一月、公私格差折衝委員会は「民間社会福祉施設給与制度推進委員会」と改称し、現在に至っている。

昭和四八年五月、老人福祉部会では、B案と称する別案を検討、紆余曲折の結果、老人福祉部会、救護部会ではB案によることも認められるに至った。制度発足時における不満であった、給与額決定権の施設確保の意向が、若干盛りこまれた内容であるが、調理員等の給与引下げを含むものであり、児童部会をはじめ、多くの部会では賛成し難く、今後にも問題の尾は引きそうである。

最近、公私格差是正事業に関して、都職（東京都職員労働組合）が昭和六十年度より実施された定年制に関する問題や、昭和六一年度より都職では実施された給与表、人事制度の改変に伴う、公私格差是正事業の変動に危惧を抱くところも少なからずあるようであるが、既に公私格差是正制度は、民間福祉施設運営の最重点施策として定着したものであり、施設職員の生活安定と働く意欲の増大に大きく資するものであるから都としても、民間施設運営に齟齬をきたすような愚をとるはずもなく、現状水準確保の強い意志をもって、その改善にこそ今後の運動を継続していく決意を示していこうではないか。

現在、公私格差是正制度によって、定昇制度を完全に確立している東京都の民間施設の一人として、この制度の原型とも云える「定期昇給制度、全養協判」の成立に、尽力をされた、故今井新太郎氏と、広島県、上栗頼登氏には、その経緯の詳細を知る筆者として、深甚なる敬意と感謝の念をもつものである。制度設立時の局長、縫田曄子女史の、「福祉施設に従事する職員のために」との言を、永くこの制度充実と、制度活用の道をたどり児童福祉向上のための資として伝え続けたいものである。

（『児童福祉研究』18号、一九八六年十月 に掲載）

和歌

雅号・冬陽（渡邉茂雄）

福祉には行政責任大なれど
　日々の養護は 現場第一

改革はきびしきなれど夫々に
　生きぬく 道は必ずやあり

東京の養護の道を進めるは
　ただ子らのためおのれ忘れむ

公私格差制度の終わりに責を持ち
　おのが 努力のむなしさを思う

『語らいうた』全16冊

第二章　豊かな養護をめざして

——児童養護実践——

❖第二章 解説

すべての子どもの幸せを願った養護人生

渡邉先生は『児童福祉研究』20号の記念特集号の巻頭言「新たな社会的養護の構築を目指して」で、次のように述べています。

「24時間の社会的養育ノウハウを基盤とした、地域在宅福祉への養護施設の可能性は、機能整備をする中で有効であるが、一方、本来の機能である『虐待を受けた子ども、家庭的にその他環境上養護を必要とする児童』への援助は、精神的な外傷体験に対する治療的、教育的配慮と共に、人間愛を修復するものとして、より専門性を高める努力とその社会的評価を受けることに迫られることであろう」

本章では、すべての子どもの幸せを願った渡邉先生の養護論の一端を紹介しています。

1、社会的養育の再構築

「従来の施設機能に在宅支援策を加えて、地域における福祉サービスの拠点化を考えることは福祉の流れからすると必然的な事である」と述べており、渡邉先生は、従来の施設機能だけではなく、東京都や調布市など行政に働きかけ、グループホームやショートステイ事業を都内で最初に実施しました。また、施設機能と里親機能を統合させる養育家庭センター事業や里親制度の充実に積極的に取り組んできました。心理や医療的なかかわりの職員配置の必要性と同時に、地域に開かれた施設つくりを追及し、すべての子どもが幸せになることを願い、地域も含めたセンター的構想も描いていました。今日の高機能化、多機能化の動きにもつながっています。

2、子育て論

養育の基本として、高島巌遺訓として「急いではいけない。構えてはいけない。耐えることだ。待つことだ。祈ることだ。」とふれています。また、「聞いて聞かせて、してさせて、ほめて励まし、共に喜ぶこと」が子育ての基本であり、まず職員がやってみせることが大切であることを職員会議等でもたびたび話されていました。職員と会うたびに「ありがとう」とよく口にされていて、職員や子どもたちにいつも感謝の気持ちを自ら率先して行なっていました。晩年は、施設に住み込んで、子どもたちの登校の際に「おはよう」「いってらしゃい」と大きな声で見送っていたのが印象的です。

3、親子論

「よくも悪くも、子どもにとって親からの影響は無視できない」と親子関係の重要性をよく説いていました。まさに、子どもにとって親は「かがみ」であります。それは、強いて言えば、貧困や差別など親の生きづらさと合わせて、社会の反映でもあります。子どもにとっては、虐待を受けていても、親の存在や役割は非常に大きく、親への思いや絆は強いのです。ともすると親へのアプローチも職員にとって大変ではありますが、親子関係の再構築で子どもが変わってくるので、養護の大きな柱となり、親育ても同時に重要であることを言われています。

4、社会で生きる力

入所時だけではなく、子どもにとっては社会に出てからの生きる力が非常に重要です。毎年、卒園式では、卒園生に向けて「偉い人にならなくてもいいが、立派な人になってください」とエールを送っていました。「会社の社長のように偉い人にならなくても精いっぱい働く立派な人になってください」と話をされ、学園はふるさとであり、いつでも来てくださいと話しかけていました。卒園してからも長く子どもと関わるには、職員が長く働き続けることが重要であり、まさに、その環境つくりを実践してきています。

5、平和と福祉（養護）

終戦を陸軍航空士官学校生として迎えています。その戦争体験に基づいて、学園の中高生児童会企画で「戦争と平和」について話をしていただきました。世界では、戦後もまだあちこちで戦争をしていますが、次の世代に苦しみを残さないためにも、戦争を二度と絶対に繰り返してはならないと強調されていました。子どもたちは真剣に話を聞いていました。東社協の児童部会の機関紙「児童部会だより」の巻頭言でも部会長挨拶で、平和な世界、戦争のない世界を祈ろうではありませんかと呼びかけています。昭和20年9月に六踏園の職員として歩み始め、戦後の混乱と窮乏の時代に、戦災孤児や浮浪児と呼ばれた子どもたちと寝食を共にしてきました。そうした戦争体験が平和への希求につながっています。

―おわりに―

私たち児童養護に関わる職員は、渡邉先生から多くのことを教えていただき、学びました。今度は、私たちが、少しでも次につなげていくことが求められてきています。同時に、共に生きることは学び合うことでもあると教えられ、私たちも教わるのだという姿勢も大切です。本誌は、渡邉先生から渡されたバトンを次の児童養護を担う人たちにつなげていく一助にもなるのではないかと思います。児童福祉に関心のある方や現場の方たちにぜひ、読んでいただき、渡邉先生の児童養護の思想や魂に触れていただけたら幸いです。

第二調布学園 園長　杉浦 準一

養護施設保母の職務内容の考察

うすら寒い風の強い初冬の午後、T寮の保母室で育成記録に目を通していた私の耳に、下校してきた子供達の足音が聞こえてきた。

「お姉さんただいま」

「おかえんなさい」

「お姉さん洗濯なの」

「そうよ、もうすぐすむから、すんだらすぐおやつあげますネ」

「うん」（※1）

洗濯に余念のない保母さんの一言二言で二、三人の児童達は玄関から、私の居るすぐ隣りのストーブ室へとびこんで来た。さっきから、ストーブをかこんで話している児童達に混って高声がベニヤの壁越しに聞えてくる。

「早くしないかなア」

「洗濯なんか、さっさとやめればいいのに」

「ああ腹へった、給食少ねえんだものなア」

「今日なんかよう、ジャムてんで少ねえんだ、まるでアカチンみたいさ」（※２）

みんな、好き勝手なことをいっている。時計は三時をやっと十分位過ぎただけなのに。勝手なことばかりいわせておくのはどうかとも思うがいうこと必ずしも考えることでもなさそうだし、きっと保母さんが来ておやつを、分け始めれば、すっかり解消してしまう不満なのだから、注意するまでもあるまい。せめてその間、児童達の話し相手にでもなってあげるかなと、机を離れて、隣り部屋に入って行った。

「ただいま」

一斉にどなるようないい方で挨拶をされる。

「おかえり、おもしろそうな話をしていたネ」

誰も顔を見合せるだけで何もいわない。何人かの児童の心の中に、叱られる予感でもしたのかもしれない。実際こんなケースで叱られたことも、叱ったこともあるだろうから、そんな予感も致し方あるまい。

「お姉さんが、洗濯している間ぐらい、おやつ待てるだろう」

「うん、へいきだよ」

「ぢゃア、ちょっと待っててあげなさいネ」

「うん」
六、七人の頭がコックリをする。

そこへ洗濯の手を拭き拭き保母さんがやって来た。

「さア、手を洗っていらっしゃい、おやつをあげますよ、待たせてごめんなさいネ」

もう返事もない。一斉にすっとんでいく。

小皿に盛られた「かりんとう」とストーブの上で白く湯気を出していた湯罐(ゆがま)のお湯が湯のみ茶碗につがれて並べられる。テーブルに肘をついて見ている子供達の目は「かりんとう」と湯罐の口と、保母さんの手を順序よく追っている。その手は、ひびとあかぎれで一杯だった。

「先生、洗濯機の新式買えばいいのに」

その子が何をいいたいのか、いやっというほど分っている。三台ある洗濯機にどんな新式のを買い足せば、その手のあかぎれ、ひびがなくなるというのだろう。そんなこと考えている中にたちまち、空の小皿が片付けられていく。フーフーしながらのむお湯がそんなにうまいのかと聞きたいくらいの満足気な顔つきである。

そこへ、先月入園したばかりのMちゃんが帰って来た。ストーブの側に来て、私や保母さんのいるのを見て、はっとした顔、何かあることを物語っているかのように。

「おかえんなさい」

「…………」

「ただいまっていわないの」

「うん、ただいま」

「さア、手を洗って来なさい、おやつをいただきましょうネ」

Mちゃんは、だまってストーブの金網によりかかっている。Mちゃんは何時もこんな調子なのだ。

「おやつあげるから手を洗って来なさいネ」

「いらねえや」

「どうしてなの」

「どうしても。たべたくないもん」

Mちゃんは、何が入っているのか、ふくらんだポケットをしっかり手でおさえて、ふくれっつらしている。もうひとこと言おうとした保母さんの前を鞄をぶら下げて、Mちゃんは部屋を出て行こうとする。保母さんもだまってついて行った。きっとあのポケットのふくらみに問題を感じたのだろう。隣りの保母室にMちゃんは招じ入れられた。何かぼそぼそ話す声がかすかにきこえてくる。こちらではみんなまだフーフー湯のみ茶碗をかかえている。

しばらくして、Mちゃんが「かりんとう」の盛られた小皿を持って仲間入りして来た。ポケットはもうペチャンコになっていた。

祈るような気持で保母室をたずねた私の目に入ったのは、やぶけた紙袋からはみ出している、おせんべいとマコロンだった。やっぱりやったんだ。保母さんの困り顔は私にどうしたらいいでしょうねと訴えている。

学校へ納める費用をまたつかったとのことである。もう何度目であろうか。全く困ったものだ。

「昼間手があいていれば、しばらく学校へ通って、何とかさせていただきたいんですが」

そんなことがベストの方法とは思わなくてもやっぱり心の半分以上をMちゃんに奪われている保母さ

んの顔は全く真剣そのものである。

「そうですネ。何とかしなくてはいけませんネ。ところでもう洗濯はすんだのですか」

「いえ、もう少しだけなんですが」――

忙しい保母さん、一体何がそんなに忙しくさせるのか。

忙しい保母さん、忙しくて困るのはどんなこと。休む間がなく、疲れ果て、何だか年を倍ずつとっているようだ。

洗濯も、つくろいものも、とっても間に合いません。けれども、それらは何とかなっても、児童の心にふれた時間が本当にこれでは足りません、これが一番困ります。

もうこのあたりで、じっくりみんなで考えなければいけないのではないだろうか。

いささか前段が長くなったが、問題は十分含んでいると思う。またあとで触れることとして本論に移りたい。

児童福祉施設において、それぞれの従事者の職務の在り方について基本的な問題を幾つか取り上げて考察を進め、その中から、養護施設の保母の職務内容に考えを移行させてみたい。

その前に、児童福祉施設における児童観に少しく触れることをお許しいただきたい。もちろん内容は当然過ぎるぐらい当然のことでしかないと思うがやはり基本的な考え方はここから始まるべきだと思うので。

国の社会保障制度が確立していない日本において、全てを余りに理想的感覚で希うことは、空論化するおそれありとせざるを得ないが、少くとも次のような事項に関しては、何人も決して否定のみするものでもないと思う。すなわち、憲法で保障する国民の権利は誰れもが此れを公平に要求し得うるということ、そして全て国民の福祉を向上させることは国民一人一人の認識が不可欠である以上に、国のそれに対する責任が厳然として存在すること。日本において、成人が等しく、その人権を認められていると同様に、児童の自由な思考、行動等は何ものによっても、不当に拘束されることがあってはならないと思う。たとえそれが人為的でないにもせよ。

施設児童も家庭の児童も平等且つ正当な保護を受け、自主性の尊重下においてその権利を精一杯行使させてやらなければなるまい。児童福祉の発想も全くこの考えからに他ならないと思う。

将来に夢多き希望を有する児童については、国の発展する重要人材である要素を十分認めなければならないだろう。

施設における児童について、その社会への復帰は、個人の自由と権利の尊重からしても、大いに助長すべき任務がわれわれにあるのではないだろうか。この事がまた国民福祉への貢献に連なることと思う。ここに児童福祉施設における児童観もおのずから定まるものを見出せると思う。そして従事者の職務内容を検討するについても、この児童福祉の在り方を十分取り入れて考えるべきであることはいうまでもあるまい。すなわち、職務内容考察の基本的な問題の第一に、児童福祉向上に資することを在り方の一つとして数えたいと思う。

児童の一人一人に日本の将来を期待し、よりよき、社会復帰の姿を具現するには施設従事者の職務内容はどうあるべきか。特に現在徐々に現れつつある対象児童の質的変化から推察し得る近き将来の様相に、過度の情緒障害児の治療も、その内容として十分わきまえる必要があろうと思う。

こうして施設が与えられた本来の目的に向い従事者の果すべき役割に、おのずから定った方向として、

1、専門職としての知識・技術等の涵養

2、コミュニティオーガナイザーとしての地域社会への働きかけ

3、日常生活中において、人格形成をも含めた生活訓練、情操教育等について、児童とよりよき人間関係の樹立に対する積極的能力

等が考えられよう。

しかもこの役割と、働らく者の権利として自己の生活尊重に如何にマッチさせていくかが、第二の基本的な問題であると思う。

すなわち、労働条件の正しい在り方が考えられずに、職務内容の討議がなされることは許されないと思う。施設の在り方としても、過去における慈善事業のみに留まることが許されず科学的な、そして専門的な運営管理を求められている今日、その従事者の処遇に不当な強制は、たとえそれが児童福祉に不可欠のものであると思っても、決してなされてよいものとは思わない。施設における仕事に対する従事者の志気（モラール）が児童養護をより効果あらしめるに重要であるとすることに異存ないと思うが、それならば、その志気昂揚の妨げになっていると思われることは速やかに除去されなければならないだろう。そこで考えられる主なることは、

1、従事者個人の生活尊重の観念から必然的に生ずる相互理解に立った職務内容であること

2、一日九時間、一週五十四時間の中で果し得る量的職務内容であること

3、労働力に対する正しい認識と正当な報酬の伴う職務内容であること

等であろう。これらは全て当然認められなければならないと思う。

以上二つの問題点が従事者の職務内容を考察する重要なポイントになると思う。

この児童福祉をより向上させることと、従事者の適正な労務管理の両者を実現させることがその職務内容の確立に欠かすことの出来ない点なのではなかろうか。

さてここで、児童福祉施設特に収容施設としての仕事の性格から触れてみたいと思う。

いかなる児童も、児童であるが故の未成熟を認めないわけにはゆくまい。教育、情緒、肉体等皆然り、この未成熟な児童を成長させること自体も、児童福祉の目的には違いないが、施設における児童には、更に加えて、何らかの形で、福祉に欠けた姿を見い出さざるを得ない。或る児童は精神的な欠陥を持ち、そして多くの児童は、その生活の場に健全性を与えられなかったのである。この欠けた福祉を補充し、社会生活を可能ならしめる程度に育成し心身ともに健やかに生活し得るあらゆる条件を満足させるべく、努力することが怠れてはならない重要な施設の仕事なのであることはいうまでもなかろう。すなわち施設児童育成に、あえて二つの面を想定して考察を進めてみるのも、あやまちではないと思う。一つは、一般家庭における児童と同様に、未成熟なる故に受ける児童として当然の処遇に伴う職務。そしてもう一つは、その欠けた福祉を一歩でも多く前進させんがための心身等欠陥の是正に伴う職務、この両面である。この両面を考えながら、施設における児童処遇に必要な職務を分析してみると、

一、児童処遇に伴う職務

1、義務教育履修に関する諸職務

イ、就学に関すること

ロ、通学に関すること
ハ、学校連絡及びＰＴＡに関すること
ニ、学校行事参加に関すること
ホ、補助学習に関すること
ヘ、学用品・教育費等の支給に関すること
ト、その他

2、施設内生活に関する諸職務
イ、生活訓練に関すること
ロ、職業指導に関すること
ハ、趣味・手芸等に関すること
ニ、レクリエーションに関すること
ホ、スポーツに関すること
ヘ、夜尿世話に関すること
ト、その他

3、保健衛生に関する諸職務
イ、健康管理に関すること
ロ、疾病予防に関すること
ハ、入浴・散髪・摘爪等に関すること

ニ、治療・看護に関すること
ホ、その他
4、人格形成に関する諸職務
イ、言語行動等による効果向上に関すること
ロ、ケースワーク・グループワークに関すること
ハ、心理集団としての取扱いに関すること
ニ、その他
5、欠けた福祉を補充することに関する諸職務
イ、心身障害に伴う諸訓練に関すること
ロ、情緒障害に伴う諸育成に関すること
ハ、福祉欠陥の精神的・物理的充足に関すること
ニ、その他
二、間接処遇に伴う職務
1、施設運営管理に関する諸職務
イ、経営他管理者に属すること
ロ、経理・保管他事務に属すること
ハ、施設維持・設備管理・営繕に関すること
ニ、企画・調査等に関すること

ホ、その他

2、児童生活に間接的に必要な諸職務

イ、企画立案に関すること

ロ、購入・管理に関すること

ハ、洗濯・補修・保管に関すること

ニ、調理に関すること

ホ、その他

三、従事者としての研究、訓練に伴う内容

1、自己研鑽・現任訓練に関すること

2、職務遂行に伴う諸会議に関すること

3、その他

分析といってもきわめて粗雑なもので恐縮だが以上の分類外にも個々の職務は存在するかも知れないが、一応そのことよりも、この中から保母の職務、特に養護施設の保母の職務内容を考察することに方向を移してみたいのである。現在の状況としては、余りにも貧困な諸条件に麻痺して、施設も行政も本来の在り方発見に正しい努力を忘れているのではなかろうか。施設における非常に盛り沢山な仕事量の大半が保母の負担になっていることを、当然のように思い、そうすることに依らないと、十分な養護が出来ないような錯覚をしているのではなかろうか。ここでも一度前にのべた二つの問題点を取り上げてみたい。

養護施設には経営管理から雑用に至るまで数多くの仕事があるが、その中で保母の果す役割は、施設における心理集団としての効果をより多く期待されて、労務管理面から当然守られなければならない個人尊重の観念が忘れ去られたり、労働過重を求められたり或は、本来必要とする職務内容を他の従事者でも果し得る内容とすり代えられて、施設における適正な職務内容から大分に遠いものとして、現在要求されているのではなかろうか。もちろん、心理集団としての効果と、労務管理の適正は今後十分に検討されて行かねばならない問題であるが、いかなる結論が出ようとも、それは当然両立の方向で考えられるべきものでなければならないことはいうまでもない。過去において慈善・奉仕・使命観の重視から軽んぜられていた、労務管理がそうであってはならなかったように、心理集団の効果からも軽視されることはさけなければいけない。どんなに具体的な内容考察をする段階になったとしても、この事はわれわれ社会福祉に志すものが肝に銘じて忘れてはならないことである。それでなくては、何時迄も、専門職としての身分確立は望むべくもない。

以上のことを前提として、養護施設の保母の職務内容を具体的に考祭していきたい。ただし現在日本における斯界（しかい）の基盤がその社会機構内においても、その他種々の問題下においてもあまりにも確かならない状況ゆえにとうてい同一条件に立って考えることは出来ない。さらに施設それぞれにおいてその規模に大小あり、その収容形態に、その対象児の諸問題に、相違が、あまりにも多過ぎる故に、とても、その全てを無視して、モデルケースの設定等で論ずることの価値は認められない。そこであえて私見の結論から述べれば、施設はそれぞれその特質と個性を尊重し最善の方法にその頼り処を見出すべきである。ただ戒しむべきは独断である。施設における社会事業家はもはや一人ではなく、そこに従事する全職員であることを認識してほしいものである。

参考までに、養護施設保母の在り方の事例を二、三あげてみたい。

朝時計が六時をさすと一日の仕事開始。

六時半に児童を起すまでに、しておかなければならないことが沢山ある。洗面、御化粧、今日着せる衣類の準備、朝食調理の手伝い、三十分の短いこと、雨戸を開ける前にお茶でも飲めたらいいですね、と声かけたら、お茶どころか、お化粧だってろくろくできやしないんですよ、と叱られそうである。

六時半、起床の合図の音楽を流す。戸を開けて、みんなに「お早よう」と声をかける。将に戦斗開始である。夜尿症の児童はもじもじしている時でも、いやに早く起きる時でも大抵失敗している。失敗していない時の顔の晴ればれしさは、たとえ外が嵐であろうと、吹雪であろうと、そんなもの吹きとばしてしまいそう。祈るような気持も多くの日に無慙（むざん）な報酬で打ち破られる。低年齢児とこの児童の着衣、これがまた大変、ぬれた寝具も片付けなければならない。ふとんを片付けるのもやはり指導してやらなければならない。片付けおわった児童から、洗面に行く。そして掃除、うっかりしていると洗面をさぼる児童もいるから、やはり目が離せない。これまでの間に、児童の健康状態の視診がおえられる。まあ、病人がいなければよいが、病人がいたらまた一仕事。やがて始まる朝食までに、排便、手洗いの世話もしなければならない。

七時、朝食、配膳は大きな児童が手伝ってくれる。十二人そろって食事が始まる。大抵の児童がこの時間を利用して、学校の連絡事項を話す。聖徳太子でもないとちょっとさばききれないほどだ。おかわりをよそうのも全く忙しい。お茶をのみながら、読んでやる新聞も毎日ともなると、ろくろく聞かない児童もいるし、読んでもらいたい処のまちまちなこと、面倒くさいと大抵の寮がやめてしまった。食後の一とき、何となしにする話し合いもちょっとの間忙がしさを忘れさせてくれる。

七時半、食事の後片付けお弁当の世話、中学校には給食がないので当番でお弁当は作るが、世話は必要。学校の仕度でも時々、「お姉さん」と呼びつけられる。八時から八時半まで、登校する時間もまちまちである。学用品教育費の支給、学校への提出物を渡し、忘れ物もないように注意は怠れない。この一時間がすんで、やっとほっとする。

八時半、小学生、中学生が登校したあと、幼児とテレビを見る。お茶でものもうかなアという気もこの時間にやっとおきてくる。

九時、未就学児は当番保母が保育してくれる。事務所に集まっての打合せ会は毎朝この時間に行なわれる。天気のよい日などは、早く、洗濯にかかりたいと思っているのに、打合せ会の終らない時のもどかしさ、長い時は一時間以上の時もあるがそんな時は大分予定が狂ってしまう。

九時半、洗濯、洗濯のおばさんが殆んど、やっては下さるがそこはそれ、全然手をかさないわけにもいかない。早くすんだ時は、それだけ早く、寮の掃除にかかれる。洗濯と掃除で一時間半、終ると大抵、十一時に近い。

十一時、児童が下校してくる時間まで休憩が出来る。実際は十時半からが休憩なのだが、そうきちんとはなかなか出来ない。

昼食を摂ってのんびりしたい時間だが、暇なら暇でしておきたいことが沢山あるので、本当の休憩はめったに出来ない。

二時半、おやつの支度にかかりながら、下校して来た児童の相手をする。雨あがりの日など、すっかり泥んこになってくる児童もいて叱りたくないのに、叱ってしまう時もある。宿題は早くすませておいてあげたいから、勉強をすすめる。低学年児童は比較的素直に勉強する。宿題をすることだけが勉強だとは思わなくても、それだけでも精一杯である。

三時、おやつ、小皿に盛って食卓に並べる。お腹がへっているわけではなくとも、おやつは、児童に必要である。とてもたのしそう。ちょっとさわっただけでも、ぴーんと反応の現わせるのもこの時だ、一番話し相手になりやすい時、三十分位話しこんでしまうのが常である。

三時半、おやつの後片付け、勉強の続き、洗濯物も整理する。中学生もだんだん下校して来る。この頃に学校での出来事が耳に入ってくる。時々とんでもない事件もある。極端な情緒障害児童もいるので、学校への連絡も最近とみに増して来た。何をいってもしゃべらない児童、すぐ猛烈な勢いで口返答する児童、無断で学校を休む児童、喧嘩早くて友達に負傷させる児童、物を盗る児童、この頃こんな傾向の児童が増してきたようである。

おやつのすんだ児童達は適当に遊んでいる。

四時半、園内掃除、夕食仕度、掃除は殆んど指導員まかせ、夕食の世話が保母の仕事。調理室から食事を運び、配膳するのに約十五分。大きい児童が手伝ってくれる。時々寮で材料をもらって児童の好みで調理することもある。配膳がすむと、低年令児の手を洗ってやる。一人で出来るようになるにも個人差がある。

五時、夕食全員集って団らんを楽しむ、ささやかながら一日の中で一番ごちそうである。入園したばかりの時はあれこれ好き嫌いの多かった児童も一月二月たつうちに、人参も鮮魚もおいしそうに食べるようになってきた。何時も夕食しながら考えることは、たまにはすばらしいごち走を食べさせてやったらなアということである。嗜好調査に、天どん、かつどん、おさしみ、ハンバーク等出てくるのを見て、目の前のおかずにいささか悲哀を感じさせられることもあるが、児童達の無心にほおばっている姿がそんな悲哀を払拭してしまう。夕食後の一時は、無理にでもたとえ十分でもみんなでお話をすることにしている。お風呂は一日おきだが、その日はちょっとあわただしい。

夕食の後片付けは最近大きな児童達が出来るようになった。片付け終りましたといってくる頃にはそろそろ学習が始まる。

六時、学習時間開始、一日一時間の学習は最低の線であるが、それでも長すぎるという児童にどうして勉強をさせるかもまた大きな仕事である。この時間には指導員が勉強を教えてくれることになっている。低学年の児童達は保母室に来て、それぞれ好きずきに勉強している。

七時、入浴のない日はもうこの頃から、児童達の自由時間で、テレビを見に行く児童、漫画の本を広げている児童、トランプ遊びにさそいに来る児童、パチリパチリと将棋の名人戦を始める児童、なにかほほえましい風景を見うけるのもこの時間である。

八時、幼児はもう寝つく頃、寝具は大きな児童達がしいてくれている。お手洗に行っておやすみなさいをする幼児、遊んでいる児童達も、静かにしなさいといわれるのもこの時間からだ。

九時、就床、中学生は十時まで勉強しているものもある。テレビも消され、電気も消される。夜尿症の児童はうっかりするとお手洗に行かぬまま寝ては大変なので、連れていく。今日もまた無事にすんだと胸をなで、記録の整理にかかる。夜尿児は二人、十一時と三時がその時間。
床につくのは十一時半頃が常である。

こうして保母の一日を見るとこれを九時間にあてはめることのむずかしさをつくづくと思いしらされる。ならばどうするべきか。私は私なりに一案を提案したい。施設の持つ仕事としては、洗濯・調理をもちろん認めるが、この際保母の仕事からこの二つを取除いてはどうかということである。もちろんこのことだけでどうなるというものでないかもしれないが、今保母に課せられている洗濯・調理の仕事に対する考え方を次のようには改め得ないだろうか。

1、「洗濯について」

施設における洗濯（児童被服に関する）には二通りあると思う。一つは生活訓練としての洗濯の指導、一つは児童のよごした被服の洗濯である。そして前者は比較的施設に於ける保母の職務中に軽く扱われているのではなかろうか。私はあえてこの面に重点を置き、後者に対する仕事量を大巾に削減することを提案したい。そこで児童の汚した被服が集められ洗濯され干され、片付けられる課程を分けて考えてみると、

イ、洗濯物の提出

○児童自身が提出する
○保母が提出させる
○入浴時等に一括提出させる

ロ、洗濯
ハ、干す
ニ、整理
○取りこむ
○分類する
○整理し収納する

となり、大切な事は、その提出時において、十分留意し、手をかけてあげることであり、その時に、児童の状況を適確に判断することであると思う。その汚れ方から、そのポケットから、その破損から、児童の生活の一端を把握するのはこの提出時になし得ると思う。そして洗濯をし、干し、取りこみ、分類するまでは、もしそこにそれを仕事となし得る人が存在したならば、その人にまかせることに、何の差支えも見出さないのではなかろうか。そうすることによって得られる保母の時間を、もっと有効的に使用する方法を見出すことはそれ程困難とは思えない。

2、「調理について」

洗濯同様施設における調理についても生活訓練としてのそれと調理そのものがあると思うが、ここでも生活訓練としての調理の指導はあえてこれを保母の仕事とすることに異論はなく、調理そのものの課程の中で保母の役割から取り除くべき段階を指摘しそれを提案したい。

イ、献立作成
○嗜好調査

○体位・栄養への配慮
○予定献立作成
ロ、材料購入
○市場認識
○材料購入
○材料保管
ハ、調理
ニ、食事分配
○寮ごとに分配する
ホ、配膳
○各自の食器に盛り分ける
○食堂に並べる

ニ、ホは既に調理の段階を越えているかもしれないが一応その課程として考えてみると、この中で必要なのは、献立作成時の配慮と、配膳であると思う。あとは栄養士、調理士にまかせるべきではないだろうか。もしこれを保母がするならば、それに要する時間は、朝四十分、昼は除いても、夕方一時間二〇分は最低必要としよう。最も児童の動勢に留意すべき時間がこれに費されることの不合理を、考えた時、何とかこの面の打解を推し進めたいと思うのである。

ここで他の事例を記して、さらに考察を進めてみたい。

A表・B表は内容の取り上げ方に差があるので同一に論ずることは出来ない。しかも昭和三十二年の調査ではすでに相当古い資料ともいえるので、いささかためらいも感ずるが、この二表から知れることは、保母の現任訓練の時間、会議、話し合いの時間が少く、他の職種の従事者が分担した方がよいのではないかと思われる仕事が大分保母に課せられている。全社協の調査の示すように、洗濯・つぎもの、食事の世話等に十分時間を費した場合、一日の労働時間は十四時間を超えざるを得ない。神奈川の調査ではその点、都会地としての性格が表われ、器械等の利用によって時間的短縮の考慮が十分取入れられているが、まだ一日二時間の超過勤務を余儀なくされている。一日時間の労働量はそれを守ろうとする意欲によってでなければ実現されないであろう。

（A表）保母生活時間調査（全社協）調査の時期　昭和三十二年七月　調査の対象　三六三施設の保母

起床・就床の世話	時 46 分
児童居室の掃除指導	55
食事の世話	1.47
登校・下校の世話	37
学習指導（幼児の遊び等の指導も含む）	1.45
洗濯・つぎもの等の手入	2.19
排泄の世話（夜尿児を起して眠れなかった時間も含む）	57
洗面・入浴の世話	32
児童との面接	35
保護者・学校担任教師等との面接	23
記録	42
レクリェーション	26
その他児童に対して行うこと	1.15
炊事当番	46
買物出張	15
園内の職員集会等	19
その他	32
計	14.46

最後に、この考察を始める前に記した一文にかえって、はなはだ蛇足とは思うが一言ふれてみたい。

児童の持つ問題点として（※1）、確かに仕事する保母の一言は、きわめて素直に児童の心にとけ込んでいく。心理集団としての効果は、作られない生活からにじみ出てくるのは事実である。しかし、それはそれ自体児童の不満にもつながることもあるのである（※2）。しかも、児童の人格形成上に与えられる力は、保母が一人で頑張ってもなかなかよくなし得ない困難さが十分味わい知れる。個の力のなんと微々たることか、宜しくより多くの人の理解をこの仕事に与えられるよう、努力していこうではないか。

（B表） 保母の職務内容（神奈川）

調査の時期　昭和三十二年十月　調査の対象　県下保母一〇四名

	7才未満担当	12才未満担当	11才 以上担当	各学年混合
（事務） 外部との連絡事務の他事務一般	時3分	時3分	時6分	時9分
（養護） 学習指導 学校連絡訪問も含む	14	49	44	32
余暇指導　レクリエーション・趣味手芸・スポーツ指導	1.36	1.29	1.36	1.16
職業指導　就職先との連絡訪問も含む			1	1
寝具・衣類・整理	44	1.28	1.53	1.46
洗濯	29	39	28	34
雑指導・排泄・夜尿児・洗面・食事等の指導	3.34	2.15	1.54	2.44
記録　ケースレコード　保育日誌等	27	27	23	20
（給食） 栄養計算献立・材料購入・受払他	2	1	4	9
調理	8	13	42	55
配膳	20	19	21	10
後片付け	18	14	13	29
（衛生管理） 治療・看護・検査・散髪・入浴等	34	20	14	14
（掃除）	59	1.16	1.09	1.02
（出張）	4	9	10	7
（応接）	3	5	3	8
（会議・研究）	12	14	12	18
（その他）上記に含まれないもの	20	32	32	25
	10.07	10.33	10.45	11.19

養護施設保母の職務内容の考察と題しながらその責の果せなかったことを恥かしく思うが、今後の課題としてこの問題を多くの人の意欲によって十分に検討されんことを祈ってやまない。

（調布学園主事）

（『児童福祉研究』6号　一九六二年五月）

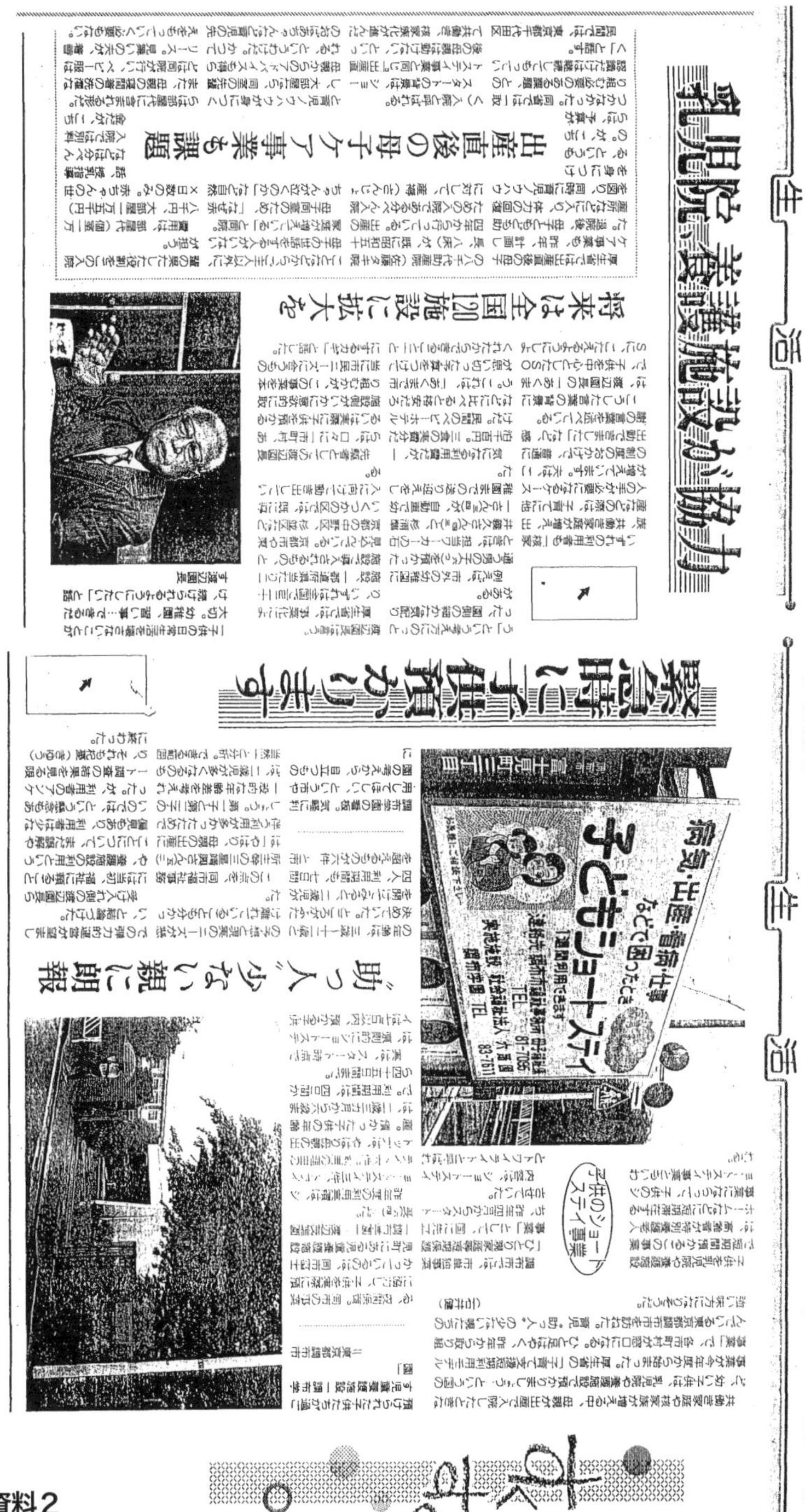

生活

乳児院、養護施設が協力

出産直後の母子ケア事業も課題

将来は全国120施設に拡大を

緊急時に子供預かります

"助っ人"少ない親に朗報

資料2

『産経新聞』1993年7月1日付

■座談会

子どもの処遇と職員の労働適正化問題について

出席者
渡辺茂雄（調布学園・施設長）
長谷川重夫（東京育成園・施設長）
斉藤　謙（青山女子短大助教授）
野村一枝（機恵子寮・保母）
坂下豊雄（石神井学園・指導員）
司会　村岡末広（二葉学園・施設長）

労働適正化問題の背景

司会　施設職員の労働適正化が、この二、三年、いろいろな面で厳しく問われだしてきましたが、その背景は大きくいって二つ考えられます。

一つは島田療育園、あるいは重症心身障害児施設に代表され、さらに重度精薄児施設であるとか一般の養育施設にまで従事者の不足問題が起きてきている。

同時に健康問題として腰痛問題が起こってきたというような背景をふまえて、実際に労働環境がどうか問題にされ、労基法の適正な執行を望む条件が出てきたということがあると思います。

もう一つは、三、四年前から専門職化問題として、福祉労働が問われてきております。これは社会福祉学会でも、福祉労働の概念確立のための何回かのシンポジュームがもたれたということがありました。福祉関係の雑誌に問題提起がされております。

最近では労働力不足問題に合わせて、人材確保法案という動きまで出てきております。いずれにしても福祉労働という条件は非常に厳しくなってきているのではないか。一般の経済条件の変化と合わせて、問題が起こってきて、日本の場合には福祉の立ち遅れが二重に問題を複雑にしていると思います。

そこで、きょうぜひ切り込んでいただきたいのは、従来から養護施設が置かれていて、完全に解決しきれない問題として、児童の養育にたずさわる主として保母を中心とした専門職員の住み込みの問題、収容した子どもを二十四時間養育する生活を中心とした養育場面であるだけに、従事者が労働として、あるいは勤務条件として仕事にかかわる場面を切るときに、どういう問題が起きるのかということが、養護の場面では完全にふっ切れた状態で、きちんと整理できないというふうなことがあると思います。

これを労働環境としてみて、一体児童養護はどうとらえていくかということで、現在当面するいちばんの課題を切り込んでいこうということです。

きょうのタイトルとして「子どもの処遇と職員の労働適正化」ということで、あり方、現状、あるいは問題点を指摘していただいていったらいいのではないかと思います。

まず渡辺先生にお願いしたいのは、労働省と厚生省が定期協議をしておりますが、そういうものがどういうところから出てきて、どういう方向で問題を整理しようとしているのかということを、できるだけ手短かにお話しいただきたいと思います。

渡辺　この問題が起きてきたのは非常に古いといっていいぐらい昔からの問題で、それこそ労働基準法ができたときに、すでに社会福祉施設における労働の適正化の問題が大きく浮かび上がってきているのではないかと思います。

ある労働基準監督関係の人の言葉によると、労働基準法ができてから、どうしても監督上むずかしい業界が三つある。その一つが自動車の運転手で、労働の適正化という形での指導がむずかしい。もう一つは看護婦さんで、いろいろな問題が背景にあってむずかしい。しかし、この二つについては、労働基準法をもとに監査指導しようとすると、経営者は恐れいって、なんとかそうしたいのだがなかなかむずかしいのだということで、労働基準法が守られていないむずかしさがある。

そして三つ目の社会福祉施設は、労働基準法上非常に問題の多い業界であって、ひれ伏すどころか開き直る。そういうことで労働基準局関係としては、社会福祉施設は非常にむずかしい業界だと考えているわけです。

ところが、そういうふうな形の中で、やはり労働の適正化をどうしても進めていかなければならない背景がいくつか生まれてきたと考えられております。

その一つは、最近、社会福祉施設に働く人たちから、職業病といっていい健康上の訴えが非常に多くなって、労働基準監督署としては無視しておくわけにいかない、オーバーワークであるという形で、労働適正化を強力に推進しなければならない。

さらに施設で働く人がなかなか集まってこなくなった。労働力が不足してきた。社会福祉施設のあらゆる業界で、この問題が、労働適正をなんとかしなければならないという形の中で訴えられてきたわけです。

そういう背景の中で、労働基準法を重視する方向で、労働省労働基準局、各地域の監督署が指導しようとすると開き直られる。そこにいろいろな問題があることは事実です。それらの問題をやはり早期に解決し、早く労働適正化の方向で社会福祉施設の運営が行なわれるべきだという観点に、最近積極的になってきたわけです。

とくに二、三年前から各監督署で社会福祉施設が指導監督の対象にされ、その調査の資料が公表され、その中で違反率が非常に高いことが指摘されてきた。このままではどうにもならないということで、大きくクローズアップしてきたわけです。

そういう問題を解決する方策として、労働省と厚生省が、今年になってから定期協議を何回かもたれたはずです。

その中で社会福祉施設問題が論議されてきて、監督署の調査等によって、違反のあるものを二つに分けた。一つは施設の努力によって解消できる違反事項、これは主として届出の不履行、あるいは協定事項の不履行ということで、施設の努力の欠如である。

それから、いかに施設が努力しても、ほとんどの施設が運営財源を措置費に依存している以上、国や地方公共団体の措置費的財源の裏づけがなければ解消しない問題、この二つに分けて考えよう。

もし施設の努力によって解消できるのに解消しないような違反事項については、昭和四十九年度には相当強い姿勢で望みますということを、労働基準局で表明したわけです。それを受けて、施設サイドでは、そういう状態なら困る、厚生省との定期協議をもたれた一つの形として、厚生省でも財源的裏付を主体として充分考えてほしい。

これは多年、施設界で望んでいることなので、われわれとしては賛意を表したわけですが、今度は進行過程においていろいろ問題が出てきているところではないかと思うわけです。

とくに労働省、厚生省の定期協議の中で、あるいはわれわれも参加させていただいているいろいろな話し合いの中で、また厚生省と施設関係者の話し合いの中で問題になってきている夜の対象者処遇についての問題が大きい。

それから職員数が物理的に少ない職種―たとえば小規模の施設の調理員など、二、三人しかいないところで交代で休むわけにもいかないというような問題。

休憩の問題、給与、手当の問題、ここらへんが厚生省との協議の中で大きくクローズアップしている労基法対策の問題になっているわけです。

多くの社会福祉施設では、収容施設といえども夜は交代して対象者の世話をしている。その中で養護施設については養護施設の特異性があって、住み込み休制が出てきた。その中における労基法問題、あるいは労働適正化の問題が、養護施設の処遇に大きく関係してくるわけです。

きびしい養護施設の労働条件

司会　そういう背景を元にして、内容に入っていきたいと思います。現在の保母さんから見た労働環境と養護の問題点をズバリ出していただいて、それを基軸にして進めていったらどうかと思いますが、野村さん、どうですか。

野村　施設といってもいろいろな労働条件の違いがあるので、まとめの形ではいえないと思いますが、全般的にみた問題と、自分が働いている中での問題と二つに分かれると思います。

全般的な問題として感じることは、保母の勤続年数が少ないことです。当初は長く勤める気持ちをもっていながら勤められないという問題の背景があるのではないかと思います。そのへんが保母だけの問題でなく、児童の処遇を考える上で問題だと思います。

保母の労働条件はどういう形かというと、かなりの時間を子どもと一緒に向き合う。自分をみつめたり、自分を取り戻す時間が少ない。それから夜の時間や日曜の問題、そういう時間を通して、他の人間関係の中でいろいろ学んだり、新しい視点を得たりしていく時間帯がシャットアウトされていて、働く時間になってしまっているという問題。それから時間が長いということからくる疲労の問題、この三つが、結果として長く勤めていられないというところにはね返っているのではないかと思います。そういうことが人間関係の悪さという問題も生んで、それを通して、長く勤めていられないという関わりになっていると思います。

そのへんの問題が、交代勤務や住込み制、通勤制の議論で、いつも終わりますが、常にそこへいってしまう。労働時間が短かい長いということだけでないところの問題を含んでいるのではないかと思います。

私自身の問題では、児童の処遇の問題と自分たちの労働条件という二つの板ばさみの中で、長く続けられる職場にしていきたいとみんなで考えて、年々少しずつ組み立て直してきているわけです。現在、結婚しておりますが、週三回は遅番になり、普通の家庭生活は無理なわけです。子どもの処遇の問題と自分の生活の板ばさみの中で、そのへんがぎりぎりの線ではないかと思っております。

保母の労働問題に関していえば、拘束時間が長いということと、人に会う時間がないということがいちばん深刻な形で出ていると思います。

司会　今の論議で一般的な条件を改善するためには交替制をすでにとっている場合もいっぱいあるわけです。実際にそういう条件を克服してこられた坂下先生のところは、どういうふうになるのか…

子どもの福祉と福祉労働者の権利

坂下　条件を克服したというより、一つの労働運動としてきたわけです。国では八人の子どもを一人の保母が二十四時間みる。私たちはやはり公務員ですから、基本的に八時間労働が前提としてあるわけです。したがって児童養護をいかにするかという論議より、まず自分たちが労働者として生活するためにはどういう労働条件が必要かということがでたわけです。

それから婦人については、結婚しても続けられる職場であるためには、どんな勤務時間の条件が必要であるかということからいったわけで、克服したということを養護の面から出したことはほとんどないといっていいと思うのです。

司会　克服しつつあるというふうに考えていいのですね。

坂下　そういう運動に参加してきた中で、児童の養護を一人の職員がするのでなく、何人かの職員が交代でやる。そこには児童観のある程度の統一、あるいは打ち合わせのことで、いろいろなシステムを工夫したけれども人間の個性が違っている中では、チームを組む上でむずかしい。

都立の場合には勤続年数の長短にかかってくるし、寮を変わりたがることになってくることがあります。

司会　野村さんの場合には、働く人間としての発展が期待できない中でつぶれていくということがあったのですが、逆にそういう条件を作り出していこうとする作用の中で、子どもたちはどうみていったのか、そのへんを話して下さい。

野村　おとなたちの変化を子どもたちが長い目でどう受け止めていっているのか。おとなたちの考えていく姿勢というのでなくて、子どもにはね返っていっていることを、むしろ多くとっていきたいと思います。

子どもたちが大切な一日一日を送っていく、そこに欠けてはいけないものはきめこまやかに応えていく、おとなたちの姿勢が常になければいけないと思うわけです。

そういう中で子どもたちを固定した目で見ていくのでなく、大きく受け止めていく視点も必要だと思う。

きめこまかな姿勢が落ちた時期もあるし、またその時期を通ったことで子どもに対して違った目でとらえ直すことができたところもある。それを振り返って、どうだったのかという形での評価は、これから先にいくのではないかという気がしています。

司会　長谷川先生は東京都の委託調査をやられて、子どもの側から職員に対する期待度を調査されましたが、おとなの生きていく姿勢の中から子どもの養護を考え出していこうという考え方がたしかにあると思います。

子どもの目は一体どうなのかということはどうですか。

長谷川　調査の結果については、まだ細い分析が終っていないので正確なことは申しかねます。

しかし、多くの問題が出てきているなかで、非常に意外に感じたことの一つは、都立施設の子どもたちの保母さんや指導員に対するアグレッシブな傾向が強いことです。勿論、民間もかなりありましたが公立はさらに高い。

例えば、保母さんにもっと子どもと遊んでくれればと思うかときくと、半数以上が思わないと答えているのです。

もう一つは、子ども自身が今の勤務体制を、年齢が大きくなればなるほど、しょうがないのだというあきらめの気持ちでみつめている傾向がある。高校生と座談会をしても、そのへんはかなり鋭い指摘がありました。

最近三、四年位の間で、たいへん大きな転換期を経験しているように思える。都立の場合四年前から交代制をはっきりうち出されてきたし、その中で子どももまたドライな感覚が出てきているのではないかと、あえて申しあげたいと思います。

福祉というのは本当の意味での人間尊重の仕事でなければいけない。対象者に対する人間尊重はまず第一に取りあげられなければならないし、その背後にある家庭や親にも同じような人間観をもっていなければいけない。もちろん働く職員の人権尊重も大切です。

しかし、現在のようにいろいろな不十分さのある中で、二者択一というと語弊があるかもしれませんが、子どもの福祉がより先行するとわれわれはとらえているわけです。

つまり、労働条件がここまで改善されなければいっさいやらないのだというソレではなく、みずから困難さに取り組みながら、その実践を通して制度面の改善に取り組んでいく。

実践しつつというところが現在のわれわれに課せられたテーマであると思いますし、その裏付けがなければ発言に迫力が乏しくなります。

さらに具体的にいうと、労働者サイドでは断続勤務はあるべき労働形態ではないという考えがあります。また、たまたまこのあいだ厚生省の方と話をしたときにも、五十人未満の施設の認可はなるべくしない方針である、その理由は五十人程度の施設では職員の数が少ないから、宿直、夜勤等勤務のローテーションが組めないからだという。

それから小舎制の施設は極力認可しない方向である。何故ならそういう施設は成り立たないのではないかという問題提起がありました。

これは従来、われわれが児童福祉の歴史をとおして学んできた施設の小規模化への方向への指向、これは学問的な検証を経ながらやってきたことですが、これが日本でいま否定されてきているのだったら大問題ではないか。

捨てられぬ住み込み勤務

司会　今、二者択一でなく、実践をとおして制度的改善をしていくというふうにいわれたのですが、そこはもうちょっと歯切れが悪いように思いますが。

長谷川　調査結果をみて、もう一つ印象的だったのは、保母さんに対するお母さん的役割への期待はかなり強かったことです。子どもが期待している施設像には、非常に家庭代替的なものが強い。ここの所に施設養護をどう理論化しても、必ず残る課題がある。

この辺りが、今司会者からいわれた歯切れの悪いという点と関連しますが、施設機能の在り方と根本的にかかわってくる点です。しかし、一方で、交替勤務が子どものためによりよいのだ、つまり勤続年数が高まるということによってもというのは、確かに耳を傾けなければいけない。

また、集団主義養護という養護理論の流れが形成されつつありますが、その線からも交替勤務は即職員集団による養護ということになってくる流れがあります。しかしこれについては、まだこの方法の方がよりよいのだという学問的検証がすんでいないと思う。

そういう中で、住込み勤務は成りたち得ない、小舎制はとんでもないことだ、あるいは小規模施設はおかしいのだという方向は非常に危険があると思う。

結論からいって私はやはり住込みは大切な形態だと思う。このことは、欧米先進国の事例からもいえるわけです。もちろん、ひと昔前の二十四時間べったりの住込み勤務だという形でなく、現代ではいろんな試みをとり入れながら、住込の条件を改善しつつ、合理化を計ってきているわけです。しかし、住込みを大変だ、やりきれないとする人が多いことは事実です。

たとえば厚生省で東日本、西日本の職員研修会で斉藤先生の担当された調査でも保母さんがどういう形態の勤務を望むかとのアンケートで、少なくとも住み込み勤務に対しては否定な見解の方が多く出ていたようです。そういう現実は直視しなければならない。かといって、本当にやり甲斐のある仕事は、住込みあるいは子どもとより密接した形でと現に思って働いている人もいるわけです。これは少数派かもしれない、あるいは年齢的にも年配の人に多く出てくるかもしれないけれども、だからといって画一的に通勤にすべきだとか、女子の宿直・夜勤は廃止という方向で、今の日本の養護施設が行政からも、労組からも一律に律せられていってはいけないと思うのです。もっとも、今の段階では独自性の尊重ということは十分聞かされているけれども、そういうことを聞きながらも、断続勤務は認めない方向だとか、住込み勤務は否定だという声が聞こえるので、問題意識をもつということです。

司会　歴史的な検証の問題も出てきたわけですが、複雑な要素がからみ合っているので、たしかに長谷川先生がいわれたように択一論で割り切れるものではない。がしかし、何らかの現代的結論を出さなければならないところに立たされている。その中で考えていくとすれば、今の調査が不十分とはいいながら、いろいろの要素として出てきているものを考え合わせると、また考え込まなければならないことが出てきていると思いますがどうですか。

子どものニードに沿った交替勤務の確立を

坂下　長谷川先生がいちばんお気付きになった点は、いわゆる職員に対する信頼感が非常に薄いということで、私もそのとおりだと思っています。この調査の前に独自でやったときにも、これほどまでにこうあったのかということをいろいろ反省させられたのです。

交代にしてから五年たつわけです。始めは八人の子どもを一人の保母さんがみていたのを、一棟に職員を三・五人として、三人が専属で〇・五の人はほかの寮とまたがってくるという勤務形態だった。これはあくまで八時間ということを前提にローテーションを組んだ勤務状態なのです。その中で、子どもたちが職員に対して不信をもったわけです。職員同士の人間関係がスムーズにいかない、子どもたちに協力しろといって、自分たちはやっていないではないかという鋭い批判の目があった。

自分はこの保母さんがお母さん代りといった育てられ方をしてきたので、転換があって戸惑ったわけです。どの人に何を相談したらいいか、自分の友だちとけんかして仲直りするのにどうしたらいいか、誰に何を相談するか戸惑いがあった。

この問題は誰に相談するかといったときにやはり年長者だけだと、ほかの人はないがしろにされてしまうし、人間関係がむずかしい面があるわけです。やはり合議制で三人なり四人なり集まる時間をキチンとしなければならない。そうなれば時間外に出てこなければならない。ローテーションが崩れてしまうということでその次に考えたときは子ども二十人に対して保母さん四人の形態にしたわけです。〇・五の交替制をやめてしまった。もっとより良い方法はないだろうかということで、十人であることが適切かどうかということがあったわけです。グループワークという問題で年齢の限界もあるし、グループの大きさの問題もあるし、やはり大きすぎるということで十人に分けよう、保母さんも、二人にしよう、夜勤のときだけは一人にしようということにしたのです。

ぼくはそのときに三年かかって職員と体制を打ち合わせして、施設長とも労働条件が悪くならないようにやっていく中で、当初、保母さんにお母さん代りお父さん代りの意識をもってきた子どもは、やはり意識が変化してきている。交替制になってから入ってきた子どもは、それが当り前になっていて、自分には両親のどちらかがいる関係で、お母さんともお父さんとも思わない、いってみればお手伝いさんのようなものだという感覚をもつわけです。

私自身もお父さん代りお母さん代りということでなく、援助する労働者としてどうあったらいいかというふうに考えているわけです。そういう面で、職員に対する信頼感をどう維持し、欠けたら回復するかということが非常に問題になったと思います。

勤務形態の選択権確立こそ重要

野村　職員に対する信頼感の問題ですが、一人の人が担当していく中では、その保母がいない時間があるということが、子どもに対する不信という形でつながってくる問題だと思います。

複数で子どもとつながっていく関係の中では、保母なり指導員なり、それぞれが自分たちの生活をもっているのだ、家に帰って本を読んで学校に行って、それからという話も率直に出していく。その中でいない時間があるということが、その子どもたちと職員の信頼感を切っていくということにはつながってこないのではないかと思います。

職員がいろいろいて、当然子どもとのつながりの深さ浅さもいろいろあります。どういう職員がどういう子どもから信頼されているかということなら時間の長さの問題でなく、どれだけ自分の気持ちを理解してくれるのか、この人はどんなことがあっても自分を信頼してくれているということがあるならいい。また長くいても、ただ何々しなさいという形でいる場合には子どもから信頼されない。単純に言い切れない小さな要求にどう応えるかということは、それにプラスされてきますが、大きく取り合わしてみるなら信頼関係は時間的うんぬんの問題でなく、複数で担当していく場合にも時間的うんぬんの問題ではないのではないか。

子どもの面の問題と職員の問題をいうなら、当然住込みしたい職員もいるし通勤したいという職員もいると思うのです。今の問題は、それぞれ選択できないところに問題があるのではないか。

もしできればこの施設に来年も続けて勤めるけれど、通勤できないからやめるという形で、選択の片一方が切られているということが、数からいうなら圧倒的に多いと思います。逆に住込みたいけれど住込めないという人も中にはあるけれど、通勤制、住込制うんぬんということは片一方を切っていくということでなく、通勤も住込みも、職員を人間として尊重するという観点からいうなら、どちらも可能な形態を、子どもとの関係を尊重しつつ、これから追求していく必要があるのではないかと思います。

配慮すべき職員の主体的とりくみ

斉藤　さきに長谷川先生のほうから、調査のときに通勤になりたいという願望を多くの人がもっているという結果をおっしゃいましたね。それはたしかだと思いますが、その逆もあるわけです。住込みから通勤に変わった人たちの三分ノ一だったと思いますが、住込みから通勤に変わったけれども、このままでいいかどうかということへの反省を、大きな問題として考えているという人がいたこともたしかなのです。

だから一つの調査結果を一概に疲労うんぬんというのは、私は問題が起きてしまうような気がしますね。

ですから長谷川先生の調査も、家庭養育経験のある子どもが、どれだけ職員に期待をもつか、そういった子ども子どもの経験によって、施設への期待の違いもあるでしょう。

それから坂下先生がいっておられるように、住込み制のもとで養育された経験のある子が、今度は通勤の経験をしてものをいうのと、そうじゃなくて、最初に通勤制の勤務態様のもとで養護されている子どもがうんぬんするのとはちょっと違うと思う。

だから調査結果というのはいろいろな面から検討してものを言わないと、目立ったところだけ拾って取り上げるのは、ちょっとむずかしいことになっちゃうのではないかと思う。調査結果というのは、数字が少し高かったりすると目立ちますけれども、十分な検討をしないと使えないのではないかという気がします。

それから職員の立場についていうと、幼稚園に勤めている人、保育園に勤めている人、収容施設に勤めている人と並べて考えるわけです。収容施設や保育園にいる人は、幼稚園にいる人は楽でいいなと思うけれど、すごく保育熱心な幼稚園では、毎日六時、七時まで残って仕事をしていますね。計画を立てたり教材準備したりしている。だから労働力からいってそれほどの差がないように思うのです。

ただ、しみじみ考えるのは、幼稚園、保育園、収容施設と並べたときに、自分で仕事について計画を立てたり評価したり準備したりする量が、幼稚園、保育園、収容施設という順で、だんだん減っていってしまうということです。それがすごく大きな問題だと思います。

先ほどの渡辺先生の報告では健康面での訴えが多くなっているということですが、これは近頃の職員の体力が低下して弱くなってしまったということではないと思うわけです。

むしろ福祉そのものの教育性とか倫理性など、いろいろな配慮をしていかなければならない、専門性につながる努力をしてきていると思うのです。それが精神的にもこたえてしまうし肉体的にも大きな疲れになるのじゃないかと考えたいわけです。

ですから職員がいちばん願っていることは、良い仕事をしたい。長谷川先生がいわれた、人間的な尊重を対象にして取り組むのは当然で、児童福祉施設の職員が考えていることはやはりいい仕事をしたいということです。

そこで、今まで何年もやってきた人が、いろんな理由でやめて仕事を振り返ってみて、どう考えているだろうか。チャンスが与えられればやりたいと切望しているのか、とてもじゃないが音をあげたのだと考えざるを得ない人が多いのか、どうなのかということも大きな問題だと思うのです。

ですからぎりぎりのところまで持ちこたえてきて、自分の健康上の問題などを考えたときに、これ以上できないところでやめる人が多いのじゃないかという気がするのです。

自分自身が守られるということと、専門的な職業人として自分を高めて、良心的に取り組んでいくのに必要な研究や人との触れ合いとか、ゆっくりスーパービジョンを受けるとか、相談にのってもらうということができなければいけないと思う。それができないところに大きな悩みがある。

それから、今の学生なんか、大事な問題としてとらえているのは仕事を通して自分が高められていく可能性がどうだろうかということと、もう一つは人間的ないきかた・・・さを、仕事あるいは職場を通して、そこから自分のものとして汲みとっていけるだろうかというあたりが、仕事を選んでいく一つの基準になっているのではないかと思うので、そういうところから検討していかなければいけないという気がするのです。

司会　私なども十何年養護をやってきてもいま言われたことで思い当たることがあるのです。うちなんか放任施設だからやらざるを得ない。園長が計画立てたりしないから、職員がハッスルして、園長しようがないという……。（笑）

勤務形態を考えていく上での焦点は

渡辺　さっき斉藤先生のいった、自分で企画して実践し評価するということは、今の社会福祉施設全般に忘れられがちだった問題だと思うのです。今の若い人たちがそういう点で望んでいるのは当然だと思うし、そういうものが養成機関から、多くの社会福祉施設に人材を導入することだとすれば、やはりわれわれは業界の一員として高く評価して、こういうやり方を改めるところは改めるような姿勢は積極的にとらなければいけないと思う。

さっき野村さんのいわれた住込みと通勤の可能な体制――いわゆる自由選択制的なもの、ここらへんが一つの焦点になると思う。

それから長谷川先生のいわれた、大規模の小規模化は大事な問題だろうと思います。とかく一つの説明なり理論が続けて言われると、全部同じ方向のものだというふうに考えてしまう。

たとえば断続勤務はなるべく解消すべき方向に考えるべきだという意見と、次に五十人未満は認可しない方向にいきたいのだ、小規模施設は極力否定したいのだというと、断続勤務を解消したい、それは即五十人未満を認可せずという小規模施設否定論とつながっているかというと全然違うと思う。

断続勤務というのは一つの勤務形態としては解消する方向で研究し、検討してみるべきだと思うのです。

実践を通して改善していく一つの課題だと思うのです。かつて都庁の某民生局長が、経済効率からいったら大規模がいいのだということをハッキリおっしゃるわけです。でも民生局長は、大規模のほうがよりよく養護できるとは考えていない。もっと小規模化したいけれど、経済効率からいって、百人定員とか百何人定員を作らざるを得ないという形の中で、行政マンの立場で言っておられると思うのです。

住込み制を賛成するものであっても、あるいは通勤制を前提とするものであっても、共にこういう意見に対しては私は反対していきたい。だからぼくは断続勤務の問題とは異質だろうと思う。

小規模化というのは、養護の業界においては当面の課題でもある。十数年前の最低基準改訂の委員会のときに、そういう現実をふまえて、八十名という数字が出た。なおかつそれより小規模であるべきだという意見では、厚生省見解は私なんかも非常に抵抗を感じると思います。

やはり住込みか通勤かという形で分けることの困難性はたしかにあろうと思いますが、かといって自由選択制という形が施設の運営上の中でとび込んでくるのかどうかむずかしいので、もっとぼくらも検討してみたい。

それから労働省などで話し合っている中で非常に問題になっているのは、住込みの定義なのです。過去の状態で住込みとは何ぞやというと、施設の中で生活の根拠をもつものと考えられております。労基法的に考えると、住込みというのは常時、児童と起居を共にしている職員であるということです。

ですから施設の中に住んでいても、職員住宅的なところにいたり、子どもが起居しているところと別に起居すべき場所を提供されている職員は、住込みではなく、構内居住職員である。

寮舎の中で保母室なら保母室があって住んでいても、きょう泊るのはAさん、きょう泊るのはBさんというのは、字からいえば住込み職員ですが、労働基準監督署でいっている住込み職員ではないわけです。

ですから交代して夜の処遇に当たるときは、一週間に五日間いて、あと何曜日と何曜日だけ別の職員がきて泊まる。一週間のうち五日間泊まる人は住込み職員だが、月曜はAさんが泊まって水曜はBさんが泊る、その間の火曜はCさんが泊るというと、住込み職員であっても、特例で労働基準法の適用除外を受ける職員ではないわけです。そういう形の中で住込みの定義をもう少し認識しなければいけないのではないか。

もう一つは、住込みとか通勤、あるいは職員住宅に住んでいるということの以前に、対象者にいかなる福祉を与え得るかという意味で、運営ならびに職員のかかわり合いの仕方に対して、施設がどう方針づけをしているかということのほうが、きわめて大事なのではないかと思うわけです。職員の人格問題や資質の問題は改めて提起されるのではないかと思いますね。

司会　住込みか通勤かという問題は、断続勤務か継続勤務かということで、継続というのは、ある意味では交替かあるいはグループを複数制でもっていくことだろうと思う。そこらへんに焦点があるのではないか。

交替勤務は二交替が限度か

長谷川　断続勤務は解消されるべきだということは、それがたとえ方向づけであっても、まだまだ簡単には割り切れない。私どもの施設は週休二日制にしておりますが、やはり断続勤務を否定したら完全に交替——少なくとも一日二交替以上にせざるを得ないわけです。

これは一面で、ひとりのワーカーがひとりの子どもをみるよりは、複数のワーカーによってみるほうが、子どもに対する見方がよりワイドになって深まってくるという一つの利点は確かにある。

私どもの施設でも交替保母は二つの寮舎の交替保母を担当していますが、たしかに交替保母からいろいろな貴重なアドバイスもあるわけです。しかし、これ交替の頻度が多くなってしまうと、結局みんなで責任をもつというのは大変聞こえがいいけれども、裏を返せば、みんなが責任を転嫁し合っているという結果がややもすると生じやすい。

それから、この頃、職員の研修会に出ると、よくチームワークがうまくいかないという訴えが多い。賃金等についての不満もあるでしょうけれども、いちばんの焦点になっているのは、やはりチームワークの問題である。

どんなにしても複数の職員を均質化することはできないわけです。そこでどうしても、いろいろな食い違いが出てくる。通勤にしてもぼくはやはり交替の頻度は二交替が限界だろうと思うわけです。ですからそこらへんの問題点は、この際、ある程度整理する必要があるのではないかと思います。

勤務形態決定に職員の参加が必要

渡辺　さっき先生が言われたように、実践を通して評価しながら改善していく方向、あるいは改善というのは必ずしも形を変えるのでなく、今までの形をなお持続しながら、なおかついろいろな良い点を取り入れていくということを含めた改善として考えていただいていいと思います。そういう改善をしていく必要がある。そして私の言葉としてでなく、行政サイドでいっていることを言うのですが、働く人がそのとき住込みを納得しているかどうか。あるいは二交替とか、夜あなたは何回泊ってくださいというのを指示されるからやっているのだというのでなく、みんなで考え出しているかどうか。

斉藤先生の言われた企画が単に処遇上の企画でなく、自分たちの勤務形態の企画性もどの程度まで職員に任せうるか。

そういう形で労働運動上獲得されたという形で評価された坂下先生あたりの場合には、自主的に勝ち得た感覚があるわけです。今、民間施設ではそういう体制を職員が勝ち得たという認識に至るまで、いささか道が遠い気がしないでもないけれども、そういう形の中でまったく自由に選択できるか、ある程度選択性があるか、ある程度自主的な企画性をもち得るか。

斉藤先生が言われたように、通勤制をとっている施設の職員に聞いても、やっぱり私は住込んでやってみたいのだという職員もおります。住込み職員という立場で、勤務内容について一面満足しているけれども、できることなら通勤をしたいのだといっておられる方もある。そういう意味で画一的に取り上げるべきでない。

斉藤先生のいわれたように、一つのデータ一つの数字が非常に大きいからといって、それに対してのわれわれの評価を与えるべきじゃないという意見について検討すべきだという意見に、まったく同感で、いろいろな条件をもう少し掘り下げたうえで、それぞれの条件下における一つの答として聞いていかなければいけないのではないか。

最近、そんなこととしているのでは、社会福祉施設に勤めてくれる人がいないじゃないかという形で出てきたことは事実です。

そのときに、単に交替制にすれば人が集めやすくなるという安易な割り切り方ですませるのでなく、やはり自分で企画、実践し、評価できるような体制がないことが問題だといわれた斉藤先生のご意見など、もっとそこの要因として掘り下げてみるような話し合いが必要ではないかと思います。

チームワークのとり方が課題になる

長谷川　幼稚園なんかの場合、比較的週案、月案を下ろすとき、クラス単位でどうセットしていくかということが大変しやすいのです。一クラスに一人の担任という形態がいちばん多い。だからそこではいや応なしに権限の移譲がなされるわけです。

ところが養護施設の場合には、複数のチームでやっていかなければならないということが、どうしても出てくる。そのときのチームワークをどうセットしていくか、その関係を良い方向に高めていくかというところも、現段階ではジェネレーション・ギャップもそこにあったり、ということで、養護観の食い違いがあったりする。

住込み制をとっている施設でも、少なくとも週一回の休みを与えているはずだし、年休も相当数休まなければならない。ところが交替保母が配置され、自分が休みを終って出てくると、部屋がめちゃくちゃになっている。交替の保母は何していたかという問題等も起こりやすいわけです。

それがもっとむずかしく起こってきやすいという要素が、処遇職員がこれから増えてくる、あるいは調理員の増員等からも企業化が進んでくる面から考えられる。今度は施設長もしくはスーパーバイザー的な役割を果たす人の位置づけが、保母の養成過程からもつめていかなければならない。受け入れ側でも職員が本当の生き甲斐を感じながら育っていくように、あたたかく、時にはきびしく育んでいくような施設長サイドの余裕というものがほしいと思いますね。

子どもの処遇とのかかわりで勤務形態を考える

司会　だいぶ今後の条件作りのためのいい方向への話が出ていると思います。養護施設の実態からいうと、住込みか通勤かというオーソドックスな養護形態なり養護理論でいままできていた施設は、なんとなく保母さんが通勤するたびに子どもにわびなければならないような気持ちになる園長がいっぱいいるわけです。

そういう意味から、子どもとのかかわりにおいて、こういうことをもうちょっと掘り下げておかないといけない。

斉藤先生が口火を切られた計画、実施、評価を専門職としてうまく取り合わして、条件を作り出すということは、職員側が専門職の労働環境条件として考えなければいけないけれども、もっとオーソドックスな形で考えたい。子どもと職員との形で、断続勤務か直勤かということは、もうちょっと話をつめてほしいと思うわけです。

さらに斉藤先生の言われた、子どもとのかかわりの上で、専門職として果たし得る条件を、どれだけ拡大していけるのか、いくのか、その中で野村さんの言っておられたように、子どもと共にそういうことを考えて生きていくというふうな考え方で、養護をやっていこうという問題もあるだろう。

もっと子ども一人の発達をゆっくりとらえていくためには、やはり在来からの考え方のほうが正しいという考え方もある。そこがふっ切れないが故に、これが養護界ではどうにもならないことだと思うのです。

端的にいうと、断続勤務になると、野村さんが提起されたように、一人のおとなとして、一人の労働者として、一人の人間として生きていく上で、いったい何が自分の成長に寄与するために、条件として与えるかというと、断続勤務のほうがはばまれるわけです。

子どもにとってみれば、自分の欲求のたびに一定の職員が一定の時間必らずいるのが自分のためにいいのだということは、大きな点だろうと思います。

それじゃあ断続勤務をやろうとすれば、当然それに対する配慮は何なのか、通勤をやろうとすれば当然それを補っていく配慮は何かという、子どもとのかかわりの中で、これを掘り下げることを話し合ってほしいと思うのです。

幼稚園や保育園の場合は一人の保母さんが単独責任的なもっていき方ができるけれど養護施設の場合はチームで仕事をしていきますね。

だからこそ余計、ひとりひとり保母が検討する時間が必要だということをいったわけです。通勤にしろ断続にしろ、今の養護旋設はどう考えているかうかがいたいわけです。

子どもとピタッとしている時間を八時間と考えるのか、そうじゃなくて、私は子どもについて考えたり、チームを作ることを一緒に考えたりということが入ってこないと、仕事を高めていくという上ではむずかしいと思うのです。

ですから直勤にしろ断続にしろ、そういうことを一つの前提としながら考えていくのか、そうじゃなくて、子どもと触れ合う時間だけが最低必要なのか、そのへんで変わってくると思う。勤務時間ぴったり子どもにということになると、自分の時間に仕事をしなければならない。ある部分はやむを得なくともそれが常態になるのはおかしいという気がするのです。

斉藤　私のところも職員と話し合って、八時間にしようと努力しているけれど、なかなかそうはいかない。どれぐらいが子どもと接している時間で、どのぐらいが接していない時間なのか。決められた勤務時間から子どもと接していない間にしなければならない勤務量を消化する時間を除いたものが、子どもと接触している時間になるわけです。

ですから個人差があって、子どもと接していたのではできないことを消化する能力の低い人は、子どもと接する時間がすごく短くなったり、ながら勤務をするわけです。

私のところでは、今まで保母さんの職員会議は、長いと四時間ぐらいになってしまう。短くとも一週間に三時間ぐらいしなければいけない。そのほか保母会があり、給食担当者との給食会議にも出なければいけない。企画委員会にも子ども会の会議にも出るというので、一週間に、八、九時間あったわけです。

今度は短くして、職員会議以外は研究会その他もあるので簡単には短くなっていないけれども、会議時間が大きいわけです。

それから小グループの話し合いがある。小学生を担当している人たちなら、そのためにどうするか、学習とか寮の担当のほかに、被服係の担当、ボランティアの担当とか、そのことで協議する時間がいる。

坂下　うちは三・五人でやっていますが、三・五人の話し合いは毎週二時間ぐらいもたなければいけない。そのほかに買物、洗耀物を整理する時間、洗濯室に出す時間、炊事場からごはんをもらってきて配膳する時間、父兄に会う時間、ＰＴＡで学校に連絡する時間など、一年間を通して少なくみて一日平均三時間です。

そのあとは子どもに接する時間だとすると、五時間ぐらいが接する時間です。そのどこに焦点を当てるかということで緻密な方針と具体性をたてるわけです。ある人は十三時間ぐらい勤務するけれど、ある人は四時間半ぐらいで勤務があけてしまう。そういう中で一週間の四十八時間をみんなで考える。その過程で、チームワークが求められる。

原則として継続勤務を承認すべきだ

渡辺　うちの施設は交代勤務に入って五年目です。一対一の住込み制を交替勤務に直したわけです。職員数が増えてきて、一応八時間勤務、週二回の泊りという形にしていくと、三年目ぐらいで子どもたちのほうもそれになれてきた。

今では、きょうは何先生が泊りだから何を期待しようというふうに、期待度がその日その日で違ってくるわけです。そこで職員のリレーションが大事になってくる、スーパービジョンが非常に大事になってくる。

うちではスーパービジョンは、ある意味ではスーパーバイザーという立場のものがやりますが、職員相互間でスーパービジョンを消化していく必要にかられています。

だから斉藤先生がいわれるような意味のものは、八時間ピッタリが子どもを処遇する時間だという中では、実質は十時間、十一時間勤務になってしまう。

先ほどの、労働運動としてそれを勝ち得た感覚はうちの職員にあるかもしれないけれども、職員間で話し合って結論としてその体制を生み出していく中から出てくるデメリットの問題――処遇上問題があるのではないかということについては、相当真剣に考えていく。真剣に討議する時間が、自分たちの勤務時間を越えることが往々にしてあるわけです。そういうのは自分たちの労働として訴えるのでなく、自分たちの処遇上の労働をより良く効率を上げるための準備として、サービスとしてという感じで受けとっているわけです。

ですから福祉労働という表現が使われると、労働という以上は、坂下先生のいわれたような、内容的なものがどうしても働く立場としては勝ち得たくなる。

その上で経営者サイドでは、対象者に対するサービスという感じで、その接点としては一定の勤務時間を自分で選択する。みずから企画し実践しという形の中では、準備のためのいろいろな協議は、みずから時間を提供してやっていこうという姿勢が、今の社会福祉界には非常に多いのではないか。そういうものを、私たちは違った意味で考えていかなければいけないのではないか。

そういうことを前提として、断続でない直勤的な勤務の体制を原則にして、労働条件は決められていくべきだ。

いまいちばん問題なのは、夜、寝ている間は勤務なのか、単なる拘束休憩なのかということです。うちではまだ休息だ、拘束の休憩だということで、休息ということをとらざるを得なくなっています。そのへんが、労働省、厚生省の今度の労基法の問題としてはいちばん焦点になっている。

うちで問題になっているということで、今度の労基法対策には、違った意味での積極的なわれわれの要請を続けていかなければいけないのではないかと思います。そこらへんが施設の実態と職員の感覚的なものを、私なりに評価した、今の断続か継続かということに対しての意見です。

定着率の高い交替勤務

司会　職員の定着性はどうでしょうか。

渡辺　四十九年度の方針を立てさせるために、火曜日に私、当直したわけです。そのときに、ある寮舎の方針がまだできていない。職員会議で五月にやったのに、まだ方針がでていないといったら、夜遅くまで保母さんと指導員さんが書いて、職員会議で説明しているわけです。勤務明けたんでしょうと言ったら、明けたって何したって、これだけ書かなくちゃ、みんなに了解してもらわなくちゃという。ほかの職員が了解しないと、その寮の方針として成立しないわけです。

そういう形でやってますが、定着率からいうと、今年、一人やめたわけです。結婚して続けたいといわれたけれど、一月に赤ちゃんが生まれたので、四月には乳児保育できないわけです。満三ケ月以上たっていないと保育所で預かってくれない。

それから三年前に同じ条件で、赤ちゃんが生まれて、ご主人とご家族の関係で、うちでは母親に育てさせたいということでやめられた。

その前にやめた一人の方は病気で、お母さんたちが、どうしても手もとで静養させながら、治ったら親もとから通わせたいということでした。

それからほかの施設の保母をしていた人が、無資格で非常勤で勤めて、勤務期間が終わったので、その施設にいったのです。

そういうわけで五、六年間に計四人やめられました。うちは大体四十人ぐらいいますから、一年で四十分ノ一ぐらいの回転率ですから、定着率は長くなってます。かつては二、三人、毎年やめられたわけです。

短大出て六年目の保母さんが、他の施設の同級生は主任保母級なのに私は中堅にもならないわ、と冗談言ってました。

福祉意識の昂揚が定着率を高める

坂下　都立の場合をあげますと、単独制で保母が主任でやっているのは、三十代、四十代の人が多くて、それこそ四、五年は保母のなりたてぐらいの調子でいたわけです。寮風があって、職員が自分の恣意的な判断を含めてもっている。職員の意識・生活条件は、結婚にうまくのれなかったということで、自分はこの職場でやっていくのだという強い意識のもとにあった。

それから交替制になって、さっき作った資料は、管理者が決めたのでなく、私たちヒラが勤務時間から子どもの時間からすべて決めたわけです。

にもかかわらず公立の場合、行政的に人がたくさんくるけれども、定着性がない。一つには都内と地方の違いがあります。私も千葉の八街に五年いたわけですが、やめるのは、やはり地域の問題がある。

短大出てから四、五年すれば結婚の問題がある。この時期に乗り遅れたら将来不安であるとか、好きな人のところにも行けないということから、三年間隔で五人、十人と変わっていくのです。これは八街でも安房でも同じ現象なのです。

職員に指導から勤務からすべて決めさせても、定着性がない。今の施設にくる人の意識が、相手があって共にかかわり合って一緒にやっていこうというタイプでなく、自分自身がどう成長するかという意識が非常に強いわけです。自分の動機が主になる。相手のことも考えるけれども、最終的には私生活と結びつかないわけです。

だから交替制にして結婚できる条件を作って、学習できる条件を作っても、やはりそこにはいられない。今の人のやはり意識の中に本当の意味での福祉のアレがないのではないか。結局、連帯感の問題であるように思う。

自分もこう生きたいけれど相手もこう生きるということよりも、まず相手がこう生きるから私もこう生きるという相互交流がない。自分の求めているものが充足できればそれでサッと変ってきてしまう。今の人たちの福祉意識の足らなさを非常に感じるのです。

司会　最初いったと思いますが処遇論の考え方が、養護をどう展開するかということに大きくかかわっていると思う。それが交替論にかかわり、組織にかかわっていると思う。

たとえば斉藤先生が問題提起されたけれども、企画、立案、評価をどのようにするかということ一つすら個別処遇を土台にしてやろうという施設と、集団養護をやろうとする施設では丸きり違う。だから私は、若い人中心に起こってきた二つの大きな流れを養護の主流として考えていく。

もう一つは、個別処遇の流れをとらえて考えていく、その中から考えないと、勤務の条件を切り離して話し合えばいくらでも話し合うけれど、少しでも生きがい論が加わってきたり、先生のいわれる三年周期説を入れたりすると、女性の労働環境としてはどうなのかということが入ってくればくるほど複雑になってしまうと思う。

ですからどうしても、養護施設は子どもを育てる上で何を考えていこうとしているかという大きな流れの中で考える。コッテージ・システムでなくとも、フェイス・ツー・フェイスのやり方を使う施設はいくつもあるわけです。責任性をとった分担であろうとか、そういういろいろな問題が加わっているだけで、まったく勤務条件一つだけを切り離すなら、労働適正化だけをやって、いまちょっと出た腰痛の問題で、今の若い人に耐えられるのか耐えられないのかというだけで論議すると、もっとハッキリする。

そうすると今、斉藤先生がいわれたように、今の教育と現実とのあまりにも離れすぎて耐えられない。じゃあ教育に合わせて現実を変えるのか、教育をもっとおとしてしまえということも出てくるわけでしょう。アメリカ式の、ハウスキーパーでいいという考え方も出るかもしれない。だからまったく労働適正化だけに絞ったほうが良かったかもしれない。

大変、貴重な論議をしてもらいましたので、これを整理させてもらって、ここに出てきたことで、さらにはみ出したものについては編集長と相談して、労働適正化問題と児童養護という論議をできるだけ集中してやるということでご了解いただきたい。一つの素材が一つできたから、第二号までに諸著（ママ）も大いに考えてほしい。何か発展があるのではないかと思います。

（季刊『児童養護』第5巻1号、一九七四年六月）

■児童福祉施設の役割機能を考える（その二）

養護施設における課題とサービス体系

■施設の子どもに幸せはあるのか

物に不自由をしないことも幸せの全てではない。かえって物の豊かな人たちに、不幸な生活をよく見せられ、よく聞かされる。

幸せとは何なのか。こんな経験があった。

当時、施設における燃料は、炊事場でも、風呂場でも、すべて薪であった。その薪は山の雑木林から、誰れかが運ばなければならなかった。指導員になったばかりの私は、約一五キロの道程を大八車をひいて大きい子どもたちと一緒に、この薪運びの仕事に明け暮れしていた。子どもたちは二人ずつ交替であっても、男性職員の少い時代のこととて、毎週私が行くことになっていた。そんなある日、山から大八車に薪を積めるだけ積んで帰ってきた日暮れ過ぎ、おなかはぺこぺこにすき、子どもたちは汗も拭わず食堂に走った。車から薪をおろし、大八車を納舎に納めて冷い井戸水で顔を洗い食堂に行った私に残されたものは空になった雑炊鍋と、食べ終って私の分を残しておかなかったことのすまなさに、しょぼんとしている二人の子どもたちの姿であった。物資が底をつき、食糧事情の全く悪かった時代のこととて、別に食べるもののあろうはずはない。叱りたいと思う心と、許してあげたい気持が交錯して、言葉にならず立ちつくす私の頭に、「山ほどのごちそうを目の前に並べられても、水一滴のどに通らない病人のことを思えば、水を飲めば水の味がする健康を喜びましょう」との教訓が、湧きあがり、

「さあ、いいんだよ、早く部屋に帰ってやすめ、本当にごくろうさんだったね」

と、子どもたちに声がかけられた。

腹一杯食べて喜ぶことの幸せ、水を飲んで健康な体を喜ぶことのできる幸せ、私は今でも、そんな幸せの考え方が捨てきれない古さを自分で喜んでいる。

幸せが与えられるものではなく、自分から会得するものだとするならば、人それぞれにもつ運命の中で、安らかな喜びを味い得る人格に育つことを祈り、その子どもに適した幸せを感じられるよう、精一杯、共に生きる中で会得させるよう努めることが、施設における幸せへの道ではあるまいか。

施設の子どもの幸せは、施設にいるときにのみあるのではなく、社会に出て働くときに人生を生きぬく将来にあらしめなければならない。

そのための努力が日常の養護サービスの中で、積み重ねられていかなければ、施設の役割は果したといえまい。

ある子どもには、社会的・精神的不安定を解消していくことを第一に考えなければならなかろうし、ある子どもには遅滞した学力を少しでも回復増進させていく努力が重ねられなければなるまい。虚弱な子どもにはたくましさを、粗暴な子どもにはおもいやりを、沈んだ気持の子どもには明るさを取り戻させていくことに養護の使命はあるはずである。その役割を果すためには、養護施設が、そして施設長が、

職員が、絶え間なく力強く働いていなければならない。

優秀な専門技術をもつ職員がいても、活動する気力を失っていたのでは、いないよりなお悪い。機構や組織が整っていても、条件が整備されていても、運営の流れが、生き生きとして脈動していなければ、子どもたちに幸せを味い知る力を芽生えさせることはできない。

■課題に取組む 施設運営の一過程

養護施設における課題は、現在なお諸事解決の方向にはなく、ますます山積されていくばかりであると考える。

このことは、「子どもの負っている苦しみ[註1]」の論を引きだすまでもないが、

「養護施設児童の家庭のおかれた措置理由の背景の中に炭鉱の閉山、出稼ぎ、交通災害、離婚、母の家出、置去り、心中、虐待など、そのどれをとっても子どもの負っている苦しみは大きい。こうして背負った苦しみの故に学業は遅れ、友達を失ない、更には自からの展望も失なって非行化してゆく。人間不信、自信のない存在、こうして養護施設に入ってくる」

と述べられ、戦後三十年の歴史の中で、表面的な事情の変化はあっても、その負っている本来的苦しみは少しも変ってはいないことを説明している。

また、こうした施設の子どもたちの背景としては、社会・経済の変動として、都市化の進行や、核家族化傾向、享楽的文化の増大、情報化時代と価値観の多様化が考えられる。

その家族も、こうした社会・経済の変動の下におかれた人びとであり、今日の養護児童の起点もこの

中にあるといえる。[註2]

さらに、近隣社会の変貌や、家族の変容は、その家庭が地域社会や血縁関係から孤立し、蒸発、置去りに代表される問題の因として社会のつながりの弱さを表現している。また、家庭の養育機能の低下をきたし、児童の成長発達の過程に与える社会的な認識や、価値観の弱さを露呈している。[註3]

これらの山積された養護施設児童のもつ諸課題と取組むために、養護施設の運営は極めて未整備であり、その研究への対応も乏しい。今ここで、社会福祉アドミニストレーションについて述べるつもりはない。しかし、今日、社会福祉施設界において、最も遅れていると考えられるものは、福祉労働の対応と、社会福祉アドミニストレーション研究へのアプローチではなかろうか。その意味で表題についての部分的考察として、「課題に取組む施設運営の一過程」にふれてみたい。

現在の養護施設は、いくつかの機能をもってサービスにつとめているが、子どもたちの保護者ないしは家庭に対応するものはないといえよう。

「親子関係の心理」[註4]の中で、「どんな精神障害でも、精神病といわれる場合でも、神経症といわれる場合でも、親子関係が関係していないということはない。親子関係が悪いから精神障害が起きるのだと必ずしもいうわけではない。しかし、親子関係が陰に陽に関係していることだけは間違いない」と述べている。精神医学界は、施設養護には否定的感覚もあるので、ここで引用することが適切でないかも知れないが、少くとも子どもたちが親との関係の中で、種々の不安定な問題をもつに至ったことは否定できない。その親もしくは、家庭にアプローチする機能が未整備の施設としては、積極的な養護効果への期待をもちようがない。

数多くある課題の中から、一つ二つを取上げることは、ナンセンスかもしれないが、ここでは、次の課題への取組みを考えてみたい。

○養護児童がもつ、社会的・精神的不安定、学力遅滞等に関し、児童への対応とともに保護者ないしは家庭へのアプローチを如何に考えるか。

この課題をサービス体系の立場から、施設の運営過程の問題として取上げてみたい。

施設運営は、管理か、処遇かで考えるのではなく、「アドミニストレーション」[註5]は、その組織・運営過程を調整し、また職員の勤務条件その他の整備をはかるなどして、その組織目的を完遂し、また目的そのものも社会変動に伴う地域住民のニードの変化に対応するよう検討し修正する働きなど、多面的な活動を統括した一つの組織活動を指すのである。そういう考え方からとらえていきたい。

■子どもの保護者について

保護者ないしは家庭にアプローチする機能が未整備であると述べたが、いわゆるファミリー・ケースワーカーが施設におかれていないことをのみいうのではない。施設の子どもたちの親権をめぐる諸問題や、家庭調査権限等の問題が、極めて制約的で未調整の面が多いことなどを含めていっているのである。

現在、保護者や家庭の対応は、児童相談所の機能として考えられている。といっても、児童相談所で、的確に把握され、指導されていたとは認め難い。いってみれば、特例を除き、ほとんどが放置せざるを得なかったともいえよう。入所時の児童票記入の保護者の住所に、保護者が居住していない例なども少くない。転居先は、本人が連絡しない場合など極めて確認しにくい。このことは、児童相談所の機能をしても容易に解決できるものではなさそうである。

親が親としての義務を守らないとすれば、その親に対してどんなアプローチをしたらよいのか、簡単な問題ではない。

さらに、むずかしい問題をもつ親も少くない。子どもに面会にくる親または保護者は、在園児の三〇%~五〇%程度である。その中には、いわゆる問題親もいる。飲酒泥酔のときしか来園できない親、深夜来園して無理をいう親、子どもとの約束を平気で破り、自分勝手なときにくる親、子どもや施設の都合を無視して、行事の最中でも連れ出したがる親等、施設でもずいぶん手こずっている親もいる。また、毎週きたり、ひどい親になると毎日のように来園して、話し合いには少しも応じない親もいる。よくも悪くも、子どもにとって親からの影響は無視できない。

施設のサービスも、子どもへの対応に止まらず、親や保護者のアプローチは、不可欠の課題となってきている。子どもの不安定性の要因が、親にある場合が多く、しかも、親の子どもへの対応は、不安定性の解消に役立つことも少くないのであるから。

親に対して、施設の考え方として、また期待としてもっている一部として次のようなものがあろう。

一　親も社会の変動に生活をおびやかされている一人であろう。問題をもしもっているとしても、単純にせめてはならない。

二　子どもは、親に期待をもち、自分で作ったイメージを抱いている。この思いを、親も職員も大切にしてあげたい。

三　子どもは、親と一緒に生活はしていなくとも、親の影響をうけながら成長していることを理解してもらう。

四　自分の子どもだけでなく、施設にはいろいろな条件の大勢の子どものいることを理解し、面会や小遣い等、職員との話し合いを大切にしていくこと。

五　子どもへの励ましはよいが、大きな期待をして負担にならないよう見守る気持をもってもらう。

六　子どもが、親と一緒の生活を大切にできるよう親自身の生活安定がいかに重要かを、無理でなく理解し、実践するよう十分話し合う。

子どもにとって親は「かがみ」で、親の考えや、行動が、子どもに移っていく不思議さは、施設の職員ならずとも何回か経験していることであろう。

親もけっして楽に生活を営める社会ではない。泥酔して来園する親にも、それなりの苦悩があるにちがいない。

ここで、高島巌遺訓が思い出される。

「いそいではいけない。

かまえてはいけない。

耐えることだ。待つことだ。祈ることだ」

施設の取組みは、これらの問題に関して、施設長、職員がよく話し合い、施設の方針を具体的なサービスに移していく過程で、十分な連携プレーが成立しなければならない。多くの養護施設では、日曜、土曜等、子どもたちが学校へ行かない日には、職員がなるべく休みをとらないようにしているのも、養護上必要な手段の一つであろう。

親や保護者へのアプローチで難かしいのは家庭訪問である。親が子どもの成長に果す役割が大きければ大きい程、親自身の諸問題解消が望まれる。このことは、親を指導するというのではない。親の心へ訴え、親の安定を希い、施設の方針を理解してもらうのである。このためには、家庭訪問も必要であろう。必要である家庭訪問に、施設として実践上困難な点が多い。第一に職員の人手がそこまで廻らない。若い女子職員では問題が残る。しかも、親が極めて拒否的である。その上、一度や二度ではほとんど効果があがらない。必要な手段ではあっても、現状では、家庭訪問はごく限られた範囲で行い、多くは児童相談所に委託せざるを得なかろう。

親と共同して、子どものもつ諸問題を解決していくことのために、施設内では、あらゆる角度からの検討を必要としよう。もちろん、すべての親が対応できるものではないので、画一的に論じて手段化することはできない。何故親への協力を要請するのか、そのメリットはなにか、そのための条件は整備されているのか、親の介入は施設の主体的養護を破壊することはないのか等、十分職員会議等で協議し、方針を立てなければならない。更に一人ひとりの子どもにとって、その具体策を検討分析し、職員の労働条件との関係も整理して、長期目標の設定もし、時期により評価も加えて推進することが肝要である。無理をしたり、思いつきで実施したりしてはならない。またこの問題については、児童相談所等との連携が密でなければ成り立たないことも承知しておくべきである。

ともすると、親や保護者へのアプローチは、職員の勤務内容に無理を生ぜしめる等思いもかけぬ問題に遭遇し、十分な協議と、しっかりした体制のないままに実施すれば、破壊的な大事を呼びおこしかねないものでもあろう。かといって消極的な対応では、養護の前進は期待通りにいかないだろう。正に正念場として施設長の果たす役割は大きい。施設長自身の積極性と、基準外職員の配置等の方策はせめてものこととして要請される課題であろう。

■子どもの保護者をつくろう

面会にきたり、外出外泊のできる保護者をもつ子どもばかりではないので、社会養護としての養護施設では、他の社会養護の機能との連携、またその開拓が必要である。東京都で実施されている養育家庭制度もその一つとして考えられよう。その他では、精神里親、週末里親、一日里親等も考えられる。更に現在あるボランティア運動の中にも、養護施設に協力できる社会養護の機能を期待できるのではなかろうか。ファミリーグループホーム、スモールグループホーム等の制度によって、直接的地域社会への融入（「溶け込む」の意味合い）も社会的保護者の開発に大きく近づく方策となろう。保護者のいない施設の子どもたちに、保護者に替る人たちをつくることである。もちろん、つくるのは施設がではない。社会が、社会に呼びかけてつくるのである。その中核に施設がある必要があれば、進んで推進役になるべきではあろう。

施設以外に、施設の子どもたちの社会養護の担い手が生まれ、社会的保護者として子どもの成長に手がさしのべられるとすれば、当然のことながら、施設養護の内容は刺激されるであろう。あるいは、厳しい批判も加えられることもあろう。それは親や保護者以上のものともいえよう。その要請に応えきれない施設は、施設としての役割を果すために、大きな試練を受けることになるやも知れない。それでも施設は、この社会の保護者を指向すべきであると考える。

「人は自分が思っているようには、思っていない」という言葉があるが、施設も、「社会は、施設が思っているようには、思っていない」と考えるべき時期がきているのではなかろうか。社会の中の施設として運営することの自覚は、数年来その必要性が強く求められてきたが、社会が施設をどう見ているかを知らねばならない。そのことから、社会を社会養護の担い手の一員として、保護者に替る保護者として、仲間として、迎え入れ協業する中で見定め、施設の内容向上の資とせねばなるまい。

その指向する中で生まれる作られた保護者に、養護施設は如何なるアプローチをしていくべきか、十分検討すべき課題である。

養護施設が、支配・監督的な意味でなく、センター的役割を果すことが求められよう。この場合、その生ずるニードは、施設養護の対象としての子どもだけに止まらず、広義な「養護」の対象として、「子ども」全体に求められるものと考えられよう。そのニードにも対応できる機能を目指して、養護施設は進むべきである。もちろん現状では、その機能は備えていないし、その力も与えられてはいない。

社会に子どもの保護者を期待することを将来の展望として目指し、その開拓と同時に必要な心構えとして考えているのである。

当然、施設は、組織・機構の充実、刷新をせねばなるまい。理事者にも福祉の専門性が求められるようにもなろう。施設長の資質もいうまでもなく、社会の公認的要素をもって高められなければなるまい。その諸条件も、現状を大きく飛躍した内容として求められようし、附与せられるであろう。運営も十分承認された内容で職員はもとより、社会も対象者も参加する型で、話し合いの徹底が要請されよう。

子どもの保護者を社会につくろうとする方向は、施設養護の改革に多大の影響を与えることは必至であると考察する。なればこそ指向しなければならないと考える。

子どもが、社会的・精神的不安定から解消されるために施設養護が非力であるから、社会に保護者に替る人を求めるのではない。

施設として、個別養護の充実が、里親的社会機能によって一層深まる可能性を見出したからである。もちろん画一的論議は考えていない。施設養護の機能と、里親養護の機能とを、養護施設をセンターとして協業せしめていく。そこに子どもの福祉が一歩でも前進することを信じ、それを確めていくことを目指したい。

子どもは、つくられるものではない。

子どものもっている無限の可能性を引き出すため、養護は進められてゆく。そのことはつくられる子どもへの道ではない。

遅滞した学力を回復するために、習癖化した非行性を更生するために等、可能な限り共に努めることを否定するものではない。現にその実績は多く確認されてもいるが、そのことが親や保護者への協力に直接つながる期待となってはならない。安定した生活環境をつくりだすために、保護者の協力は必要とする場合が認められても、知識や、体力の増進は、子ども自身のものとして対処されるべきである。

子どもの能力の開発がよくいわれるが、その年齢的思考も誤ってはならない。また精神医学をもちだして恐縮であるが、ある分裂病患者が、「秘密がある中は病気でなかったのですが、秘密がなくなったら病気になりました」と語ったといっている。[註6] 疑問をもつ子ども、反発をする子ども等、秘密をもつものと同じ考え、きわめて当り前としなければならない。大人の作った社会的要請によって、子どもをつくってはならない。その子どものもち味を生かす養護こそ、施設養護の方針とせねばなるまい。今の社会は

（施設はといいなおしてもよいと思うが）、子どもが思ったことを正直に表現できる場が少いように思えてならない。サービス体系を論ずる前の課題が、相当あるのではなかろうか。

学力遅滞等の対策に消極的な記述になっているように受けとられるかも知れないが、賢明な諸師に誤解はないと信じて未完のままで申しわけないが終らせていただく。

（わたなべ・しげお　東京・調布学園園長）

註1　全社協養護施設協譲会発行、「養護施設三十年」施設養護の原点としての人権　村岡末広　二一〇頁

註2　「全社協養護施設協議会専門委員会報告」（昭和五十一年九月）二頁

註3　同　右

註4　土居健郎『「甘え」雑稿』弘文堂　四三頁

註5　重田信一『アドミニストレーション』誠信書房　四頁

註6　土居健郎『「甘え」雑稿』弘文堂　八七頁

（月刊『福祉』、一九七七年九月号に掲載）

■座談会

東京の養護 昔・今・未来

出席者

司会

渡辺茂雄（調布学園園長）

丹下芳典（特養施設・みずほ園園長
　―元東京家庭学校指導員）

桜井一雄（県立三浦しらとり園更生
　第二課副主幹―元武蔵野会
　徳風寮指導員）

長谷川重夫（東京育成園園長）

渡辺　では、大変ふつつかでございますが司会をということなので、はじめさせていただきます。

長谷川先生には、昔から今につづいている過去と現状、そして、これからのことなど、丹下先生、桜井先生には、当時の仲間的な動きと、外から見た今の児童福祉についてお話をいただきたいと思います。

今回「児童福祉研究第二十号」が発行されることになりました。東児研時代、この児童福祉研究の第一号が出された当時は、全国児童福祉界に殆んど研究誌が出されていない時代でしたから、先駆的というか開拓的にと申しますか、全国の方達に期待をもたれて発刊され、第二号第三号となっていく過程で、まさにひっぱりだこになった研究誌であったと記憶しております。

今日は、この東児研時代の当初から関わりをいただいた先生方にお集まりいただきました。

昭和二七年頃の社会福祉におけるご苦労を思いうかべながら忌憚のないご意見の交換をしていただければと思います。

当時、東児研といわれた東京児童福祉施設研究会について、長谷川先生よろしくお願いします。

長谷川　第二次世界大戦後、我々施設従事者が戦災孤児達と常に食料危機を意識しながらも、それぞれの施設で懸命に頑張っていたわけです。それが、戦後復興がだんだん進んでいく中で、特に昭和二三年頃から、東社協の前身の東京都社会事業協会に児童収容分科会ができ、その集まりに園長のほかに、園長代行者を含め我々若い連中も若干集まりはじめて、お互いにふれあいを深めていく状況がありました。

ホスピタリズム論争が契機に

昭和二五年の雑誌「社会事業」の三月号に、石神井学園長の堀文治先生が、ホスピタリズムについて大変ショッキングな内容の論文を発表されたわけです。堀先生が、それをお出しになる前提としては、当時の占領軍のマーカソンという米国のソーシャルワーカーが、占領軍のメンバーとしていたわけで、彼あたりから色々な情報も出ていて堀先生は、それを叩き台にしながらこれを発表されたわけです。つまり、長く施設に子どもたちが生活していると、子どもの発達が歪んでくる、それが施設養護の宿命のような、かなり破壊的ともいえるような内容の論説だったわけです。

これに対して色々な反論、特に高島厳先生を代弁して水芦紀陸郎という人が、反論なんかもしはじめていたわけです。我々現場の若い者が、もっとお互いの問題としてこういうことにも研究しあう必要があるのではないかということで、当時、若葉寮に入っておられた後藤先生、東京家庭学校の丹下先生、双葉園の坂下先生や私などが、折々茶のみ話的に何とかしなければという話はしていたわけです。

広い児童福祉の視野にたって
東京児童福祉施設研究会の誕生

たまたま、東京育成園主事だった大谷嘉朗先生が昭和二五年の八月からアメリカのボストン大学に社会福祉・児童福祉の勉強で留学をされ、昭和二七年八月に帰国されるわけです。その前に後藤さんと坂下さんと私あたりで早く研究会を作ろうじゃないか、帰ってくる大谷先生をリーダーにしながらやろうじゃないか、という話し合いをしていました。

大谷先生がお帰りになられてアメリカの状況なども聞きたいということも一つありました。ただその時に、研究会の名称をどうしようかという話がありました。例えば、児童収容施設研究会というような案も出てきたわけです。けれども、養護施設の子どもの問題というのは即日本の児童福祉の問題だ、という問題意識を我々がお互いに共通感覚として持ちえていたわけで、東京児童福祉施設研究会という名称になりました。

この研究会を作るにあたっては、すでに当時労働組合活動が一部には起ってきたことから警戒もされました。

昭和二七年から日本社会事業職員組合も発足をしていましたから。

丹下　そんなに早くできてましたか。

長谷川　そうですよ。あれは名古屋での全国児童福祉大会のときにできたんですから。

そういう中で、若い者の動きというのが、ある意味では思想的に偏りがあるんではないかという警戒心もあったんだけれども、これについては、松島児童部会長が、若い者しっかりやれ、というような形で、かなり積極的な支援をしてくれた事実があったと思います。今井新太郎先生、森芳俊先生もまた側面的にご支援いただいたことも大きかったと思います。

とにかく、第一回目の東児研の旗あげみたいな会合を、生長の家神の国寮が当時六本木にありましたが、当時の寮長さんも快よく会場を貸してくださった。そして、我々が今考えなければいけないのは、確かに養護施設の子どもたちの問題であるけれども、もっと広い視野からこれを捉えたいというので、第一回目の会合の講師に、朝日新聞論説委員の伊藤昇さん、この方は、東京都児童福祉審議会の委員だったわけで、松島先生の紹介で頼みに行ったら喜んで引きうけてくれましてね。

聞いた話というのは国際情勢ですよ。それと福祉をちょっと結びつけたということでした。そういう内容にした方が、人も集まりやすいということだったと思います。結局、そんなに集らず二〇人位。伊藤先生の話を聞くにはもったいない規模の集まりだったと思いますけれども、ともかくそれが出発になったわけです。

扉を開け!!　児童福祉研究第一号を発行

大谷先生が帰国され、アメリカの事情なども聞くということで、今の児童相談センターの前身の中央児童相談所がまだ西巣鴨にあり、檻がある特別監護室もあって、今の若い人達には想像もできない状況の児相を会場に研究会を開いた。そのあと、研究会を重ねていくうちに、我々の共通の機関誌をどうしても作ろうじゃないかと意欲が盛り上ってゆく。しかし、何しろお金がないわけです。それで第一号から三号位までは活版刷りではなくて、当時のタイプ謄写で〝機関紙〟を発行していくということだったわけです。

第一号では、大谷先生が巻頭論文を執筆され、ロマンローランの〝扉を開け〟という有名な言葉を大変象徴的にかいて、第一号がとにかく発刊されるわけです。第一号は、作文集的な同人誌という感じで頁数も薄いものでした。しかも、第一号は児童福祉研究という名前にしていなかったんです。

長谷川　そうでしたね。

渡辺　「会誌」でしたね。そして、第二号から正式に「児童福祉研究」という名前にしました。当時は、社会福祉の研究誌というのは、雑誌「社会事業」(現在の月刊福祉の前身）以外は全国的にはあまりなかったですね。したがって「児童福祉研究」が出たということは、とにかく戦後の児童施設現場の人達を中心にした研究誌としては、おそらく初めてのことでもあって全国的にも非常に注目されました。

長谷川　そう、初めてだったんですね。

渡辺　ということで、研究会活動も注目されたけれども、研究誌自体も大変関心を集めましたね。そして、第三号は昭和三九年（一九五九年）の発行になる。第三号では、谷昌恒先生、中沢英三先生、横山貞雄先生なども参加された研究会の記録が、ドキュメントとして出ています。いずれにせよ、当時としては、大変先進的な人間関係論であるとか、臨床心理技法なんかも登載されて、さらに四号、五号と続いていくわけです。

初めは、養護技術を中心にしてということでしたけれども、やがて、現在おかれている日本の養護福祉の現状についての政策批判をしていくという風な動きが出てくるわけです。これが、児童福祉研究の四号以降に色々現れてきます。それと同時に、労働条件の問題がここで大きく取りあげられてくる。勤務体制の問題なども出てくる。亡くなられた後藤先生が、保母の通勤制をぶちあげるなど、当時としては、大変画期的で驚きを感じさせるような問題提起なども出されたわけです。

渡辺　大変詳しくご存知の長谷川先生なるが故のお話でした。このあともっと分析をしていただくこともあるかと思います。

丹下先生も桜井先生も最初の頃から、あるいは、その前から都内の養護施設の若き職員としてお勤めいただいておりましたので、今の長谷川先生のお話を聞きながら色々と思い出もあろうかと思います。

好評だった回り持ち会場
家庭的養護か集団養護かで論争

丹下　大変懐かしい話を伺ったのでだんだん思い出してきました。

戦後の非常に荒廃した世の中で、戦災孤児だとか学浪児などの子どもたちが大勢いましたね。それらの子どもたちを預かって、何とか家庭に代わって育てなければいけないという意気ごみでやっておった訳ですが、その仕事についた人達には我々の年代の人が大勢入ってきておられ、優秀な人たちが結構揃っていたということ、これは、児童福祉の発展に大きな力になったと思うんですね。若い同年輩の人達が集まって、これは何とかしなければいけない。そんなやむにやまれぬ研究心、これが東児研の前身を作ってきたと思うんです。

僕も、最初声をかけられたんだけれども、養護の直接の担当の方がいいだろうと思って、第一回は志田くんに行ってもらった。それが、神の国寮ですね。さっきお話が出たように、中央児童相談所だとか、回り持ちで会場にしたのが非常によかったと思います。

それは、その施設の職員達の研修・啓蒙になったという点です。

ちょうど、堀先生のホスピタリズムの問題が提起されて集団的な養護か、家庭的養護かという問題で大きな論争が起っていましたね。横山貞雄先生、山下俊雄先生という方たちと色々な検討をしたことが思いだされるんです。ホスピタリズムの問題は、その後だんだん尻きれトンボになってしまった傾向がありますね。

ただ、今考えてみると、ノーマライゼーションの根底にある考えから家庭的養護という問題が出てきたような気がします。いち早く、バットホームが〝小舎制〟を実践するなどが出てきて、これは一つのいい方向だったなと考えられるわけです。

長谷川先生の話にも出てきたように、その頃から労働条件という風な問題にだんだん目覚めてきたですね。住み込み勤務という勤務形態、自分の時間がとれないという悪条件、給料は非常に安いというように、労働条件の悪い面がかなり出てきたということからとりあげられてきたわけです。こうして、養護技術の面からだんだん制度的な批判を含めて改善への方向づけというような問題になってきました。

例えば、松島先生も言われたように、犬の収容所の食費と子どもたちの食費ではより犬の方が高いんだ、というような問題提起があり、措置費の増額について要求をされたんです。

労働条件をめぐって対立もボランティア的な労働

昭和三四年に大谷先生が代表幹事をひかれて、その後私が半年位代表幹事の後をうけついだその頃に、東児研の会費の問題が出てきましたね。今までは、研究会の参加者から毎回会費を徴収しておりましたが、これでは本当の活動はできない、全養護施設から年額いくらという決まった会費を出してもらって、東児研の経済的な基盤を作っていこうじゃないかということで、それを児童部会に提案しました。

当時の施設長は、そうそうたる人達がいましたね。子供の家の加藤先生、錦華学院の土田先生、武蔵野会徳風寮の保田先生、六華園の東福先生、双葉園の高島先生、東京育成園の松島先生、家庭学校の今井先生、杉並学園の森先生の各先生は非常に理解があったけれども、なかなか理解してもらえない方々もいて苦労しました。

どうも、東児研というのはおかしいんではないか、左の方に寄ってしまっているのではないかなど。

桜井　松島先生が部会長の時に会費制が導入されたんです。

丹下　大分強硬に反対した施設長がいましたね。

長谷川　松島のそばにいましたから覚えていますが、施設長の一部の方々から文句をいわれましたよ。

言われたけれども、松島が、もっと我々が大きな気持で、若い人が伸びてくれなければ駄目なんだよ、と。松島が、ある施設長から電話で文句をいわれるのを説得しているのを忘れられないでいます。

渡辺　もう一つ私が覚えているのは、やはりこの次お願いしたい週休制の確立についてです。ある施設長さんなどはテーブルを叩いて、施設は子どものためにあるもので職員のためではないと。私も末席で一緒にびっくりして叱られた一人なんです。

第三号が三四年に出ているんですが、ある一節の所に、今、北海道家庭学校の校長をなさっている谷先生が、非常にいいお話をなさっているんです。どちらかというと、子どものために職員はかくあるべきだ、というふうにおっしゃられた後に、亡くなられた後藤先生が、今の谷先生の施設長としての考え方は非常に卑怯だ、というような過激な発言があったわけです。つまり、施設の職員を本当に職業人とみるならば、施設長としては労働時間を八時間に抑えるべきだ、一週に一日は公休日を与えるべきだ、というようなことを言っているんです。したがって、施設長さん達が、これは大変な組織になるんではないかと心配したことも分かりますね。

桜井　その当時の養護施設の職員というのは、本当に奉仕という感じで勤務時間は定まっていない、公休は月に一〜二回そんな時代だったんです。色々な会議、ましてや全国大会などというのは殆んど園長だけが出席して、私なんかは参加できないという時代だったんです。それが、どういうわけか、東児研の集まりだけには参加できたんですね。考えてみれば研究会組織として、養護の問題、制度の問題、給食の問題、措置費の問題、色々と多角的に研究をすすめてきたということで、東児研の取り組み方、考え方は当時としては画期的なものだったんじゃないかなと思うんです。会費制にはなったけど、なかなか一〇〇%徴収できなくて結構四苦八苦していましたね。その当時いくらかな。一施設月額二〇〇〇円位で、東児研の年間予算が二五〜二六万円位だったと思うが「児童福祉研究」の他に、年に数回「東児研通信」を発行していましたが、その印刷代、研究会例会案内など東社協から随分助けてもらいましたよ。

　そもそも、私が施設に入った時はボランティア的な気持で入ったんですよ。それがいつの間にか職員にということで、正式にはいつから職員になったかは自分にも分っていないんです。児童福祉の何たるかも、養護施設のことも全く理解していなくてとびこんでしまったけど、東児研という組織の中で色々な先輩達に出逢い、指導をうけながらひきつれていってもらったというかんじで関わってきたんです。

渡辺　当時の初任給いくらだと思いますか。

桜井　覚えていないですね。

渡辺　第四号の研究誌に、斉藤先生が調査をされてその発表を座談会でされているんです。大卒指導員で初任給六、九七五円、月額ですよ。

丹下　僕が辞める時たしか八千円位だったと記憶しています。

予算運動がはじまった！―画期的なデモ行進も―

渡辺　当時の予算対策運動のあり方など、長谷川先生の知っている範囲内でちょっとお話していただけませんか。

長谷川　子どもの福祉を高める事業費を増額するということと同時に、職員の給与の改善というのを絶対的にしなければいけないと、東児研の活動で仲間の先生方が措置費の分析をしてくれましたよね。その活動が、全養協の活動に大変大きく影響してきたということも、ぜひ記録に残しておかなければいけないと思っています。

　ただ、当初の全養協の事務局なんていうのは、専任の事務局員というのはいなくて、実際問題として私は、松島会長のもとで鞄もちしながら全養協通信を出すとか、庶務を整理するとかと事務局的なことをやらされた時代でした。

　大変印象的なのは、昭和三〇年の正月の五日でした。

雪が降っていました。国会脇の当時の衆議院議員会館、バラックみたいでしたね。そこを訪れて謄写版刷りの赤線つきの細いビラで陳情文を作って配ったようなこともあったわけです。あの赤線つきのビラというのは全養協がはじめたようなものなんです。

それが、昭和三七年一二月二九日には、例の青いハンカチを振って、芝公会堂から虎の門の全社協まで画期的なデモ行進まで発展していったわけです。私は、これは、松島全養協会長のリーダーシップもあったと共に、それの実践との推進力になったのは、当時の東児研メンバーだった後藤さん、村岡さん、渡辺さんこういった方々が、やはり大きな推進母体であったと思うんです。ここにその時の全養協通信がありますが、これには灘尾会長も山下春江、小沢辰男の諸氏も激励演説をしています。

渡辺　小沢先生の若い頃ですね。

長谷川　それから、当時の児童家庭局長黒木氏もきて挨拶をしているんですよ。さらに、当時の池田総理大臣に直接面会陳情などもするなど、まだ他の社会福祉業界がこうした予対運動をやっていない時に、全養協が相当先駆的にやった。

さらに印象的なことは、九段会館でやったこともあるんです。その時には野党も呼んでいるんですよ。というふうに、東児研活動が全養協活動をさらに活性化してという事実があったと思います。話が前後しますが、それから昭和三五年に、安保騒動が終った直後、日赤の病院をはじめ愛育病院なんかでもそうでしたけれども、病院ストが日本の歴史上はじめて起るわけです。それが起って、社会的にも耳目を揺るがすわけです。当時の、朝日新聞夕刊が「今日のことば」のコラムで「病院ストの次は社会事業のストライキではないか」というふうなことが書かれました。その二年後に、愛隣会ストライキが起りました。高度経済成長に入った時代です。

最低基準の改訂にも参画
中央行政に与えた影響

その時にはじめて最低基準の改定をやるわけです。中央児童審議会がとりあげるのです。これの作業部会的なところに、当時、松島先生が中児審の委員でしたけれども、大谷先生と私共が作業部会に入りまして色々策を出していったわけです。これが児童福祉研究の中に入っているわけです。

最低基準の改訂試案も初めて印刷にもなるということもあって、日本の厚生中央行政にもある程度影響を与えたということが実質的にあったと思います。

関東全域から全児研へと

さらに、全養協活動をより動かしていった。また、東児研活動が起ってきたことに刺激されて、隣の神奈川県で〝神児研〟が起るわけです。それがさらに埼玉に拡がり、それから関東地域に拡がっていくんです。

桜井　毎年、周辺の仲間に呼びかけて、合同研究会を開くまでに発展していくわけですね。

渡辺　一都二県から三県とかね。

丹下　最初、東京と神奈川だけで、それが一都三県、四県となり、やがて一都六県までいったのかな。

長谷川　というようなことで、私は、東児研活動が影響を与えていくと同時に、横にも仲間を作りだしていくというふうなことになっていき、それが全児研という所まで拡大をしていくわけです。こんな影響も一面にあってか、養問研活動が昭和四〇年代の初め頃から始まっていくわけです。

このように、東児研の誕生とその後の活動が、日本の特に従事者の研究活動、あるいは組織活動にかなり大きな波及効果を与えたということを、東児研の歴史の上では大きく評価していいことではないかなと思います。

渡辺　大谷さんが、たまたまアメリカからお帰りになって、第一回目の話が朝日新聞の伊藤さんの話で、国際的な視野にたたれた若き研究者であると同時に、丹下さんもおっしゃっているように、当時の福祉の担い手である若者は有能であると同時に、国際的感覚までもって全国の福祉の先頭に立っていたといえます。

丹下さんが、養護施設から他の社会福祉界に栄転されたのはいつ頃でしたか。丹羽先生の所に移られて、外からみた養護福祉、児童福祉というものに対しての、当時の思い出はありませんか。

老人福祉・心身福祉の原点としての児童福祉

丹下　移ったのは三五年でした。けど、私が児童を離れて他の施設に移ったということは、決して児童の方を見放したわけではありません。

問題は、次から次に新しく大きく出てくるんです。少し方向を変えてみようかな、と思ったわけです。具体的には賛育会に行ったんですが。

国民皆保険制度が浸透しはじめてきて、今までのように、家族で病気になった老人の面倒をみるという条件が整わなくなってきた。これを何とかしなければいけないじゃないか。そういう特殊な老人ホームを作ろうかというのが初仕事でした。

つまり、特養の第一号です。

渡辺　児童の専門家である先生が、老人の特養第一号を作るべく努力企画された。かつて、東京都育成課長の岡崎さん、鳴海さん、我々の仲間であった万野さんとか、児童の専門家ともいえるような人がどんどん老人問題の担い手になっていくんですね。

子どもと老人の問題というのは、両極端の福祉の姿のようだけれども、これからの高齢化社会を支えていくのは今の子どもたちで、二一世紀は、この支え手になるんだという意味では、児童の問題に深い理解をもった人が、老人の問題にもかかわっていくということに意義を感じるんですが。

丹下　それは、浴風会に老人ホームがあるでしょう。そこにおられた芦沢先生が言われたんです。あえて芦沢先生も児童の仕事をされて老人の仕事に移られたんです。先生は「やっぱり、君、児童の仕事もやっておかないと、老人の仕事はできないんだよ」と。渡辺先生が言われたように、児童の仕事をやって十分将来の担い手としての児童を理解し、その福祉をはかると同時に老人の福祉を図っていくというように、色々な仕事を経験している方がいいと思います。

僕は、その上に病院の経験もあるものだから、老人ホームの医療的な面も多少分るということで得をしていますけれどもね。

渡辺　福祉、保険、医療と三位一体じゃなければいけないという意味では、非常にいいキャリアをおもちなんですね。

桜井さんは、精神薄弱施設の関係で、大変責任のあるお立場をおもちになっておられるようですね。何かご意見ございませんか。

桜井　私が児童を離れたのは三六年なんです。その頃は、後藤先生の八時間労働とか通勤制の問題とか、色々目新しい問題が話題になっていましたが、各施設にそれが浸透していなかったということです。

二四時間に近い勤務体制の中でつづけていたのですが、三六年に、結婚するにあたって辞めざるを得なかったんです。最初、神奈川の水上生活者の子どもたちを世話している養護施設でした。当時としては、通勤が可能、原則は守れないが十時間勤務、条件的にもよかったんです。その後、三九年に県立の精薄施設ができるというのでそこに移ったわけです。もちろん、公務員ですから転動はありますよ。

こうして、今までをみてきますと、児童が脚光を浴びた時代と、身体障害者が脚光を、老人福祉がクローズアップされる時代など、刹那的というのかそんなかんじですね。余り注目されない、福祉の分野についても、常に社会の関心をひきつけておきたいですね。自分にとって、以前の養護施設での経験が未だに生かされているということです。精薄、児童というものは、切り離しては考えられないんじゃないかなと思っています。

渡辺　東児研も東児従になり、今日に至るまで従事者会活動も活発に展開しているわけです。

先程申しあげましたように〝扉を開け〟とロマン・ロランの言葉をかりて、大谷先生が国際的感覚、また松島先生がもっと国際問題を土台において日本の福祉は考えるべきだ、と我々をご指導いただいたことも思いうかべ、尚、長谷川さんがおっしゃられましたように、職員の処遇改善というものが非常に大きな課題として、東児研が抱えて年次をえて三十有余年ですね。

さて、そろそろ現況の分析みたいなものに移り将来の課題に及んでいきたいと思います。その前に、これだけはぜひということがあれば簡単にふれていただきたいと思います。

長谷川　その前に、東児研が東児従になったでしょう。たしか、昭和三七年ですよね。渡辺先生が一番詳しくご存知と思うのですが。

その辺の経緯を……。

渡辺　私が、東児研最後の幹事長になり、村岡さんが副幹事長だったんですね。

全国の従事者研究組織懇談会を昭和三六年の全養協大会で

三六年、全養協大会が福島で行われた時のことを第五号誌にかいてあります。

「今年は、全国養護施設長研究協議会においても、初めて従事者研究組織連絡懇談会が開かれるなど」というふうに。

これは、当時の全養協の幹部の方達が、従事者組織の連絡懇談会を福島の大会のプログラムに持つことを認めてくれたんです。言ってみれば、当時の先輩がそろそろ従事者も組織をもったらどうだ、従事者も養護施設の担い手であるんだから、自分たちの身分保障とか、自分たちの若い意見もどんどん提起できる場を作ったらどうかという、ある意味での親心だったと思います。その親心をうけて、今、長谷川先生が言われたように、東児研が従事者会に略称〝東児従〟に移り変っていかれたんだと思います。

その頃の施設長会で「従事者に変ったら、全部強制的に職員は参加しなければいけないのか」というご質問があったわけです。その時、私は、全養大会の時の我々を励ましてくれた先輩たちのお気持に力を得て「そうです。ぜひ、全部の施設の職員の方がこの従事者会に参加してもらいたいのです。いわば、任意強制制です」という言葉を使って皆に笑われたことを覚えています。任意と強制全く相反することを繋げて、基本的には任意であるけれども、ぜひ皆さんには積極的に参加してもらいたいと申しあげたわけです。

この時に、当時の星美ホームの磯野シスター、あのカソリックの方達も積極的に賛成してくれたんです。あの後押しは、私には大きなエネルギーの素だったなと思いだします。

若者を育てた先輩達

当時の、松島全養会長から全国予算対策委員会の今井委員長の副をやれと仰せつかったのです。こうして、全児従の代表者が正式に委員の一名として加えていただき、本格的に活躍する場を与えられたのです。

今、つくづく思いますのは、私も長谷川さんも還暦をこえて頭が薄くなり、当時の諸先生を凌駕する年齢になったけど、果して、全国の指導的立場をやれと若者にお願いしきれるだろうか?、やっぱり思いきって登用された先輩たちの大いなる配慮、勇断、私達にはないなと思います。

東児研から東児従にうつり変ったのは、若者の大きな勢い、それ以上にそれを育てようとした、松島先生をはじめ大先輩の方々の、今後を見通してのある意味での親心であったと思います。こうした励ましの思いが東児従になり、今、福祉界のそれぞれの責任ある場を与えていただいているんだと思います。

長谷川　一部の人達からは相当警戒されたということは事実としてあったと思いますね。でも、司会者がおっしゃるように、かなり大乗的な立場にトップがなっていってくれたということが評価すべきことだと思います。

発展的解消した東児研 ―東児研から従事者会へ―

それと同時に、研究会ではいわゆる研究会でしかないと。やはり、ソーシャルアクションが必要だというふうなことから、従事者会という組織というふうにしようと。同時にそれは、労働組合でもないと。子どもの福祉をいつも考えながら、そして、我々の子どもの福祉を守っていく我々職員の身分をちゃんと安定したものにという、この辺のことが組合でもなければ研究会でもないという従事者会の一つの基本概念として捉えられていたと思います。

丹下 ちょうど病院で労働組合が盛んになり、ものすごい労働攻勢があった頃でした。それを先取りした形で、労働組合ではなく職員達の身分を保障する、労働条件を改善しようということで、スムーズに研究会から従事者の会に移したわけです。施設職員が過激に走らないように抑えることができた、この大きな働らきを立派に果されたと思うんです。やはり先見の明があったという点で高く評価されていいと思いますね。

桜井 この組織を進めるにあたって、松島先生、森先生たちのご理解ある力はもちろんですが、後藤さん、松岡さん、坂下さんそういった人たちの骨のある考え方、推進力が組織を活動化していったのが最大の理由と考えます。

坂下さんだったと思うんですけど、施設から出てきた職員がともかく息をぬけるところにしたいと〝サロン的雰囲気〟を呼びかけましたね。そうしながら何かを持ち帰ってもらいたいとね。そういう両面の繋がりで、はじめてお互いに手を携えてという意識が持てると。こういったものが、皆をひっぱる大きな要素だったんではないかと思います。

「児童福祉研究」誌発行も続けられて

丹下 ただ僕は、施設の保母さん達は交代に参加するわけですから、研究会の度に人が変るわけです。そういう対象者の捉え方が非常に難しかったですね。賽の河原に石を積むようなものだったんですね。研修の企画が、毎回同じようなことをくり返していてどうなるんだろうというような苦労話もあったと記憶していますね。

渡辺 サロン的ムードを作ってくれた坂下さん長谷川さん、星野さんもいましたね。他、五号ぐらいになると米川さん、斉藤さんたちが編集の責任をもっていただきました。鈴木さんは最初からいまだに頑張ってくれています。

いま、第二〇号を迎えるにあたって、その時代時代の方に、お力をいただいているんですが、すばらしいことだと思います。

長谷川　いつも下積みの仕事を引受けてくださった鈴木美都子先生の力が卓越して大きいですよ。

渡辺　東京都社会福祉協議会児童部会などの組織を影でバックアップしてくれた社協職員の方たちに、お力添えをいただいた面も大きいと思います。

児童部会のつづく限り、児童福祉のある限り、研究誌としての長い歴史を綴り通すのではないかと思いますが、こうした縁の下の力持ちになって頑張る、こういう力は、ぜひこれからも切れることなく続けてもらいたい願いをもっております。

いま、養護施設に求められるものは

桜井さんが言われたように、ある時は児童の時代、ある時は保育の時代、ある時は国際障害者年で、国も東京都も力を入れた時代と移り変って、今まさに、超高齢化社会を二一世紀に迎えることによって、中心的課題は推移してきました。

超高齢化社会を迎える今の時代としての児童福祉の今日的あり方、若干の批判、反省も含めて桜井さんから、今の現状的な児童福祉への警戒でもいいし、何やっているんだというお叱りでも結構です。

桜井　色々な時代があったけど、養護施設は、かなり地道に一貫してとりくんできているということはすばらしいと思います。

それぞれの問題というものは、たとえ、日の目をみても、みなくともなくなるわけではなく、むしろ、それに付随した色々の問題が出てきているわけです。民営養護施設には、これからも、もっと地域に根ざしてとりくんでもらいたいと思うんです。自立援助ホームとか、養育家庭制度などね。

まだまだ社会では、無関心の方が多いので、こういう活動をのばして啓蒙してほしいんですよ。

渡辺　老人問題のリーダーとして、二一世紀の超高齢化社会に向けて、児童福祉はこうあらねばならないぞ、というような先輩としてのご注文はありませんか。

丹下　そんなおそれ多いことはいえないけれども、いまふり返ってみて、僕が幸運だったと思っているのは、戦後、児童の問題がものすごい勢いで増えてきて大きくとりあげられた時に児童の現場にいた。だんだん、世の中が落ちついて、今度は老人の問題が徐々に上り坂になった時は、その現場にいたということです。

今、老人の問題がクローズアップしている一方で、養護施設の方は定員割れなど難しい経営をされている現実がありますね。こういうふうに、世の中の社会情勢に応じて、重点施策が移り変っていくというのは自然だと思っています。

ある施設が計画しているように、老人ホームと養護施設の併設という、同じ建物の中で児童と老人の相乗的福祉をはかるようなやり方ができないものか。児童と老人両方が処遇されるような施設のあり方を検討することがあってもいいような気がします。

もう一つは、ノーマライゼーションです。福祉の対象者すべてが、その地域の中で生活確保ができるようなシステムが必要になってくるのではないかというようなことを考えるわけです。

渡辺　かつて、松島先生、大谷先生、長谷川先生が施設の運営をコッテージではじめようと。第三号誌には「家庭的処遇の発展をめざして」というテーマでパネル討議をしています。東児研は、こうして三〇年代のはじめから問題を提起して検討していますが。

老人の処遇にも、家庭的は……というのか、個別化というのか、老人処遇のよりよいあり方が考えられているんですね。

丹下　大きな設備で、大勢をお世話して、より効率的をという管理方法もあるんでしょうけど、今は、一軒の家を借りて、そこに四、五人が入り、そして自分たちで生活していくというふうなプライベートに家庭的な〝老人の家〟的なものだそうです。

将来的に、どっちがよりいいのかということになってくると、行政的な施策がどの程度にかかわってくるのか。国側の立場では、増大する対象者への対応が、いかに可能かということが最大のポイントだと思いますよ。

高齢者福祉に喰われる養護施設

渡辺　人間性の尊重というか、それぞれの年代の方達のもっている個人的な権利を尊重する思想は、福祉のどんな現場でも全く同じだということですね。

丹下　家庭学校そのものの生いたちは、まさしく家庭養護、明治の時代から先覚者によってはじめられているんです。それに対して、大きな施設を作って大勢の方々を処遇するというのは近代的な行政施策のようです。

渡辺　最近は、東社協でも権利擁護センターができる。しかし、児童権利条約は批准されませんでしたね。

こんな現状をふまえて、地域福祉、在宅福祉、市民福祉そういうものと児童福祉の立場について色々とお考えがおありでしょうけど、どう把握しておられるか、長谷川先生、お願いします。

丹下　自立援助ホームのことなどとかみ合せて聞かせてください。

長谷川　総論的にいわせていただくと、社会的弱者、その最たるものが子どもだと思うんです。話がちょっと飛躍するようですけれども、少女売春のための仕事なども本当に日が当っていないなと思います。

いずれにせよ、社会的弱者といわれる人たちの問題への対策というのは、非常におくれている。丹下先生を前にして恐縮なんですけれども、高齢者福祉の問題は選挙の票に結びつきますからね。

丹下　それはありますね。

長谷川　議員も市長もそうですね。ところが同じ子どもの問題でも、保育園の問題とは違って、養護施設や乳児院の子どもたちの問題というのは、本当にマイノリティでしょう。

だから、これにはなかなか陽が当らない。しかも、前からよく申しあげていますけど、社会福祉、社会保障に国が、或いは自治体が投じきれる予算の大きさというのは、自ずと枠が狭っていると思います。すると、刻一刻と高齢者はふえていく、そうなると福祉予算の切り方の問題、そこで一番しわよせを披るのが、我が養護施設なのではないだろうか。

丹下　大分悲劇的なことになってきましたね。

東児研は一貫して子ども中心主義だった

長谷川　ということを大前提にしながら。

私は、子どもの人権という視点をもう一度我々がきちっと基本的な考え方においとかなければいけないのではないか。

東児研の活動を回顧しますと、職員の福祉ということも主張していたけれども、中心に流れていたのは対象者中心主義、子ども中心主義があったと思うんです。このことは、これからも永遠に変らない理念ではないだろうか。また、そうでなければいけないと。

人間味豊かな専門性
もっとチャレンジを

それを基本にしながら、今、お話があったように対象児童の質、並びにその背後にある家族の質が著しく変ってきています。これに対応するには我々が、より専門的な技術を身につけていかなければいけない。その根底にあるのは、人間愛、児童愛だろうと思うんです。どんなに在宅福祉が進んでも、入所施設の役割というのは依然として大きく存在する。

ただそこに期待されるのは、より専門性の高いものである。専門性というのは、決して技術的な問題ではなくて、より人間的な暖かみのあるものというのが常に問われているのではないか。そのことを実現していくためには、今の制度が余りにも遅れています。

権利条約の批准を機に、これが少しでも前進すればな、という願いをもつんです。国は、国内法は一切改正をしない。新しい予算措置も講じないということを閣議決定しちゃっているわけで、大変に不満です。

こんな状況の下で、最も、我々が考えなければいけないのは、子どものために、もっと戦う精神をもつべきではないか。今は、余りにも体制順応的なことになっちゃっています。

東児研で、我々がやっていた時というのは、時の行政権力にかなりチャレンジをしていたと思うんです。そのことで私は、後藤先生の通勤制主張に対しては、かなり反発をしましたし意見の食い違いもありました。でも、彼とも飲めないお酒を一緒に飲んで勉強させてもらったり、共に行政に要求したりしました。

とにかく、人間的には、非常に同志的な共感関係を持ちえましたよ。いまの若い人たちは、果してそういう所があるのかな、というそんな感じがするんです。ですから、子どものために、もっと我々が強くならなきゃいけないのではないか。

子どもの人権は、やはり社会的な正義の実現、それを実現する裏付けというのを我々が本当の意味で子どもを愛する実践、これなんだと思うんです。

この辺を、今の若い人たちには、特に理解してもらいたいし、東児研時代の、その後の歩みの中で流れているもの、それが時には細くなったりもしているんですけど、この脈絡をもう一度大きく燃えあがらせてもらいたいと思います。

渡辺　確かに「児童福祉研究」は、一号から二〇号までの間に途中休憩はありましたけれども、いつも持っていたものは、曰く児童中心主義である。曰く、国際的視野にたった感覚の養成である。曰く、従事者の働き甲斐のある職場づくりに、もっとはっきりしたものを作るべきである。

これは、賃金の問題も労働条件の問題も含めてそして、先輩が若者の育つ姿を非常に大きく支えてくださった。その歴史の中で、いみじくも長谷川さんが、今の若者に対してもう一つよく頑張っているがもうちょっと頑張ってくれないか。もう一つこういう所に目を向けてくれないかという点はよくわかるような気がします。

ただ、ご反論申しあげるつもりは毛頭ないんだけれども、やはり、松島先生等が先輩の立場で私たちの言っていること、していることをみた時に、その当時の若者の発想は心配もあったと思うんです。それでも、若者の発想を上手に吸いあげてくださったということを大変感謝の気持で思いだすわけです。

松島先生から学ぶもの
—我々を応援する時いつも先頭に—

松島先生が「朝日新聞福祉賞」をいただいて、若き従事者の研究育成のために奨励金をおよせいただいています。昭和五二年でしたか。それからずっと続いているわけです。

私たちも、いま、若干のくい違いがあったとしても上手に、実践家として若者を育てていく、という責任は、先輩に負けずに持たなければいけないな、と思うんです。

最近、注目されてきた地域の子育て支援対策なんですけど、一般市民は、養護施設に期待しているのではありませんか。しかし、これを考える時、児童相談の受け皿としての児童相談所、ひいては行政サイドの力が大きいですね。

東児研時代の諸先輩、特に松島先生がリーダーの核になっていただいて実現した、公私格差是正制度をはじめ、東京都など予算的にも大きくご理解いただきバックアップしてくれています。

行政と民間、このタイアップなくしては、今後の色々な施策も日の目をみていかないと思うんです。

行政側と民間施設は一体になって
—スキーバスの思い出も—

丹下　行政側の理解ということで思い出したけど、東児研が発足直後スキーツアーを計画したことがありましたね。

中村文さんという係長、秋場さんたちがいて、色々の要求を快よくのんでくれたんです。養護施設職員のスキー訓練とか研修とか、と名目をつけて。

こういうことが、東児研の結束に非常に大きな力になったと思うんです。

桜井　一番最初は、東児研にではなかったと思うけど。ともかく、施設調和の研修ということで予算を分けて、バスを水増しし、片方無料にしてもらったんですよね。

渡辺　あの頃は、小倉さん、中村さん、こわかった難波さんとか佐藤さん、みな、東児研の仲間でした。秋場さんなど、もじ通り東児研幹部さんの一人で協力してくれましたね。

本当に、行政も民間施設も一体になって、子どもの福祉をどのように護り育てていこうかと汲々として頑張っていましたね。

桜井　神奈川に行って感じたんですけど、東京の児童部会は公立施設も全部入っていましたね。でも、神奈川は分けてあるんですよ。神児研は民間だけというような感じでした。もちろん、公立も枠は入っているんですけど、その数は大変少ないんです。

長谷川　児童部会も、はじめの頃は都立も全部入っていたし、乳児院も一緒だったでしょう。帳簿も全部一緒だったわけだけれども、それがだんだん分化していっちゃったわけですね。公立は、どちらかというと公私格差がはじまってから、はなれていったと思います。

渡辺　予算要求の運動が活発化すればするほど、公立は入り難くなったのですね。でも、今でも、石神井の園長さんは、歴代委員になってくださっていますよ。

東児研時代ほどではないけれども、公立も民間と歩調を合わせようという努力はしてくださっています。

丹下　老人も同じですよ。公的な施設も、みな会員にはなっているんです。

渡辺　大谷先生がアメリカから帰っていらした東児研時代から、諸外国、特に先進諸国との交流を深めて大切にしていました。

これから益々大切な発展途上国との交流・連帯

でも当時は、他に平本先生、山崎先生などがおでかけになるくらいだった。いまは、資生堂社会福祉事業財団、SＯSの佐々木さんの基金とか色々な手だてがあったり、外国からも応援してくれるなど、一般化してきたんです。

日本の責任において、欧米だけでなく、発展途上国との交流を、グローバルな児童福祉という面でお話いただきたいんですが。

丹下　そうですね。先進国のあり方など、どんどん吸収するということももちろんなんだろうけど。

大谷先生がとりくんでいらっしゃるCCF、基督教児童福祉会のような形での、後進国児童への働きかけは本当に立派なお仕事ですね。

東南アジアの子どもたちに対して、日本がどういうふうな貢献ができるか、CCFほどのことは到底無理だとしても、もう少し考えていったらどうかな、と思いますね。

渡辺　先日の、松島先生の米寿記念会の時に「子どもと共に生きる」という題のお話を伺いました。

地球上のすべての子どもと共に生きる感覚をもちたい、そのためにはすべての国の子どもの問題を理解すべきだと。理解するためにはまず知らなければいけないと。知るためには、余裕があったら出かけて行って、共に手を携えて地球上の全ての子どものために努力する。もし、我々にそういう力があるならば、大いに発揮すべきだと思います。

長谷川　かなり色々な人が行っているけれどもみんな単発ですね。連絡、連携、共有するということが非常に欠けているな、というのが、今後の研究会活動の一つの課題でしょうね。

もう一つ、私は「養護施設三〇年」などの編集を、丹野さんと一緒にやっていた時に感じたんです。戦後の社会福祉を新しく構築していく中で、行政の人たちが随分働いてくれました。あの人たちが子どもの問題については、自分たちが誤った戦争で、多くの子どもたちを犠牲にしてしまったという贖罪感をもっておられました。我々も戦災孤児の救済、ということでは、そういう気持があった。

今は、アジアの人たちのことを考える時に、あるいは中近東でもそうだけれども、我々が第二次世界大戦後、戦争で直接あの人たちに対して傷をつけなかったけれども、経済侵略をしてしまっているんです。

今、日本が世界の中で、エコノミックアニマルといわれているような実態が、特にアジア地域、中近東にあるわけで、こういったような視点を一面で持ちながら、我々が今、何をすべきかということを考えてもよいのではないか。

もう一つは、何か貢献をするということも大事なんだけれども、実際には、こういうアジアの人の交流の中で、逆に我々が学ばされることがものすごくありますよね。

共に生きるとは学び合うこと

松島が、子どもと共に、といっているのは、実は子どもから学ばされることが大変多いという。同じことを、やっぱり私は、アジアの方から教えられることがものすごくある。こういうふうな人間理解に対する我々の謙虚な姿勢、これがやっぱり非常に大事なんじゃないかな、と。

渡辺　今のお話を聞いていて、四十数年前の戦争で東南アジアの国々には大きな迷惑をかけ、被害を与えています。でも、あれは戦争だからしようがないとか、いうことで許されることではありません。戦争の責任、経済的に迷惑をかけているなど謙虚に知って、松島先生のおっしゃる、こちらがただ教えるだけでなく、教わるんだという姿勢をもちつづけたいと思います。

まさに、松島先生の〝共に生きる、共生のお話〟はその辺まで理解していかないと、先生の意をくみとったことにはならないんじゃないかと思うんです。

桜井　今の若い人たちの一人一人は、意識的に持っているんですよ。

長谷川　だけど、片一方では、日本はアメリカと戦争したんですか？なんて質問したりするんです。

桜井　でも、何かした人、何かしようという気持はあるわけです。

ただ、これが組織的、計画的に連帯というふうになりきれないんですね。うちの職場でも、海外青年協力隊で三人ほど一辺に、一昨年退職されたことがありました。

丹下　休職でなくて退職なの？

桜井　公務員の場合は、有給で休むということもできるんですが、それもふりきって、ともかく向うへ！という気持らしいです。

渡辺　若者も頑張っているわけだね。

人間愛のアクションを

桜井　そうなんです。この根底にある意識をもっとひきだし、伸ばすように何らかの働きかけが必要なんでしょうね。

福祉についても、年々かなりの人が施設にとびこんでくる、だけど、途中で目移りしたり、挫折しちゃって離職するかもしれない。そういうことがないように育てるということも、我々先輩としての役割かな、と思いますね。

渡辺　今、東京都副知事が四人いらっしゃるでしょう。その中の一人金平さんは、杉浦基金のスタートに偉大な力をおかしくださったし、また、長い間我々を指導してくださった福祉界のオーソリティーだと思っています。筆頭副知事の牧野さんは、縫田民生局長時代の公私格差是正制度を検討する時の企画課長ですからね。都民福祉の向上には、こうした有能な行政マンの時代を先取りする施策の実行が大事なんですね。

ただ、これからは、いつも行政に対する要望だけでなくて、施設の古参的な立場にあるものが、いかに若者をそういう行政と現場のタイアップの中で生かしていくか。そのためには、まず我々が行政とうまくタイアップしていかねばいけないんだろう、果していけたかな、反省も含めて責任を感じますね。

丹下さん、長谷川さんもう一言ずつお願いします。

丹下　先程、長谷川さんが言われたような日本人の贖罪感ももちろんだろうけど、根本的なものは人間愛であって、人間愛から生まれてくるものによって起こるアクションへ、そんな方向にもっていけないかな、と強く感じます。

渡辺　我々が大いに後押しして、どんどん若者に参加してもらえるように、ということですね。

丹下　ええ、我々は後押しですよ。若い人に積極的に出向いていってもらえるよう、企画する。そして、持ち帰ったものを、また思いきって活用しアクションを起していく。そういうふうに具体的に押し進めてゆくと、若い人たちもやる気を出してくるんではないかと期待しますね。

長谷川　我々が、そういうアクションをする。現地にいくと日本人が国内で使うものの一〇倍位の大変な効力が出るんです。

丹下　僕は、ライオンズクラブに関係したことがありますが、ここで集められたものを、定期的に、タイの小学校に寄付しているわけです。日本の金は、向うにもっていくと何十倍にもになってしまいますから。

渡辺　ソーマとおっしゃるお坊さんなんですけど、スリランカの方で日本の白梅学園短大を卒業し、いま、国の児童福祉を担っておられる方です、その方が時々、東京にみえる時、やっぱり同じ意見を伺います。

長谷川先生には、第二のテーマとも考えられるこれから益々難しくなるだろう子どもをうけると同時に、一般家庭の中にも存在している問題を、二一世紀に向けて、専門家集団としての養護施設の役割、心構えのようなものにふれながら、東児研から東児従、「児童福祉研究」も二十号発刊までこぎつけた中で、感じになっていることなどをお話しいただければと思います。

いま、日本の子どもは幸せでない
養護施設も新しい役割を

長谷川　私は、東児研が活動していた時代に比べて、いまの日本の子どもたちは幸せにはなっていないのではないか。確かに、経済的には恵まれているけれども、これは相対的に恵まれているということであって、貧困というのは別の相対的なことですから。現実に私の施設に、今も、まさかと思えるような、古典的な経済的貧困の経過を経て、入園してくる子どももいるわけです。

あるいは、虐待されてくる子どもたちもいる。特に児童虐待ということを我々はもっと大きな視野から捉えなければいけないのではないか。家庭で無視されている、という心理的な虐待です。こういったことまでも含めて、我々の児童福祉についての、特に子どもの権利を守るということについての視野をもっと広げなければ、あるいは、深めなければいけないということがあると思うんです。

そういう中で、今、特に日本の場合は学校の教育戦争が大変深刻な状態にあり、学校五日制がおそらく五年位先の時点では、完全週五日制が実施になるといわれています。こういう状況の中で、落ちこぼれていく子どもたちの問題というのはもっともっと深刻化する。そうなると、まさに養護施設の新しい出番があるわけです。

そのためにも、今から養護施設が力を蓄えていかなきゃいけない。今、トワイライトステイであるとか、ショートステイであるとか、不登校の子どもへの援助であるとかといったような、新しい地域福祉メニューを養護施設に期待をされているわけです。

やはり、この辺のところで、我々がもっと思い切った施設養護の現代における役割についての認識の発想の転換をしなければいけないのかもしれない。しかし、これは我々民間の資金力だけでやるにしては、非常に多額の経費を要します。私は全てを行政に依存するんじゃないけれども、行政も結局国民のために、都民のための行政なんですから。

実践しつつ、運動しつつ行政とのよりよい連けいを

東京都は確かに優秀な人たちが多いですけれども、現場をよく知っていただくためにも、行政の人たちとの連携をこれからは、もっと強めていかなければいけないのではないか。

それは我々が、ただ理論だけをいうのではなくて、実践を先駆的にでもしながら、それが行政で施策化されていく。これが、日本の社会福祉の発展過程ではいつもそうだったと思うんです。行政が施策化する二〇年前から実践がなされてきた、というのを一昔前に聞いたことがあります。

児童福祉にしても高齢者福祉にしても、現代は、もうちょっとテンポが短くなるはずですけれど、我々が実践しつつ運動する。それが、やはりよりよい行政との連携を作り出していくんじゃないか、そんなような思いなんです。

渡辺　本当はもっと先生方にコメントを加えていただいて、ご意見を解決していくように進行しなければいけなかったんですが。

最後に、長谷川先生が言われたように、戦後の物に恵まれなかった時代の福祉、その当時の子どもは、今の子どもよりも不幸だったといえるだろうか。

今、心情的に、心の問題とか、精神的な問題に大変恵まれていない子どもたちが、戦後の子どもより幸せだとはいい切れないものがあるとすればやはり、そういうものには、長谷川さんの話のように、もっともっと前向きに我々も実践をもって答えていかなければいけないし、また、その実践がしっかりふみしめた足跡として、残っていれば願わなくとも後輩は、必ずその足跡をもう一度ふみしめてくれる機会もあろうと思うので。

信頼をこめて若者に期待する――我々の足跡をふみしめて――

私たちは、ついて来いといわなくても、自分たちの実践がしっかりしていれば、二一世紀に福祉を支える若者たちは、必ずそのふみしめるべき足跡ならきちっとふみしめてくれるに違いないという信頼感をもって、今後の若者に大きく期待をします。

それぞれの方のお話にもあったように、我々も若者のつもりで、お互いにいるわけですから努力をつづけていきたいと思います。

今日は、二十号発刊にあたって、ひとつのけじめでございますので、東児研の発足当時からずっとご苦労いただき、児童福祉研究の編集にいつもお力ぞえをいただいたお三方に、お集まりいただいて、座談会という形で収録させていただきました。

お忙しい中、本当にありがとうございました。

（『児童福祉研究』20号　一九九二年十二月に掲載）

養護施設が地域の家庭の子育てを支援

――調布市・調布学園の子どもショートステイ事業――

核家族化や共働き家庭の一般化などにより、家庭の養育機能が低下し、これを支える社会的体制の充実が必要である。そうした子育て支援の一環として、親が病気や出産等で子どもの世話ができなくなった時、一時的に施設で子どもを養育するショートステイ制度が注目されている。養護施設の社会福祉法人六踏園・調布学園は、調布市の委託で平成四年度から子どものショートステイを実施している。先駆的な試みをしている同学園の渡辺茂雄学園長と指導員の石井義久さん、杉浦準一さんからお話をうかがった。

「社会に開かれた施設」をめざして

調布学園には親の長期入院など何らかの事情のために家庭の養育を受けられない二歳から十八歳の子どもたち百人近くが、六つの寮と二つの園外グループホームで暮らし、学校や幼稚園に通っている。こうした入所施設はとかく地域社会から孤立しがちであるが、調布学園は早くから園や地域の行事などを通じて地域との交流をはかり「社会に開かれた施設」への努力を続けてきた。

「どんぐり文庫」もそういう考えに立って運営されている。これは緑豊かな広い園内の一角にある小さな建物で、専任の職員がいる。玩具や絵本が置かれた部屋や前庭で大勢の幼児や小学生がにぎやかに遊ぶ。ここは学園入所児やショートステイの子が放課後を過ごす園内学童クラブであるとともに、近所の子も遊びにきている。

取材の日は、急病で入院したお母さんの回復を待つ母子家庭の姉弟と、兄の家庭内暴力の被害から逃れてきた小学生の女児の計三人がショートステイ中だった。彼らは入所児と共に寮で暮らし、通い慣れた小学校や保育園に通う。

部屋いっぱいに敷かれたレールにオモチャの電車を走らせる子どもたちから、歓声があがる。夕方になってむずかり始めた幼児を小学生の女児がなぐさめたり、小学生が幼児の手をひいて寮に帰っていく様子には、心温まるものがある。

ショートステイの専任職員は学園でベテランの石井さんと杉浦さん。

「従来は施設の社会化の一環として、映画会や子ども盆踊りなどでは出店を開いて地域に施設を開放するなど、イベント的な行事を中心に地域交流を行ってきました。しかし、共働き家庭が増えた現在、いざという時の支援を必要とする家庭が多いので、子どもショートステイは施設の社会化をさらに進めるとともに、地域住民のニーズに最も応える方法の一つであると思います。

昨年度十か月間で二歳から六歳まで九人の子を延べ百二十九日預かりました。原因は母親の病気入院や出産・流産など。利用した親たちはとても喜んでいました。〝困った時は学園に電話すればいいんですね〟と言われます」と石井さん。

「学園でとったアンケートでは〝近所にこのような施設があり、大変便利だった。今後はこのような施設が多くなるとよい〟という希望や、〝ショートステイでお友達になった子どもたちとこれからも交流したい〟という意見がありました。また、現在調布市の場合ショートステイの費用は食事等の実費だけが家庭の負担ですが、アンケートでは〝収入に応じて有料にしてもよいのではないか〟という意見もあり、今後の検討課題と思われます」と杉浦さん。

市民のニーズにあわせた福祉

「調布学園の子どもショートステイは、調布市がひとり親家庭等短期保護事業（定員五人）として予算を組み、事業を学園に委託したものです。

対象は、〝ひとり親家庭等〟となっていますが、単身赴任や職務多忙な父親をもつ家庭などもイザというときに困る状況は変わらないため、同様に扱います。専任職員が車で送迎するので、遠方の子も小学校や保育所を休まずにすむ。それが、市民から喜ばれる一因です。対象児は三歳から十二歳が原則ですが、事情によっては二歳児も受け入れる。兄弟で利用の申請があった場合、下の子はダメとは言えません。問題は乳児。乳児院に必要とされる看護婦が配置されていないので対応できません。今後の検討課題です。

期間は原則七日以内ですが、事情によっては一か月まで延長できる。親の病気が七日で治るとは限らず、現に一か月滞在する子もいる。また親の急病などの際には、市役所や福祉事務所が閉まっている週末や夜間に直接電話を受け、子どもを緊急保護することも必要です」と渡辺さん。

「子どもは、突然施設に来て環境が変わるため、緊張するし情緒不安定になる。ショートステイの場合は特に、短期間で子どもの気持ちをつかみ、安定した状態で生活できるようにしなければならない。このため手厚いフォローが必要です」と石井さん。

「調布学園では、ショートステイの子も学園入所児の子と一緒に生活寮で生活します。学園入所児と一緒に生活することは、子どもにとっても良い面があります。ショートステイ利用者の父母から〝調布学園のショートステイを利用して、施設のイメージが変わった。集団生活の中で、食べ物の好き嫌いがなくなったり着替えを自分でするようになった。生活の規律ができた〟と感謝されることもあります。ショートステイは、施設への理解を深めるきっかけにもなっています」と杉浦さん。

調布市の子どもショートステイ事業は市民にも喜ばれ、意義ある制度として定着しつつある。

子育てを支える社会体制の確立

「ショートステイ事業は、まだごく一部の区市で始まったばかりで、自治体によって、対象者の範囲・職員配置・費用負担などに若干の差がありますが、今後、利用実績を積み重ねるなかで、この制度がより充実、発展していくものと思います」と渡辺さん。

施設でのショートステイ制度は調布市のほか、二年度から中野区が区内の乳児院で始め、世田谷区、杉並区でも五年度からそれぞれ区内の施設に委託してスタートしたところである。

東京都児童福祉審議会は昨年十一月、子育て支援のための新たな児童福祉・母子保健施策のあり方について答申した。その中で、子育て相談・啓発と児童福祉施設の地域への開放を中心とする、地域における子育て支援ネットワークをつくる必要があるとし、その一環として、家庭の多様なニーズに応えるために、夕方から夜まで子どもを預かるトワイライトステイやショートステイ制度を創設することを提案している。

東京都はこれらをふまえて、平成五年度からショートステイ事業を実施していく区市町村を財政的に支援する。

健やかに子どもを生み育てる環境づくりは社会全体の問題として取り組まれつつある。

■子育て支援短期利用事業

児童を養育している家庭の保護者が、疾病や出産等により、一時的に家庭での養育が困難となった場合にその児童を養護施設等の児童福祉施設で、養育する事業である。

養育の期間は七日以内（やむを得ない事情があると区市町村長が認めた場合は、延長することができる）。実施主体は区市町村で、都と国が補助基準の三分の一ずつを補助する。

都は、平成五年度に調布市を含む三区市で実施する。

本事業を子育てセンター事業の一環として位置づけ、他の子育て支援関係施策と整合性のある発展を図っていく。

子育てセンター事業は次の四事業で構成される。①子育て支援地域活動事業　子育て支援関係機関の連携、連絡調整等、区市町村の子育て支援各事業の実施の円滑化を図る、②子育てセンター事業　保育所、児童館で保護者や子供自身からの相談に応じたり、講座の開催等の啓発活動を行う、③子育て支援短期利用事業、④保育所地域子育てモデル事業、子育てに関する相談に応じるとともに、地域の保育所間の連携等を行う。

（『社会福祉』８月号、一九九三年八月に掲載）

和歌

雅号・冬陽（渡邉茂雄）

子等のため養護に生きしと思いきて
　子たちに生かされしわれを今知り

大声で園長先生と子らの声
　疲れもとんで子ら抱きあげし

戦後の世生きるに苦しむ子らを見て
　生涯かけて子らと生きるを

調布学園卒園式にて若竹寮の子どもと
渡邉先生（前列左から４人目）

第三章　働き続けられる施設づくり

―児童養護施設と職員論―

❖第三章 解説

"One for all, all for one"

渡邉先生の施設運営に関する論文を読ませていただき、この言葉がふと浮かんできました。

「一人ひとりがみんなの福祉を考え、みんなは一人ひとりの福祉を考える」、「全ての職員で一人ひとりの子どもを守る」、そのようなお互いに立て合い助け合う福祉づくりを渡邉先生は目ざしていたのではないでしょうか。

本章では、施設管理者として多角的な視点での運営論が述べられています。

以下、先生の福祉家・宗教家としての視点から紹介いたします。

1、福祉家としての視点

「施設の運営は、経営主体・設置主体の利益のために存在しない。施設の運営は、対象者福祉サービスの向上を目的とし、そのために働く職員の生活・健康・意欲の保全に努めることに重点がおかれ、それを求めて、効率的な運営実践が進められるべきであるとも考える。」

（「養護をめぐる運営・管理と組織化」より）

①『子どもを守り・職員を守り・施設を守る』：この三位一体が大切であり、どれか一つに特化しての制度づくりや施設運営ではなく、その調和が重要であります。先生の論文は、経験則的・感覚的な評論ではなく、法的基盤にもとづくことと数的根拠を常に示されて論じられており、それを守るための土台づくりを整理・整備されていました。「永く働き続けられる職場づくり」はその上に成り立つものであるとも言えます。

②『地域との連携』：「連帯福祉観・共同体要素」と論文中に表現されています。戦後の復興期、飢えを凌ぐに大変だった当時から、近隣なくしては、施設養護が成り立たない、単なる地域とのつながりではない地域連携の視点は、地域に育てられた子どもとの多くの実体験によるものと拝察しています。

③『全責任は園長にある』：その言葉に救われた職員は多いのではないでしょうか。論文中にも「子どもの処遇にあたって、主役は保母であり、児童指導員である……」、「責任者は主役ではない、脇役を全うする中で、運営の責任をはたしていかなければならない。それが施設長。」という、二代理事長の遺訓を座右の銘に記され、その教えを胸に刻み施設の運営と養育を守ってこられました。職友（従事職員）を信頼していればこその言葉であることはまちがいないことでしょう。

2、宗教家としての視点

①『親の教え』：先生の運営感・養護感はたぶんにご本人の信仰信念と先代理事長の教えにあると思っています。天理の教えである『陽気ぐらし』という理念に合わせて、先生はいつも「親孝行」を口にされ、実行されていました。

『陽気ぐらし』は、子どもが喜ぶ姿をみて親の喜びとすることが根本であります。「施設長は、(中略)保母や児童指導員が子どもから慕われ、子どもの声に苦労を忘れている姿を見て、いっそうの喜びとし、楽しみとしなければならない」(「養護をめぐる運営・管理と組織化」より)と記され、親が安心し喜ぶ運営・制度は、施設が潤うことではなく、福祉を利用する人が幸福になること、それを支援する職員も幸福になること、先生はその信仰姿勢から福祉のあり方を示していただいてきたと思っています。

②『宗教者の施設運営』:「福祉事業に携わる施設の中には、宗教関係の団体が多いが、信仰の精神ゆえに労働と奉仕とを混同して、労務管理を疎んじられない様にしていただきたい」(「養護施設の労務管理について」より)とも明言され、宗教者であればこその人権尊重の大切さを示されました。

~ 職員の定着 養護に大切と 定めし道に まちがいはなし ~ (語らいうたより)

「永く働き続けられる職場づくり」をモットーに制度・施設運営づくりに奔走された先生の足跡をたどり、多くの気づきを得ることができます。「措置費の神様」と言われた先生ですが、それは神業ではなく、先生の実践内容は誠に幸せを願う人間味と親心にあふれた運営であったと振り返ることができるのではないでしょうか。

調布学園園長　遠田滋

養護施設の労務管理について

はじめに

現在の社会福祉事業が、過去の観念からいう、いわゆる慈善事業とは異り、戦後の日本が、専心力をつくしてきた、民主主義の精神を基として、国の義務としての福祉事業であり、養護施設においては、新しい理念によって、児童が、心身ともに健やかに育成され、愛護されるものでなければならない。

したがってこの事業に従事する職員に対しても当然近代的感覚を持った労務管理、人事管理によってその身分を保障され、個人を尊重され、安定した生活を営み得る給与を与えられねばなるまい。

しかるに、現今の児童収容施設において、種々の悪条件下とは言え、その近代的労務管理に関してはその不備なる点ははなはだしと申してはお叱りを受けるであろうか。その故に労基法違反事件等により、強制のメスを受けているのではないか。それらの問題を直視した時、単に政治の貧困とのみ片付け得ようか。よろしく施設経営管理者においても、その前近代的感覚を打破し、労務管理の適切な実施の必要性に目覚め、一般職員緒々一手一つ、もって児童福祉の向上に新しい歩みを踏み出すべきではあるまいか。

以下養護施設の労務管理について、問題となるべき、
勤務時間（労働時間）
休憩
休日・休暇
の三点について未熟ながら意見を申し述べ、皆様の御批判をそして御指導をいただきたい。

本論

問題の三点は、それを総括的にし労務管理全体を論じ、次のような観点から愚見を述べ、その中に主として三論点を取り上げていきたい。

1．養護施設における労務管理は、いかにあることが望ましいのであろう。
しかるに、
2．現況はどうであろうか。
そしてそれは、
3．何が支障となっているのであろうか。
はたしてその支障は解消し得るであろうか。ならば、
4．現在なすべきことは何であろうか。

他にも論議の筋はあろうと思うが、この部会においては、一応この線において、主論発表としたい。

1. 養護施設における労務管理はいかんにあるべきか

申すまでもなく労務管理の必要性は、それが福祉事業の発展に不可欠のものであることの理解が先決である。ともすると、社会福祉の事業は、労基法でしばられたのではとても遂行できない等と、労務管理の不必要性をうんぬんする人がみられるが、そんなことが前近代的だと言われるゆえんであろう。労務管理の不必要性を説く人があるからこそ、民主国家の日本では労基法が存在し、その必要性を法に依って教えているのである。

労務管理は、働く環境をよりよくし、もって経営管理者と従事者が緒に手を携え、事業の発展に努め、各、その利益を増伸していく必要性に立っているものに他ならない。

また、こんなことを聞く時もある。

「私の所では実にうまくいっているので労務管理なんか必要としませんよ」と。

まったく不思議な話である。施設長が理解の深い人で、労働条件が非常によくて、その経営がうまくいっているとしたならば、労務管理の適正な実施によってなお一層うまくいくのではあるまいか、案外、そのようなところに休日休暇の確実な実施が行なわれていないなどの問題は、唯に笑ってすまされないものがあろう。

とかく福祉の事業に携る施設の中には、宗教関係の団体が多いが、信仰の精神ゆえに労働と奉仕とを混同して、労務管理を疎んじられないようにしていただきたいものである。

どうぞ、施設の経営管理に当られる方々、労務管理の必要性とその適正なる実施によって、斯業（しぎょう）の発展に資するの大なるを、認識されんことを切にお願いいたしたい。

扨て、養護施設における労務管理はその考えに帰って、いかなる団体であろうとも、労務管理は労基法及びこれに関係する法にしたがって行なわれなければなるまい。

すなわち、法によれば、

使用者は労働契約の締結に際し、労働者に対して賃金、労働時間その他の労働条件を明示しなければならない（労基法第15条）。そしてその明示の方法は、常時一〇人以上の労働者を使用する事業においては、法で別に定められた就業規則を明示すればよいことになっている。

就業規則は組合が有る無いに関らず、一〇人以上の従事者のいる事業所では、これを作成して行政官庁に届けなければならないのである。組合のある所では、使用者の作成した就業規則に優先して、労使間の労働協約が結ばれているのが普通である。

就業規則は使用者が一方的に作成し得るものである。ただし、労基法の第90条にある労働者の意見聴取は尊重されたい。

この就業規則が労務管理の実施に当って、極めて重要な場を占めることは言うまでもなく、労務管理の第一歩が就業規則の作成と経営者、従事者双方がこれに誠意ある協力を見せることに始まると言っても過言ではあるまい。

ならば就業規則はどのように作られ、どのように実行されねばならないのであろうか。

このことに関しては、昨年の北海道大会において、若葉寮の後藤先生から詳細に説明されてあるので、その記録をご覧いただければ充分おわかりになると思う。大変貴重と思われるので、参考までに後記しておく。

就業規則作成に当たり、留意すべきことは、次のような事項であろう。

1. 労基法に違反することのないようにしなければならない。
2. 労基法は最底の基準を示したもの故に、これを上廻るように努力されたい。
3. 必ず記載しなければならない事項に関しては、できる限り具体的に定めなければならない。
4. 労基法の基準に関係なく従事者の人格を尊重するように考えていただきたい。
5. 現状の支障に迷わず、法にしたがって作成されたい。
6. 従事者の意見も充分加味して作成されたい。これは提出の際に従事者の過半数を代表するものの意見書を添付する必要があり、たとえ反対的意見であっても致し方ないが、実際には反対的意見が多くては実施は困難と思われるので、行政官庁としては調整されたものを望むであろう。

その他にも留意せねばならないこともあろうが、はじめにある通り、問題の三論点に主眼をおいて以下具体的に考察を進めていきたい。

(1) 労働時間

就業規則では必ず記載する事項として、重要なものである。

養護施設等児童収容に関係する福祉事業は労基法では、基発第695号により、「病者又は虚弱者の治療、看護その他保健衛生の事業」(第8条第13号)

として取り扱われる（例外として都立施設のように理事者と行政官庁との話し合いにより、「教育、研究又は調査の事業」（第8条第12項）として取り扱われるものもある。）

第8条第13号の事業ならば、その労働時間はどうあればよいのか。労働時間に関しては労基法第32条に次のように定められている。使用者は、労働者に休憩時間を除き、一日について八時間、一週間について48時間を超えて、労働させてはならない。

2．使用者は就業規則その他により、四週間を平均し一週間の労働時間が48時間を超えない定をした場合においては、その定により前項の規定にかかわらず、特定の日において八時間又は特定の週において48時間を超えて労働させる事ができる。

この定めを第13号の事業については、労基法施行規則第27条で、

使用者は法第8条（中間略）第13号（中間略）の事業にあっては、法第32条第1項の規定にかかわらず、一日について9時間、一週間について54時間まで労働させることができる。

2　使用者は、四週間を平均して一日の労働時間が9時間、一週間の労働時間が54時間を超えない定をした場合には、前項の規定にかかわらず、その定によって労働させることができる。この場合において、法第8条第13号の事業の場合を除き、一日について11時間を超える定をしてはならない。

すなわち、第8条第13号の事業ならば、四週間を平均して、一日の労働時間が9時間、一週間の労働時間が54時間を超えなければ、一日何時間労働をさせる定をしてもよいと言うことになる。

この労働時間に関しては、拘束時間から休憩時間を引いたものと言うことが基本となっている。この所が、福祉事業における労務管理が、使用者の深い理解を特に必要とする所以（ゆえん）である。すなわち作業の

種類によっては、当然24時間拘束を余儀なくされ、しかも休憩がきわめて曖昧に考えられやすいため、労働時間の規定が困難となり、理解が与えられなければ、労基法には違反しなくても、非常に苛酷な労働を強いる結果に陥いる。これは労基法以上の問題となるのではなかろうか。

労働時間に関しての解釈を次のようには考えられないものだろうか。

養護施設において児童と起居を共にする職員（指導員、保母及びこれに属する職種）の労働時間は、起床時より就寝時に至る拘束時間より、自由利用の休憩時間を除き、法に定められた一日9時間、一週間54時間とする。

また、所定の労働時間を超えて勤務する場合男子職員においては、労基法第36条に、

使用者は当該事業場に、労働者の過半数で組織する労働組合がある場合においてはその労働組合、労働者の過半数で組織する労働組合がない場合においては労働者の過半数を代表する者との書面による協定をし、これを行政官庁に届け出た場合においては、第32条若しくは第40条の労働時間又は前条の休日に関する規定にかかわらず、その協定で定めるところによって、労働時間を延長し、又は休日に労働させることができる（以下略）

の条項によって、協約ができて届け出てあれば、特に時間に制限がなく超過して労働させ得る。しかし女子職員（18才以上）には、労基法第61条で、

使用者は、満18才以上の女子については第36条の協定による場合においても一日について2時間、一週間について6時間、一年について１５０時間を超えて時間外労働をさせ、又は休日に労働させてはならない。（以下略）

とあり、時間外の勤務は協約ができて、届け出てあれば認められはするが、時間には制限がある。そしていかなる場合でも時間外労働については割増賃金が支払われなければならない。即ち労基法第37条に、

使用者が第33条若しくは前条の規定によって労働時間を延長し、若しくは休日に労働させた場合又は午後10時から午前5時（（ ）内略）までの間において労働させた場合においては、その時間又はその日の労働については、通常の労働時間又は労働日の賃金の計算額の2割5分以上の率で計算した割増賃金を支払わなければならない。

2　前項の割増賃金の基礎となる賃金には家族手当、通勤手当その他命令で定める賃金は算入しない。

と規定されてある。

この時間外勤務とそれに対する超過勤務手当の問題が、民間児童収容施設において頭を悩まし、国に対しても声を大にして要求したい事項ではなかろうか。

そこで超過勤務に関しての解釈を次のようには考えられないものだろうか。

養護施設における職員の時間外労働については時差出勤、交替勤務等による他仕事の内容を科学的に合理化して極力規定された制限内に留めるか、または無くすべく努力を重ね、その超過勤務手当については、規定通り支給するよう、内にも外にも力つくし、特に保母については、

1．寝具衣類整備、洗濯、給食等の作業の合理化、専門化を計り

2．夜尿児の世話も充分考慮し

3．休日､休憩を増加することにより一週間6時間の時間外勤務に留める。一年１５０時間の制限についても、充分調整しその遵守に努力する。

以上が労働時間に対する、こうあるべきと思われる概要であるが、もちろんその作業内容の検討が必要であることは言を待たず、その件に関しては後述したい。

（2）休憩

これもまた、就業規則中必ず記載する事項として扱われている。

およそいかなる仕事においても、緊張弛緩は欠くべからざる要素で、緊張の連続に仕事の成果は望むべくもない。休憩の必要は労基法ならずとも異論はあるまい。

休憩に関しては労基法第34条に、

使用者は、労働時間が6時間を超える場合においては少くとも45分、8時間を超える場合においては少くとも1時間の休憩時間を労働時間の途中に与えなければならない。

2．前項の休憩時間は、一っせいに与えなければならない。ただし、行政官庁の許可を受けた場合においては、この限りでない。

3．使用者は第1項の休憩時間を自由に利用させなければならない。

とある。ここでも第8条第13号の事業として労基法施行規則第31条に、

法第8条（中略）第13号（中略）の事業については、法34条第2項の規定はこれを適用しない。

とあり、また同規則第33条に、

法第34条第3項の規定は、次の各号の1に該当する労働者については適用しない。
1．略
2．乳児院、養護施設、精神薄弱児施設、盲ろうあ児施設、虚弱児施設及び肢体不自由児施設に勤務する職員で児童と起居をともにする者
2　前項第2号に掲げる労働者を使用する使用者は、その員数、収容する児童数及び勤務の態様について様式第13号の2によって、予め所轄労働基準監督署長の許可を受けなければならない。
とある。その他に労基法第41条にこの章及び第6章で定める労働時間、休憩及び休日に関する規定は、次の各号の1に該当する労働者については適用しない。
1．略
2．事業の種類にかかわらず監督若しくは管理の地位にある者又は機密の事務を取り扱う者
3．監督又は断続的労働に従事する者で使用者が行政官庁の許可を受けた者
と言う規定があるが、保母、指導員の勤務の状態を第3項の断続勤務として扱うことに関して行政官庁としては次のような見解を持っている。
1．断続勤務とは休憩時間と手待時間の概ね折半程度のものを言う。
2．休憩時間は勿論、手待時間に置いても緊張度の少ないものであること。
3．保母の仕事は内容の詳細を調べなければはっきり言えないが、概ね第3項には該当しない。
4．確実なる点は、労働基準監督署の指示によられたい。
その勤務状態は断続的であっても、この条項の該当として、労働時間、休憩時間休日に関する規定か

ら除外はされまい。

この休憩に関しては、労基法は実に寛大であると同時に、ややもすると、大変な間違いを起すことにもなりかねない。すなわち養護施設においては、特に幼児施設を除いては、その休憩時間の量的には、事欠かないだけのものも定め得ようが、その自由利用の除外について、充分配慮されないと、人権問題まで及ぶおそれがあろう。これについて行政官庁では次のようにあって欲しいと言っていた。

1. 休憩時間は明示することが原則となっているので、特殊事情があっても、この原則にしたがって休憩時間を具体的に明示することが望ましい。
2. 自由利用の除外となっているが、休憩時間の総てが自由利用できないとの定めは避けられたい。
3. 少くとも睡眠時間は解放されたい。それには、宿直制もしくは交替制を考えられたい。
4. 休憩と軽作業とを混合せぬよう留意されたい。
5. 実質的に休憩が休憩になるよう配慮されたい。
6. 休憩時間になされる従事者の自主的労働についても、それが事業遂行に必要なものならば、勤務として取り扱うことが望ましい。

以上の事項をまとめて、休憩に関しては、次のように考えたい。

養護施設における職員の休憩時間は、児童と起居をともにする職員と、しからざる職員とに分けて考え、児童と起居をともにする職員（指導員、保母、その他これに類する職員）にあっては、次のようにありたい。

1. 断続勤務の時間表を一週間について、協議作成し、その休憩時間を明示する。

2. 対象児童の年令差等による勤務内容の軽重(特に休憩時間の多少)は交替勤務助手助勤等によって考慮する。
3. 休憩時間の効果ある活用について、従事者の努力に協力する。
4. 完全解放の私生活の時間も、公休日以外に可能な限り与える。
5. 住込み職員でも夜は最低隔日程度の、宿直制を実施する。
6. 休憩は成果への投資である。過重労働は非能率の第一歩であるとは考えられなかろうか。

一方、児童と起居をともにせざる職員（書記、栄養士、看護婦、調理師、その他これに類する職員)にあっては、次のようにありたい。

1. 作業の開始・終了・及び休憩の時間を明示する。
2. 作業の種類によって、やむを得ず、断続勤務の形をとる時にあっても、その休憩時間は完全に自由利用させる。
3. 夜間は宿直以外拘束をしない。

でき得れば指導員もこの考えのもとに休憩を与えられないだろうか。

(3) 休日・休暇

休暇と離しては考えられない事項であり、もちろん就業規則中に必ず記載しなければならない。

まず（休日について)。

昔から就職にあたって、その条件としてすぐ口に出ることは、

イ　給料

ロ　休日

のことではなかろうか。休日については、特にその回数の多いことが、労働条件の良いと言うことにつながるとさえ考えられてはいなかっただろうか。今でも、私は就職した施設出身児童の会話に休日のことがすぐ出てくることを体験している。

「君の所は1ヵ月4回休めるのかい」

「1ヵ月4回じゃないよ　1週間に1回だよ」

「どっちだって同じ(おんな)じゃないか」

「ちがうよ」

「とにかくいいなア　僕の所じゃ月2回さ　うらやましいなア」

こんなことは就職する前から解っていることでも、実際よく話されることではあるまいか。

労基法では休日について第35条に

使用者は、労働者に対して毎週少くとも1回の休日を与えなければならない。

2 前項の規定は、四週間を通じ4日以上の休日を与える使用者については適しない。

とあり、更に行政解釈として

1. 毎週1回とは日曜日から土曜日までの1週1回の意である。

2. 休日とは暦日の午前零時から午後 12時までをいう（以下略）

3. 休日を特定することは、就業規則の趣旨に沿うものである。特定すればそれが休日であるから、それを振替えるためには予め一定の条件のもとに、変更する旨、就業規則に定めておかなければならない。

4．略

と示されてある。

一週一回の公休日を与えることは、論ずる必要もないと思う。現在は更に、一週一日半、もしくは二回の休日を与えるべきではなかろうかとさえ論ぜられている時代である。

昔からの懐しい言葉に、土曜日を〝半ドン〟と言うが、古くから一週一日半の休日は、ある社会では実施されている。単なる模倣で言うのではなく、養護施設における勤務が不規則に超過しやすいものである故に、休日の増加は必要ではあるまいか。

なお、国民の祝日については習慣により休日とすることが望ましいが、労基法には、特に定めはない。これは施設独自の考え方から特定の休日として取扱い得る範囲でなされて然るべきではなかろうか。年末年始についても、同ように考えてよいのではないか。

以上休日については、就業規則中に次のように定められてはいかがであろうか。

1．週一日

2．（可能ならば）国民の祝日

3．（可能ならば）年末年始 12月〇日より正月〇日まで

4．その他特定休日（創立記念日等）

休日について留意すべき事項で、とかく間違われやすいことを述べれば、次のごとくである。

1. 振替休日と代休の誤り

前に行政解釈として記してある通り、規定による休日は予め一定の条件のもとに変更する旨、就業規則に定めておいた場合少なくとも定休日の前日までにその定休日を次の定休日までの一週間の某日に振替えることを通告した時に振替休日として取扱われる。たとえば、月曜日を公休日とされた職員が施設の都合により、月曜日出勤を命ぜられる時は、前日の日曜日までに「来週は月曜が公休日なんだが、都合により水曜日に振替えるから」と通告した時に、振替休日となる。もしこれを怠るとその日は休日出勤となり、休日出勤の割増賃金を支払う責任が生ずる。そしてその場合、休日出勤の慰労として与えられるのが代休であって、これは、休日出勤の割増賃金を支払うなら必要ではないことになる。

簡単に言うならば、就業規則中に振替休日の件につき明記することと、諸事情で休日変更を余儀なくされた場合は、代休の言葉を用いず、振替休日の言葉を用いると言うことである。もちろん、通告諒解は必要である。

2. 休日の自由利用

休憩時間は、自由利用除外の適用があるが休日は、完全に自由利用させなければならない。もし休日を自由利用させない時はこれに相当する割増賃金を支払わなければならない。

休日は実質的に一日、すなわち24時間与えなければならないので、朝8時まで勤務した後休日とするならば、明朝8時までを自由利用の休日としなければならないということである。

次に（休暇について）

休暇には労基法で定められた休暇と労働条件上あることの望ましい休暇と、他にこれに類する休業等を規定すべきではあるまいか。労基法で定められた休暇及びこれに類する休業としては、

1. 年次有給休暇
2. 女子の生理休暇
3. 産前産後の休業
4. 業務上の負傷病によるときの休業
5. 公民権行使の保障

等があり、規定することの望ましい休暇もしくはこれに類する休業としては

1. 結婚による休暇
2. 配偶者の分娩による休暇
3. 親族死亡による休暇
4. 天災地変、伝染病等による休業

またこれとは別に休暇の規定等がある。今ここで休暇として取り上げたいのは、主として年次有給休暇についてであり、他の休暇については、法的な問題、望ましい方向等の概要を述べるに留めたい。

年次有給休暇については、労基法第39条に、

使用者は、一年間継続勤務し全労働日の8割以上出勤した労働者に対して、継続し、又は分割した6労働日の有給休暇を与えなければならない。

2 使用者は、二年以上継続勤務した労働者に対しては、一年を超える継続勤務年数一年について、

前項の休暇に一労働日を加算した有給休暇を与えなければならない。ただし、この場合において総日数が二〇日を超える日数については有給休暇を与えることを要しない。

3　使用者は、前2項の規定による有給休暇を労働者の請求する時期に与えなければならない。ただし、請求された時期に有給休暇を与えることが事業の正常な運営を妨げる場合においては、他の時期にこれを与えることができる。

4　使用者は、第1項又は第2項の規定による有給休暇の期間については、就業規則その他で定めるところにより、平均賃金又は所定労働時間労働した場合に支払われる通常の賃金を支払わなければならない。（以下略）

5　労働者が業務上負傷し、又は疾病にかかり療養のために休業した期間及び産前産後の女子が第65条の規定によって休業した期間は、第1項の規定の適用について、これを出勤したものとみなす。

とある。又行政解釈として、

1．2．略

3．継続勤務とは、在籍期間をいうから、応召期間等も通算される。

4．「全労働日」とは所定休日を除いた所定労働日の意である。従って休日労働の日は含まれない（中略）使用者の責に帰すべき事由による休業の日は「全労働日」から除外する。

5．出勤の計算につき、前年度の有給休暇は出勤したものとみなされる。

6．他の時期に振替えたら「事由消滅後能う限り速やかに休暇を与えなければならない」

7．8．略

9．法定以上の休日と年次有給休暇との繰替えは違法ではない。
10．略
11．休職期間中は年次有給休暇を請求する余地がない。
12．13．略

と説明してある。1年間365日から週1回の休日を差引くと、概ね313日前後となりその2割の欠勤といえば、60日以上となり普通勤務の状態から考えると、全労働日の8割以上出勤の頃にはほとんど全員が該当するのではなかろうか。また、法的には勤続1年未満の職員に対して、有給休暇を与える必要はないが、その場合においても、勤続した月数によって、有給休暇を与えることが望ましい。

有給休暇を与えるについて問題となる点は、次のような事項であろう。

1．休暇が継続してなされる場合の交替の職員のないこと。
2．交替の職員が在っても、職種から考えて、対象児童に好ましからざる影響があろうと思われること。
3．職員数の手いっぱいのことから、他の職員の労働過重が極端になること。

等、考えられはするが、その点は施設経営管理者の努力ある理解によって解決されたいものである。更に有給休暇に関して意を留めたらよいと思われる点は、

1．国民の祝日は実質的に休暇となし得ない場合が多く、これを有給休暇に加算せられてはどうか。
2．有給休暇の出勤の計算には歴年、会計年、その他の年度が定めによって明示しておくこと。
3．施設の事情によって異るが、その有給休暇の日数と勤続年数の関係は明確に定めておくこと。
4．年度内に消化しなかった有給休暇についても、その処理方法を定めておいた方がよい。

次に有給休暇につき具体案を示すが、よろしく考察の上、各施設独自の最善規定を定めおかれたい。

1. 年次有給休暇は四月一日より始まり、勤続年数に対する休暇日数は次の表により翌年三月三一日までの間に与える。

3月31日に於ける勤続年（月）数	有給休暇日数
0月〜 2月	5
2月〜 4月	6
4月〜 6月	7
6月〜 8月	8
8月〜10月	9
10月〜 1年	10
1年〜 2年	11
2年〜 3年	12
3年〜 4年	13
4年〜 5年	14
5年〜 6年	15
6年〜 7年	16
7年〜 8年	17
8年〜 9年	18
9年〜10年	19
10年〜11年	20

以上　未満

2. 中途採用者については、次の表により年度末（三月三一日）までの間に与える。

採用した月日	有給休暇日数
1月　1日以後	0
12月　31日以前	1
10月　31日以前	2
8月　31日以前	3
6月　30日以前	4

3．年次有給休暇は職員の請求する時期に与える。やむを得ざる場合を除き、その請求は一週間以前にすること。
4．職員の請求された時期に、有給休暇を与えることが、事業の正常な運営に支障をきたす時は、他の時期に振替えることがある。
5．期末において有給休暇に残余のあるものについては、協議により、次の中よりその処理の方法を選ぶこととする。
イ　翌年度年次有給休暇日数に加算する。
ロ　平均賃金により計算し、手当として支給する。
ハ　イ、ロ、双方による。
その他の休暇について概要を述べれば次の通りである。
(女子の生理休暇)
労基法第六七条に、
使用者は、生理日の就業が著しく困難な女子又は生理に有害な業務に従事する女子が生理休暇を請求したときは、その者を就業させてはならない。
2．略
とあり、そして行政解釈として、
1．生理日の就業が著しく困難かどうかについては、生理休暇の質的確保のため、「医師の診断書のような厳格な証明を求めることなく、一応事実を推断せしめるに定れば充分であるから、たとえば同僚の証言程度の簡単な証明によらしめる」ようにすること。
2．略
とある。養護施設においては、生理に有害な業務（女年規則11条）はおよそないと思われるので、生理休暇に関しては、
生理日の就業が著しく困難な女子が生理休暇を請求した場合はこれを与える。
程度に規定されれば、最善と思われる。むしろこの定めよりも、日頃の話し合い等により、生理日の休憩、作業の選択等を自由意志により調整し得る許可を与えるような考慮が払われればと思う。
（産前産後の休業）
労基法第六五条に、
使用者は、六週間以内に出産する予定の女子が休業を請求した場合においては、その者を就業させてはならない。
2．使用者は、産後六週間を経過しない女子を就業させてはならない。ただし産後五週間を経過した女子が請求した場合において、その者について医師が支障がないと認めた業務に就かせることは、差し支えない。
3．使用者は、妊娠中の女子が請求した場合においては、他の軽易な業務に転換させなければならない。
とあり、行政解釈として
1．出産とは「妊娠四ヵ月以上（一ヵ月は二八日として計算する）の分娩とし、生産のみならず死産も含む。

2．六五条三項は原則として女子が請求した業務に転換させる趣旨である。と説明されてある。また、労基法第19条で、

使用者は労働者が業務上負傷し、又は疾病にかかり療養のために休業する期間及びその後三〇日間並びに産前産後の女子が第六五条の規定によって休業する期間及びその後三〇日間は、解雇してはならない。（以下略）

と解雇制限が規定されており、産前産後の休暇の故には解雇することはできない。

（業務上の負傷病によるときの休業）

労基法第8章災害補償に規定されてある。養護施設においても、その規定にしたがって実施されることはもちろんであるが、今ここでは詳細な説明は御容赦いただき概要として、

業務上の負傷病によるときは医師（施設の指定したものであってよい）の証明によりその期間中の休暇を与える。

との規定をすべきであるとのことに留めたい。

（結婚による休暇）

特に法に定めはないが、慶事の故にも五日ぐらいの休暇は許可されるべきで、もちろん給で差し支えあるまい。

（配偶者の分娩による休暇）

これについても同じであろう。一週間ぐらいの休暇を与えることが望ましいのではなかろうか。

（親族死亡による休暇）

これも慣習として当然休暇を与えるべきであろう。その日数は死亡した者と職員との続柄によって異るが、父母、子供、配偶者で一週間、以下四親等（従兄弟姉妹）程度までに五日間から一週間ぐらいの休暇を与える定めがあってもよかろう。

なおその他の休暇等については後記参考資料により諒解されたい。

以上が養護施設における労務管理はいかんにあるべきかについて、主として、労働時間・休憩・休日、休暇の三論点に対する愚見であるが、尚就業規則作成にあたり重要なものとして、初任給、昇給の問題を含む給与規定等充分論議の必要を認められるものがあるが。それらに関しては後日にゆずることとしたい。

2. 養護施設における労務管理の現況

いままで述べた点は、養護施設における労務管理のこうありたいものとしての論述であるが、しかるにかえりみて現在の養護施設における労務管理の状況はどうであろうか。

もちろん、完全なものであるわけがなく、大いに改良努力の余地のあることは、衆人の認めるところではあろうが、はたしてどの程度なのであろうか。いささかならず、資料の不足をお詫び申さねばならないが、その点は各位の賢明に頼り、要点の把握をねがうものである。

まず全般的にみて、就業規則の有無に関しては、行政官庁の所見として、

「就業規則の作成、届出は13年前に規定されたものであるが、残念ながら社会福祉事業関係の施設につ

いては、その届出は多くを聞かない。これは作成実施の段階にはあるも、その法規の、完全理解の指導不行届と事業の特殊性によって、届出の手続末了と見たい。今後の努力を要望したい」とある。

先般の東京都児童福祉施設研究会における調査の結果から推測しても、この言は実に同情的な言であるといわざるを得まい。東児研（前述研究会の略称）においてなされた調査は主として給与に関する事項のために、給与規定の有無の結果が出たのみで就業規則については推測の域を脱しないが、おおむねその線を把握し得るものとして数値を発表すれば、次の通りである（上表）。

ただし、この調査は「施設における指導員、保母の役割を果すにはどうしたらよいか」と題するパネルディスカッション形式の研究討論会における調査であって、1施設より2人以上出席のものも含めてあるので、給与規定ありの解答の率は、全般を見るより高くなっているのではなかろうか。「わからない」「答なし」は略「ない」と同ように解釈が許されると思う。これから推測することの是非はともかくとして、これによっても、就業規則のある施設は、おおむね4割程度であって、その届出完了は更に下廻るとみねばなるまい。

これだけの結果から、全国的な状況をうんぬんしたのでは大変叱られるかもしれないが、前の行政官庁の言とも相まって、相当の遅れを認めざるを得ないのではなかろうか。

以下ここでも労働時間、休憩、休日・休暇を主として、その実態を考察していきたい。

給与規定の有無

	数	%
総数	47	100.0
ある	19	40.4
ない	7	14.9
わからない	13	27.7
答 なし	8	17.0

（1）労働時間

ここでは、次の資料から抜粋して、実態を考えさせていただく。

1.（A）社会福祉事業従事者実態調査
　昭和30年　東社協

2.（B）児童福祉施設職員の作業に関する研究
　昭和32年　神奈川県　神社協

3.（C）児童収容施設指導員保母の実態調査（中間報告）
　昭和35年 東児研

4.（D）調布学園における職員の勤務時間
　昭和35年　調布学園

それぞれ特色を持ち、年度も異なるため、結果は必ずしも同一でないが、その推移実態についても、相当の価値ありと思う。

まず、総体的にみて職種別の一日平均の勤務時間を表にしてみた。

ただし、職種の取り上げ方に差があるので大別して、施設長・指導員・保母・書記・栄養士・雇用員とし、書記の中に事務員・主事を含め雇用員の中に給食係・雑役・看護婦を含める。

ただし平均値の算出は算術計算でやったのでその調査の真意を乱していたらお許しいただきたい。なお調布学園の勤務時間は寮内休憩及び休憩に近い状態を除外した。

それぞれの調査から考えられることは、

	A（東社協）		B	C	D
	福祉事業全体	養護施設	(神奈川)	(東児研)	(調布学園)
施設長	8.6		9.5		
指導員	9.0		11.3	11.7	9.5
保母	9.4	10.5	11.9	12.4	9.4
書記	8.4		9.9		
栄養士			7.9		8.0
雇用員	8.7		11.2		8.1

1. 保母、指導員を除いては、今少しの努力によって、1日9時間勤務の実施が実現し得よう。

2. 保母、指導員の勤務時間については、9時間勤務の実現には、なお相当の困難が伴い、ある施設においては、無理とさえ思われる点がある。

次いで勤務内容について職種別にみればせっかくの調査をこのようなまとめ方にするのは申しわけないが、この表から感じられたことは養護施設の勤務型態の特徴として、職務内容の範囲が広く、複雑化していることであろう。

そして、すべての職員について、男子は指導員的な傾向を持ち、女子は保母的な傾向を持つのもまた必然なのかもしれない。

			事務	養護	給食	保健衛生	掃除	出張	会議	応接	研究	雑務	1日平均勤務時間
施設長	男		18.8%	21.8%	2.0%	2.1%	1.0%	20.5%	4.7%	11.0%	2.5%	17.6%	9時44分
	女		13.5	42.6	2	2.1	3	7.1	2.8	7.6	3.5	15.8	8.54
指導員	男		10.9	49.8	1.7	3.5	6.4	9.3	2	1.6	1.3	13.5	11.38
	女		4.6	60.6	3.6	2.4	7.2	3.7	1.6	3.3	1.6	11.4	9.5
	職業指導員			91.4		0.6	4.3		2.7			1	7.04
保母	年齢層による区分 7歳未満	取扱児童×7.5	0.5	70.1	7.9	5.5	9.7	0.6	1.4	0.5	0.4	3.4	11.14
	12歳未満学童	人 11.3	0.5	67.7	7.4	3.1	12	1.3	1.5	0.8	0.6	5.1	12.12
	11歳以上	人 13.0	0.9	65.1	12.4	2.1	10.8	1.5	1.2	0.4	0.6	5	11.26
	各年齢を混ぜて組分け	人 14.9	1.3	63.9	15.1	2	9.2	1	0.4	1.2	2.2	3.7	11.55
書記	男	101名以上	81.2	0.2		0.6	3.7	6.9	1.2	1.5		4.7	8.42
		51名以上	59	11.3	0.1	0.5	4.3	9.2	5.5	0.5	2	7.5	10.54
		50名以下	29.8	15.6	1		11.8	7.5	3.2	1.5	1.2	28.4	10.55
	女		47.6	16.8	10.8	0.9	9.6	5.8	0.7	3.5	0.4	3.9	9.28
看護婦			20.7	18.6	3.3	33.2	1.3	13.1	8.5	1.3			11.21
栄養士				2	96.4							1.6	7.54
雇用人			2.2	14.7	58.3	0.8	4.3	0.7	1.1	0.3	0.8	16.8	11.07

			1	2	3
施設長	男		養護	出張	事務
施設長	女		養護	雑務	事務
指導員	男		養護	雑務	事務
指導員	女		養護	雑務	
指導員	職業指導員		養護		
保母	年齢層による区分	7歳未満	養護	掃除	
保母	年齢層による区分	12歳未満学童	養護	掃除	
保母	年齢層による区分	11歳以上	養護	給食	掃除
保母	各年齢を混ぜて区分け		養護	給食	
書記	男	101名 以上	事務		
書記	男	51名 以上	事務	養護	
書記	男	50名 以下	事務	雑務	養護
書記	女		事務	養護	給食
看護婦			保健	事務	養護
栄養士			給食		
雇用人			給食	雑務	養護

最近専門職化の問題が起きているが、この表から見て現在では、101名以上定員の施設における男子書記と栄養士にそれがみられる。職業別に1日の勤務内容として1割以上の時間を要する仕事の中より高率の仕事を順次選んでみると、(上記の表)となる。

これから略、主なる仕事の内容がわかる。ただし雇用人にあっては同一人の仕事の内容が給食、雑務、養護となるのではなく、最近の傾向が給食専門の雇用員が多くなったとみるべきだと説明されている。

勤務時間と職務の専門化については、種々論議の余地が多いが、当然充分考慮されるべき問題だと思う。

調布学園の勤務時間並びに割振りについては、後記資料を参考にしていただきたい。

勤務時間、勤務内容については概ね以上であるが、なお詳細には神奈川の調査をご覧いただければ大変参考となると思う。

(2) 休憩

休憩については、実態を教えられる調査統計が少なく、充分に考察を与えることのできないのは残念だが、各施設の実状を考えられて、現況の概要を認識されたい。

ここでは、調布学園における実態を発表して、ご批判いただければと思う。

まず昨年一〇月末職員会議により改訂され、承認された各職種の勤務時間表を掲げる。

日曜日、土曜日その他特殊な日の日課については、協議の上で定める。

炊事係員・雇用員は交替制のため実際には八時間勤務となっている。

休憩中は日直者のみ勤務(事実上児童在室舎中は完全な休憩はできない)

職員寮一棟四室及び各寮に職員私室五室がある。休憩中は自室で休憩することが原則となっている。

休憩の一番不規則なのは、幼児寮である。幼児担当は2名であるので、適宜交替して、休憩することになっているが、実際には交替休憩はなかなかむずかしい模様である。

休憩時間中の外出は無断でなければよいとしてある。

9時間勤務の実施にあたって、特に保母の職務の補助として、洗濯、被服補修専門の雇用員を増加して、保母がそのために要する時間の削減をはかった。

保母は給食に関しては、給食会議における献立表の作成と配膳の援助と、児童食事の指導のみあたることになっている。すなわち職務内容の検討は、実質的な休憩の根本の問題として取扱ってきた。

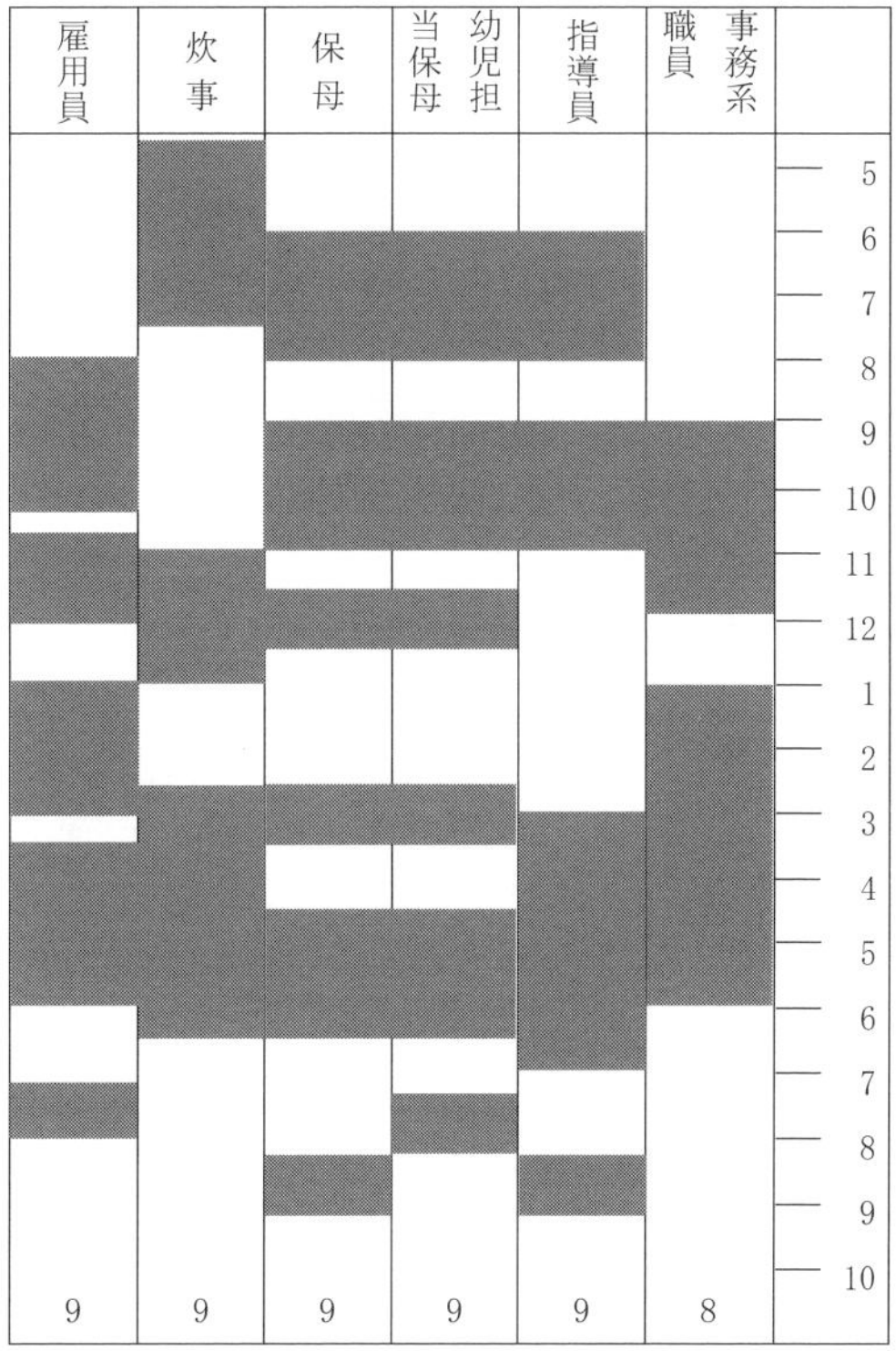

しかし、現状としてはまだまだ完全休憩にはほど遠いが、最近は、職員の自由意志による児童の余暇指導については休憩にあらずとして取り扱う点に一考を要するのではないかとの声が大きくなってきた。

　この休憩の問題は勤務時間とともに、施設の型態、(大舎制・小舎制) 収容定員の多少職員数等により、同一に論ずることはできないが、その現況としては労務管理の見地からして未しと言わざるを得ぬのが実態ではなかろうか。

（3）休日・休暇

休日・休暇の実態について、その種類等の関係から詳細に説明し得ないのが残念であるが、他の有識の調査研究によられ、現況把握をお願いしたい。

ただ、ここに述べ得るのは、幸い前記調査中、神奈川においてなされたものの中に「総作業量及び休日」の章があるので、その中より抜粋させていただく。

すなわち各職種別平均勤務日数として、次表のごとく、とある。また「各職種共二八日を若干上廻っている。しかもこの中には賜暇、欠勤等により勤務日数が二〇日以下の者も若干あり、全体として二五日以下のものが二三名もあったので、これらの要素を考えると月間平均勤務日数はより高いものとなる。更にこれを逆の観点即ち、職員の休日という面からみると、休日数に対する職種別の実人員は左の表に示されたとおりである。」（調査報告中の説明文のまま）とある。

実際の規定としては休日があっても事実上休めない実態がよくわかる。

また昨年東京都において実施された指導調査の結果の中に休日休暇について次の通りに報告されてあった。

職　種	平均勤務日数
施　設　長	日 28.33
児童指導員	28.48
保　　　母	28.06
書　　　記	28.05
雇　用　人	28.17

調査日　10 月
総日数　31 日

職種＼休日数	0	1	2	3	4	5	6以上
施設長	2	3	4	1	0	0	2
児童指導員	3	6	12	5	1	2	3
保　　母	16	17	25	17	9	6	14
書　　記	1	4	4	4	2	2	2
雇　用　人	2	4	3	3	1	3	2
計	24	34	48	30	13	13	23

ただしこの表は実際の休日・休暇数ではなくその規定による休日数、有給休暇数である。さらに、うがった見方をすれば指導検査用の数であるかもしれない。これは大変失礼な見方ではあるが、もしこれが真実の数としたならば、休日については非常に進歩しているとみることができ、喜ばしい限りである。

さて、この休日休暇に関しては、概要として次のように実態を考えることができる

年次有給休暇	施設数	%／65
制度化されていない	21	32.3
10日以内	19	29.2
11日～15日	10	15.4
16日～20日	15	23.1
平均日数	12.8	100.0

4週間あたりの休日数	施設数	%／65
1　日	1	1.6
2　日	5	7.7
3　日	7	10.7
4　日	52	80.0
平均休日数	3.7日	100.0

と思う。

すなわち、

○休日実施の必要性は法規のいかんにかかわらず認められ、さらに何らかの形で、規定されてあるがその完全実施は諸般の事情によって、まだほど遠いものがある。

○有給休暇に就いては、制度化されてある所においても、休日同様、完全利用は大分低いと思わざるを得ない。

○その他の休暇については、まだ制度化促進の段階ではなかろうか。

労働時間、休憩、休日・休暇についての実態は以上であるが、労務管理全般についても、概ね同様のことがいえると思う。

すなわち、退職に関する諸事項、給与に関する諸事項等、重要な面において、ほとんどが今後の改善を望む段階ではなかろうか。そしてその多くが、規定の必要性を論ずることは了え、制度化の困難と、さらに実施の至難において、ほとんどあきらめに近いものを持っているといったところであろう。

ならば、何ゆえに他事業において、大いに進められつつある労務管理が、斯業（しぎょう）において是（か）くまで困難なのであろうか。次いでその支障となっている何ものかについて考えてみたい。

3、労務管理の実施にあたり、支障となっているものは何か

第一に考えられる点は経済的な面であろう。労務管理に関して経済面で考えられるのは、現員現給制の問題と民間施設において事務費として支出し得る、私的財源の問題であろう。これについては昨年の上栗先生のご説明を思い浮べていただきたい。あれから一年国としての改善は何ら聞くところがない。したがって昨年の問題点が、現在もやはり問題の個所であることは当然で、年とともに変わる。世情の動きと、必然的に生じる昇給の問題に関しては、一層深刻さを増したと言えよう。

現員現給制が労務管理の適正実施にあたり支障となっている点、特に労働時間・休憩休日休暇に及ぼす影響については、次のように答えられよう。

○正当な超過勤務手当の支給は全然不可能である。一日平均2時間の時間外勤務を考えた時年間五〇〇時間を超えよう。

平均給与の本俸を八、〇〇〇円と考えても、年間必要とする超過勤務手当の額は約二二、〇〇〇円となる。とても及びもつかない。

労基法違反など眼中におかず、とても考えなければ処理はできまい。

○現員現給制の基準となっている最低基準すら守られていない。これについて、上栗先生の言をかりれば、

「現員現給制では設定計算に際して（一対一〇の中に）職業指導員が加えられていること、又、「一〇名につき一人以上とする」とあるのに事実上、算定に際してはこの「以上」を無視していること」とある。

適正な労務管理を実施せしめようとする意志を国がお持ちならば、まず最低基準を改善すべきではなかろうか。そして改善された最低基準によって意味のある現員現給制が実施されて欲しい。

最低基準と労働基準ともに国の定めた法律ではあるが、実質的に受入れない点がある。このことは事業本来の使命である福祉の向上にも大いに関係があるのでこれを考えてみたい。

最低基準で問題になる点は、第68条の職員の定数についてであろう。

現在の最低基準は昭和23年12月29日に発令されたもので、その当時の社会状勢とその当時の児童福祉の認識によって立案されたものであるから、あれから一〇有余年、もうそろそろ根本的な改訂が必要なのではあるまいか。

児童養護の科学的な面から考えても人間的な面から考えても、児童に直接ふれる職員は保母であらねばならないと思う。(これは大いに議論の余地があるかも知れないが）すなわち現在の「児童指導員及び保母の総数は、通じて概ね児童一〇人につき一人以上」とあるのを、児童指導員と保母とを分けて考え、「保母の数は、児童一〇人につき一人以上」と規定されるのが最低だと思う。労務管理の問題を離れ、児童との愛情の問題、子供を理解し、よりよきポール（ママ）をつけてゆくためにもこの点を強調したい。

そして児童指導員についてはそこに専門職化を高めてゆきたい。加えて女子の児童指導員の増加をはかり、その定数も二〇人に一人以上を要しよう。

書記・雇用員については、最低基準中にその定数は明記してないが、厚生省の通知の「収容施設措置費国庫負担金の交付基準」のもととなる職員定数表をのせれば、次の通りである。そしてそれからその定数が、労務管理の適正な実施に果して可能な数か考えていただければ、ここにその支障たるゆえんを見出せよう。

規模別／職員	150人収容	100人収容	50人収容	80人収容	30人収容
施設長	1	1	1	1	1 児童指導員の兼務もす
児童指導員保母・職業指導員	15	10	8	5	3
書記	2	1	1	1	1
嘱託医	1	1	1	1	1
雇用人	5	4	3	3	2
計	24	17	14	11	8

限度設定はこの表によってなされる。

書記に関しては150名未満1名という点は書記ならずとも苛酷を嘆こう。少くとも100名未満1名、100名以上2名の書記がいなくては、現在の事務処理は困難と思われる。

雇用人については、保母の臨時交替も考えて、大いに考慮を望む点であろう。

栄養士も必置の定員として認めてよいのではなかろうか。この限度設定の基準を引き上げぬことには勤務時間の9時間、休憩の自由利用、休日、休暇の確実な施行は、とうてい行なわれまい。

最後に民間施設におけるその補いとなし得る私的財源の少ないことも、大いに労務管理の実施に関係あることを思い、経済的な支障から離れて次の問題にふれたい。

それは、施設経営管理者の、労務管理適正実施に対する意欲である。これの欠如が支障となってはおるまいか。

種々の条件がきわめて悪く、その意欲を殺すことについては、全くもっともと言いたいが、このための後退は決してプラスとはならない。このことは各位に向って叫びたいと言うより、むしろ、私自身このことに何よりも増して積極的な意欲を持たねばと、自省しているしだいである。全て事を処するに、意欲の欠除は、スタート以前の敗北を意味し、最も戒めねばなるまい。

一例として勤務時間について考えるならば、私の施設でこんなことがあった。

大分以前のことだが、勤務時間を成文化して一日九時間としようではないかとの話が出た時のことである。

理事である園長も、私も当時はこんなふうに考えてなかなか発足し得なかった。それは、

○学園の職員で労働条件をうんぬんしている職員はいないではないか。それは、とりもなおさず、現状に満足と思われることではなかろうか。

○最近（当時）の実態を見て、九時間では仕事ができるわけがない。

○当然超過勤務となるのだが、超過勤務手当等とても望めるものではない。

○たとえ職員が超勤手当を請求しなくても、きっと将来問題となるにちがいない。

○もし仮に九時間労働を成文化させたところで、実際多くの休憩時間が休憩になるだろうか、極めて疑問である。

○もし本当に休憩と言うことにして、児童福祉の事業が遂行できるだろうか。

真剣に討議した内容が記録に残っている。だからくだらない問題をわざわざまきおこすことはあるまいと言うことで、その話が消滅しかけた。その頃ちょうど夏のことであったが、子供の意見（作文とし

て）を偶然知ってせっかく出た話を無にしてしまうことの愚を悟り、園長に相談した。その時の考えが次のようなものであった。

「職員と園長の話し合いでことが運ばれるならたとえ、規定に反しても、職員の苦情は出まい。それが建設のための努力なら、失敗大いに結構ではないか」と。

きっかけとなった子供の作文は、前に東児研の通信に発表したことがある。これなどがまったく意識の問題であると思う。

何事も一足躍（と）びにうまくいくものではない、まして、多くの障害をかかえた問題だけに一朝一夕に成果を求める愚は誰もとるまい。多年蓄積の結果に喜びを見出そうではないか。

不可能な問題として、

必要を急がぬ問題として、

信念の一致を認め得ないとして、

労務管理を片付けるようなことは、断じてあってはならない。

また大変むずかしい問題として辟易（へきえき）することもないようにして欲しい。一施設一事業の問題ではなく、社会福祉事業全体の問題なのだから互いに扶（たす）け合い、研究し合っていくべきであろう。

私の所でもその点、各位の御力に頼る所、大なるものがある。

結論として、労務管理の実施には幾多の障害はあっても、その故に逡巡（しゅんじゅん）することがあってはならない、と言いたい。

よって養護施設として現在なすべき労務管理への努力はまず実施するということから始められねばならない。これは、実施することに、即、完全合法をのぞむというのではなく、それに向うスタートだということである。

4. 現在何をなすべきか

先般の東児研で行った調査においても、実施することの意義有ることが歴然としている。

左の表をご覧いただきたい。

さて、実施するにあたり、単に直線的な努力でことを運んでできるほど簡単なものではないことは充分承知のことだが、ならばどんな考慮を要しよう、それについて、このようにしたらよいのではないかと思われる点を述べてみたい。

1、実施の方法について就業規則の作成について充分話し合いをし、職員全員の理解を求めよう

2、実施の要領として、決して、無理な急ぎ方はやめよう。

即ち、何段階かに分けて

・休日（週休）の確実な実施

・勤務時間を超過する限界の設定（たとえば一日九時間の

指　導　員

勤務時間指定の有無	数	平　均 規定時間	平　均 実働時間
ある ない	7 8	9.3	10.8 12.4

保　　母

勤務時間指定の有無	数	平　均 規定時間	平　均 実働時間
ある ない	12 15	9.0	11.12 13.3

規定から三時間以上超えない工夫というようなこと）
・そして、その超過時間を次第に少くするよう努力して、九時間に至らしめる
・休憩も除々に自由利用を可能ならしめてゆく
のように時間をかけて完全実施に努力しよう
3、そしてその間に労務管理の実質的な研究もし
4、民間施設として施設独自の財源も着実に考えていかねばなるまい
5、この事業が国や都の委託事業であるからと言っても、法的な全責任は施設長にあるということを
忘れず
・予算対策にも大いに意識をたかめ、真剣に手段を考えよう
・現員現給制、事務費の限度設定基礎等の改善に声を大にしよう
・最低基準の改正も要請しよう
・都道府県当局にも、独自の予算対策に一層の尽力を要請しよう
つくすべきところに、つくすべき手段をつくして行なわねばならない
6、施設運営に関して科学的な能率的な合理化を考えよう
・難かしいことだが職員の質の向上にはもっと力をつくすべきである
・基準定数以外の職員の雇用についても、充分考慮する必要があろう
・施設の構造も、児童養護と職員の生活の両面から考えられるべきである
・設備・機械の整備も、電化の長所等を取り入れる必要がある

・職員会議等の運営を合理化し、スーパー・ビジョンを行ない、人間関係をよくすることも大切である

7、従事する職員の意識もたかめてゆく努力が払われねばなるまい

これについて東児研会誌中にある「養護施設の保母について、その仕事についた動機の調査」によれば（左の表）とあり、仕事の特殊性を充分うかがい知れると同時に、労働条件の要請についてその意識を考えた時、相当の開きのあることは否定できない。

しかし、東児研の調査報告中の職員の意識についてその最も多いものから考えると、

1. 私生活の時間がない
2. 仕事がつかれる
3. 職場の施設、設備がわるい
4. 退職後の事が心配である
5. 給料が少くて生活が苦しい
6. 昇進の道が少い
7. 給与制度がわるい
8. 職場の組織がよくない
9. 厚生施設が不充分である
10. 地域社会の理解がない
11. 職場の空気が暗い
12. 経営の基礎が不安である

158人の保母に対する面接調査

内　　容	%
1. 自分の不幸な経験から子供に同情して	14
2. 不幸な人の役に立ちたい	10.1
3. 信仰の上から	7.6
4. 伝道のために	1.2
5. こういう仕事が好きだから	10.7
6. 生活の必要から	5
7. その他	21.5
8. 回答なし	35.4

日本女子大の調査「社会福祉」１号
（昭和28年）

となっている。問題としなかったもの、すなわち該当○のものは、

・仕事に興味がない
・自分自身家庭に心配事がある
・仕事が自分の性格に合わない

となっている。

特に保母については圧倒的に、

・私生活の時間がない
・職場の施設、設備がわるい
・仕事がつかれる

の三点が多い。これは施設長において充分考慮しなければならないことであろう。

両調査から考えて、職員の労務管理に対する意識は就職の時には、事業に協力奉仕の観念が強く、労務管理に対す特別の意志は少なく、就職後としては、あまりの不備さに、あるいは声なき声として強い反発を叫んでいるのではなかろうか。こんなことから、職員の意識も決して軽んじてはならないことがよくわかろう。

最後に、養護施設の労務管理は、養護施設特有のものであっても、その内容は、広く他に範たるべきを理想として今後の精進に力をつくされんことをお願いして終らせていただく。

（第14回全国養護施設研究協議会　一九六〇年九月一三日〜一五日）

和歌

雅号・冬陽（渡邉茂雄）

職員の定着　養護に大切と
定めし道に　まちがいはなし

職員の　実践力の　あればこそ
調布の養護の今ぞ　ありける

新しく品川景徳　スタートの春ぞ
歴史の一ページならむ

山ほどの　ごちそうよりも　わが職友（とも）と
するもりそば　何よりもうまし

品川景徳学園にて伊藤浩前園長（右）と渡邉先生（左）

労基法問題と児童養護

今日の労基法問題

一口に言えば「労働時間短縮」に労働問題の焦点が集められていると言える。

昭和五十六年度の厚生省予算要求案では、まさに、週四十四時間労働への短縮化が中心となっている。（この論がお目にとまる頃には、決着がついていることであろう）

昭和五十五年十二月二十一日、労働省は、労働時間短縮推進計画を発表した。政府が昨年示した新経済社会七ヶ年計画や、第四次雇用対策基本計画に沿って、労働時間を欧米先進国並に短縮し、労働者の福祉を向上し、高齢化社会にも対応するねらいである。具体的には、昭和六十年度までに、年間労働時間を、二千時間を割るところまで短縮しようとするものである。

労働省の調査によれば、昭和五十四年度年間平均労働時間は二千百十四時間だと言う。米国——一千九百三十四時間、英国——一千九百五十七時間、西独——一千七百二十八時間とも言っている。

二千時間を割る目標とは、週四十四時間勤務として、年二百七十二日労働と言うことで、四週五休制をとりいれ、祝日十二日の他、有給休暇十六日をとらなければ実現できない。いや、これだけ休日をとれば実現できると言うべきなのかも知れない。

この労働時間短縮推進計画の前提として、「九時間労働の特例廃止」が打ち出された。

「九時間労働」の特例廃止

労働基準法では、「休憩時間を除き一日について八時間、一週間について四十八時間を超えて労働させてはならない」（第三十二条）と定めてある。この定めが「公衆の不便を避けるために必要なもの、その他特殊の必要のあるものについては、その必要避くべからざる限度で、第三十二条の労働時間及び第三十四条の休憩に関する規定について、命令で別段の定めをすることができる」（第四十条）と、特例が認められ、施行規則第二十七条に「一日につき九時間、一週間につき五十四時間まで労働させることができる」と例外承認の事項があったが、この特例が廃止され、社会福祉施設でも、八時間労働が規定されるのである。

特例廃止の理由として労働省が示しているのは、

①特例の認められている業種のうち、すでに約八割の事業所が、実際には、八時間または八時間以下の定めをしている。

②週休二日制の普及も進み、労働時間の短縮は、社会的な流れで、世論も求めるところでもある。

③優秀な人材確保のためにも必要な改善である。

と三項をあげている。東京都内民間社会福祉施設の九五・六％が八時間または八時間以下の定めをしている数字があがっているのも事実である。

労働省では、この特例廃止の実施を、職員数五十名以上の施設では、昭和五十六年四月より、十名以上四十九名以下の施設では昭和五十八年四月より、九名以下の施設では昭和六十年四月よりとしている。

労働時間短縮と児童処遇

この様に一般労働界の時間短縮が焦点となっている時に、社会福祉界では、いまだにこの問題に関する定見がない。殊に児童施設に問題が集約され、養護施設が一番むづかしい業界だとも言われている。全養予対が、毎年柱の一つとして、力を注いできた「職員処遇の改善」も、〃たてまえ〃としては、労働条件の改善が主張されても〃ほんね〃としての労働条件改善の積極性は確立していない。職員の労働条件改善が進むと「クライエント中心主義」が叫ばれて、その過度に及ぶことを牽制してきたことも事実である。

養護施設職員の労働条件改善が、労働時間短縮の面で、児童処遇充実との関係を明確にしていく必要があると思う。少くとも、施設職員の間では、一般企業並の労働条件を改善目標としている人たちでも、単に労働時間が短縮されれば、短縮されるほどよい条件だとはしていない。

児童養護の仕事量は、単純な結論を出すことは困難であろうが、

①職員配置の適正化（現状からは相当の増員が必要である）

②職員の資質向上とチームワークの確立

③勤務内容の質的改善

を前提としてでなければ、労働時間短縮は不可能であることはまちがいない。職員配置の適正化と資質向上、チーム・ワークについては、論を待つまでもないこととして、ここでは勤務内容の質的改善にふれておきたい。

労働時間短縮と勤務内容の質的改善

一九六五年「児童福祉研究」九号で「人事管理の科学的手順」として故後藤正紀氏は、施設の時短時代の対処法について、

「児童処遇レベルをいよいよ高めながら職員の労働時間を短くするためには、

①職員の質を高めること

②職員の増員と仕事の分化

③職員のチームワークによる機能的働きの促進

④建物、設備の工夫による処遇効果向上」と言っている。

昭和四十年の調査で、実働時間に関し、最長一日十四時間、最短七時間が示されている。平均は十時間二十二分となっている。この数字は超勤を含まないものである。当時週一日の公休制も確立していなかった。公休日に外泊が許されない例も多かった。祝祭日の実施は半分以下であった。十五年の経過で、施設の労働条件は大きく飛躍した。しかしながら後藤氏の言うところのものは、今日なおそのままあてはまるところが、養護施設の課題であろう。時間短縮は、極めて緩やかにではあるが、養護施設界としても進み、今後も或る程度進んで行くことであろう。適切な対応を怠る中で進展することは問題が大きくなる。

労働時間が短くなるのに、そして短くなってきたのに、その内容が質的に改善されなければ、当然児童処遇低下につながるであろう。

質的改善の一つに考えられるのは、勤務時間の適切な配置である。子どもが居るときに職員が勤務す

ることである。昼間登校中に、基本的勤務時間を設けること等は当然改善すべきであろう。多くの施設では、継続勤務の実施と質的活用の両立のために、変則性を取り入れ、午後出勤夜型勤務等が見られる。更に質的改善には、合理化、機械化等も大きく取り入れられねばなるまい。文書作りの多いなかで、印刷・コピーの機械等が十分整備され、連絡・輸送等の機械化が進められるのは当然のことであろう。

そしてなによりも大切なのは、質的改善の根幹として、職員の働く意欲、仕事に対する情熱の涵養である。使命感の強調は、自主性の否定の如くとりざたされ、憚(はばか)られてきたようであるが、使命感のない労働はない筈である。福祉に志す者は、先ず福祉を考え、先ず福祉を実践する使命感に溢れた仲間であることを前提に論は進められるべきである。

積極的な方針確立の願い

週四十四時間労働、週休二日制、等労働条件改善策は、実際問題として施設養護に対応を求めてくる。職員からの要求として対策が講ぜられるのみでなく、必然的社会の趨勢(すうせい)として、積極的に施設運営方針の中で論議が進められるべきではなかろうか。仕事量が、労働力と労働時間の関係だけで充実し得ない福祉界の課題を早く解明確立して行きたい。

（季刊『児童養護』第11巻第4号　全社協養護施設協議会　に掲載）

労働条件の向上と処遇の向上の接点

はじめに

東京都社会福祉協議会では、昭和四九年二月（第一回）、昭和五一年二月（第二回）、昭和五四年七月（第三回）と都内社会福祉施設に呼びかけて、「労働条件自主点検」を実施してきた。

労働省は、社会福祉施設の労働基準法違反の件数が、著しく多いことを指摘し、各労働基準局を通じ、都道府県ごとに、社会福祉施設の労務内容監督を強化するとともに、「労働条件自主点検」を要請してきた。昭和四六年度、北海道をトップに、この実施が始まったが、社会福祉施設関係者、特に経営者、施設長からは、相当強い反応が示され、「ひらきなおった福祉界」と称されたことも事実である。

昭和四八年には、東京でも、労働基準局、東京都、東京都社会福祉協議会の三者によって懇談会がもたれ「労働条件自主点検」の実施について協議した。

時を同じくして、厚生省では、昭和四八年暮、各担当課を通じ、それぞれの業界に対して、職員の労働適正化と、処遇実態に適する勤務体制についての協議を呼びかけ、社会福祉施設界全体として、労働基準法遵守対策・労働適正化対策が課題化してきた。厚生省・労働省が、この対策に関して、定期協議をもつようになったのも、この頃である。

東京都社会福祉協議会では、第一回労働条件自主点検を実施し、その集計・分析を進める一方、昭和四九年一一月「労働基準法対策委員会」を発足させた。この委員会は、社会福祉施設における労働条件の改善を、労働基準法に照らして推進し、労働基準法遵守の進展をはかり、あわせて、労働条件改善の行政的保障を獲得することを目的として、設置された。社会福祉施設関係者が、施設機能の向上を目指し、労働条件管理について研究協議し、その改善方法を学習し、ともすると利用者、入所者の処遇と、職員の労働条件向上が、競合するかのように考えられている実情を解明し、労基法遵守の方向をさらに前進させるためには、いかなる配慮や具体策を必要とするかを検討する事を役割とした委員会である。

この委員会は、第二回、第三回と自主点検を実施するとともに、毎年、業種別・地域別・所轄労働基準監督署別・各種問題別等の労働条件向上関係の諸研修会を開催してきている。その責任者としての立場で「労働条件の向上と処遇の向上の接点」を論ずることを、お許しいただきたい。

I　労働時間短縮の動き

現在、労働時間短縮に関して、社会福祉施設界には、

（1）業務省力化等勤務条件改善対策

（2）九時間労働の特例廃止

の動きがある。

(1) 業務省力化等勤務条件改善対策については、昭和五六年度より、措置費に「業務省力化等勤務条件改善対策費」がもりこまれ、週四四時間勤務へ向けて、年次計画がスタートした。

措置費に積算される施設職員労働時間は、基本的には、週五四時間であり、昭和四八年より、非常勤職員の配置によって、週四八時間勤務が保障されているとしている。今回の業務省力化等勤務条件改善対策では、年次計画(当初、三ケ年間を予定している)によって、週四四時間勤務を目標にしている。ただし、措置費の積算内容は、非常勤職員の配置による改善策でしかない。常勤職員(処遇職員・給食関係職員)の基本勤務時間を週五四時間から、六時間短縮して週四八時間に、今回さらに、四時間短縮して週四四時間にするために、それに見合う非常勤職員経費を上積みしているのである。九時間労働の特例廃止によって、基本勤務時間週五四時間の根拠がなくなったのであるから、それに見合う職員も、常勤職員に改善しておかないと長い間には、あいまいになる恐れもあろう。常勤職員配置で、週四四時間勤務体制を確立すると言うことは、現在八名の処遇職員配置であるものが、約一〇名配置となり、児童養護施設を例にとるならば、現在の6:1配置を5:1に改善することになる。

(2) 九時間労働の特例廃止については、すでに、「労働基準法施行規則の一部を改正する省令」が、昭和五六年二月六日に公布され、施行は、同年四月一日(一部改正規定については、昭和五八年四月一日)にされている。

この改正は、労働基準法第四〇条の規定に基づき、一部の業種について設けられていた労働時間の特例を基本的に廃止することにしたものである。

労働省は、改正の趣旨として

①八時間労働制の原則に対する例外的な制度であり、基本的には、社会経済情勢や、労働の実態の変化等に応じて検討され、廃止されるべき性格のものである。

②その約八割の事業所で、八時間労働制が実施されるに至っており、実態上労働時間について特例を必要とするような事情は、少なくなってきている。

③昭和六〇年度には、我が国の労働時間の水準を、欧米主要国並みに近づけること（週休二日制、年間勤務時間二〇〇〇時間以内等）を目標に、労働時間の短縮を進めてきており、優秀な人材確保のためにも、特例を廃止し、八時間労働制にすることが必要となってきている（基発第一一四号「労働基準法施行規則の一部を改正する省令の施行について」より）。

をあげ、この特例廃止の実施を、職員数五〇名以上の施設では、昭和五六年四月より、職員数一〇名以上、四九名以下の施設では、昭和五八年四月より、職員数九名以下の施設では、昭和六〇年四月よりとしている。それぞれ二ヵ年の指導期間を設けるものとし、特に九名以下の施設では、昭和六〇年三月三一日までに、特例の延長の要否について中央労働基準審議会の意見を聴き、その後の取扱いを決めるとしている。

厚生省が、予算化した「業務省力化等勤務条件改善」も、労働省が省令改正した「九時間労働の特例廃止」も、ともに労働時間短縮の動きとして、施設労働に多大な影響をもつものには違いないが、これらのものの示す基本的方針は、昨年一二月二一日発表された「週休二日制労働時間対策推進計画」によるものであることは明白である。

II　週休二日制等労働時間対策推進計画

労働時間短縮の基本方針を示す計画であり、一般企業の実情と、労働省の考え方を知るためにも、聊か検討をしてみたい。

昭和五四年八月、「新経済社会七ヵ年計画」が閣議決定した。ゆとりある充実した職業生活の実現として、週休二日制の普及促進、夏季等に連続して休暇を取得する慣行の育成等から、各方面にわたり労働時間の短縮を推進する。特に週休二日制については、欧米諸国並みの水準に近づくことを目途とし、サービス業（社会福祉界を含む）等比較的導入の遅れている分野においても、各般の工夫により週休二日制が一般化するよう指導を行うとしている。

余談で恐縮だが、この七ヵ年計画に福祉に関しては「高度成長下の行政を見直して、施策の重点化を図り、個人の自助努力と、家庭及び社会の連帯の基礎のうえに、適正な公的福祉を形成する新しい福祉社会への道を追求しなければならない」と述べている。大宝律令「凡そ鰥寡（かんか）・孤独・貧窮・老疾・自存する能はざる者は、近親をして収養せしむ。若し近親なければ坊里に付して安恤す」や、「恤救規則」前書（明治七年）「済貧恤救は、人民相互の情誼に因て云々」を思い出し新しい福祉社会への道と言えるのかと思ったものである。

同じ日に閣議決定した「第四次雇用対策基本計画」においても、労働時間の短縮を雇用対策に関する基本的事項の中で提起している。この二つの計画の趣旨に沿い、我が国独自の諸環境を総合的に考慮しつつ、労働時間の水準を、昭和六〇年度までに欧米主要国に近づけるよう努めることを計画のねらいとして、「週休二日制等労働時間対策推進計画」が、昭和五五年一二月に発表されたのである。

この計画では、労働時間短縮の意義を次のように説明している。

①労働者生活の充実のため、十分な心身の疲労回復を図るとともに、高度化する労働に対応して、労働者自らが啓発に努め、創造性の開発、能力の有効発揮を図るためには、労働時間の短縮、自由時間の増大が必要である。

②高齢化社会への対応として、定年延長、高齢者雇用率の達成といった対応とともに、雇用を安定・確保させるための労働時間短縮の長期的、マクロ的な作用に鑑み、雇用の観点からも労働時間の短縮を推進する必要があろう。

③国際化時代への対応として、貿易立国を基軸とする日本経済の発展のためには、先進工業国間における公正な労働基準の確保が重要であり、賃金と並んで最も基本的な労働条件である労働時間についても、欧米主要国と比べ遜色のないものに改善を進める必要がある。国際社会において先進国として、週休二日制の一般化、労働時間の適正化、休暇の充実により、国民生活の充実を図る必要がある。

ついで、計画では、〝労働時間の現状〟にふれ、年間総実労働時間が、昭和三五年では、二四三二時間であったものが、昭和五四年には、二一一四時間まで約三二〇時間短縮の成果のあがったことを示し、さらに〝労働時間と経済との関係〟を論じ、〝労働時間対策に関する基本的事項〟の中では、目標として、昭和六〇年度までに、我が国の労働者の労働時間の水準を欧米主要国並みの水準に近づけるものとしている。昭和六〇年度までに、年率〇・九％程度の時間短縮の計画を進め、年間総実労働時間を、二〇〇〇時間を割るという姿を想定している。

社会福祉施設を含むサービス業等第三次産業の分野については、労働時間、労働日の短縮が困難なグループであるとはしながらも、交替制の工夫、就労時間帯の多様化等により、週の所定労働時間の短縮、休日の増加を図り、年次有給休暇の消化率も高めるべきだとしている。

一方、交替制労働において恒常的な所定外労働を前提としている二直二交替制による、二四時間連続操業や予備直のない交替制で過長な所定外労働を強いる可能性の強いものについては、勤務体制の改善を進める必要があるともしている。

参考資料では、週休二日制の普及状況を記しているが、我が国においても、昭和五四年度で、何らかの形で週休二日制を採用しているものは、労働者数で、七二・九％に達し、大企業では九三・六％にもなっていることを示している。

完全週休二日制では、日本はまだ二三・五％の実施率しか示していない。米国の八三・四％、西独の六〇・三％、英国の八九・四％等に比べて相当低い水準であることは否定できない。週休二日制の実施に伴う効果として、企業主の評価を示しているが、七〇・一％が週休二日制は効果ありとしている。内容としては、従業員採用の有利性、出勤率の向上、生産能率の向上、定着率の向上、災害疾病の減少等があげられている。効果なく弊害ありとしているのは、わずかに〇・九％のみである。企業経営者の評価が明確であり、一般企業の実態をうかがい知ることができよう。

Ⅲ　社会福祉施設の認識

全養協第三五回研究協議会資料中に報告されている、「養護施設職員の専門性に関する調査報告その一」で、日本総合愛育研究所の吉沢英子氏の、「専門職化（児童処遇）と労働条件」の項目中に、次の通り示されている（下表参照）。

そして、吉沢英子氏は〝まとめ〟の中で「専門職化」とは、「専門性」を高めるための社会制度と理論上考えることができるが、その実施にあたっては、労働条件の諸配慮、すなわち目的遂行しやすい条件づくりを併行させることが望まれよう。多くの場合、「専門性」論議において「処遇の専門化」に焦点があてられているが、それに「労務管理の専門化（改善）」がともなわなければ、本調査に顕われたごとき施設長と保母・指導員の意識のズレの増大が予想されよう」と提起している。

前述の週休二日制の効果評価に見られるように、一般企業界では、労働条件改善と、事業成果向上の共通性を認め得る情況を見ることができる。

社会福祉施設界においても、労働条件の向上と、処遇の向上の共通性も多いはずである。労働基準法第1条労働条件の原則「労働者が人たるに値する生活を営むための必要を充たすべきものでなければならない。この法律で定

	施設長	指導員	保　母
Ⅰ　専門職化（児童処遇）を労働条件の改善より優先させる立場	46.2%	23.0%	21.6%
Ⅱ　労働条件の改善を優先させる立場	19.2	38.5	38.2
Ⅲ　専門職化（児童処遇）と労働条件の改善を両立させる立場	34.6	38.5	40.2

める労働条件の基準は最低のものであるから……その向上を図るよう努めなければならない」とする理念も、ズレがある筈はないし、労働基準法の各章、各条に示す「均等の待遇」「強制労働の禁止」「公民権行使の保障」等々、極めて当然過ぎて処遇の向上とにズレがあろうものではない。その意味では、「賃金・退職金問題」「安全及び衛生問題」「女子及び年少者問題」「技能者の養成問題」「災害補償問題」「福利厚生問題」等にも競合するものは殆ど認められないものではなかろうか。

非常に多くの問題において、労働条件の向上と処遇の向上は、共通性を示すことが理解できる。吉沢英子氏の調査中「労働条件の改善を優先させると児童処遇がおろそかになる」との項に、多くの施設長が肯定している数字は、少くとも、すべての労働条件が、その向上・改善に伴って、処遇がおろそかになると言っているのではないことは確かである。

労働条件の向上・改善を、処遇の向上と接点として取り扱うことが求められるのは、「労働時間、休憩・休日及び年次有給休暇」に属する諸問題と、それを含む「就業規則」に関する諸問題に限られるとも言えよう。

そもそも、労働基準法では、最低条件を守ることが義務づけられており、最低の労働条件以下では、処遇の向上も望めないとするのが、本来筋道ではなかろうか。本論回避ではないが、労働条件の向上と処遇の向上は本来異域の努力目標で、相互に無関係で推進されなければならないものとも考えている。それが、強く関係づけられる所以のものは、多くは、行政保障の不充実、運営経費の不十分さが然らしめているのではなかろうか。

労働時間、休憩、休日及び年次有給休暇の問題点に、処遇向上の接点として求めるのは、直接処遇に当る職種の職員に多い問題であり、給食担当等の職員には、あまり問題はない筈である。人件費不足、人員不足の現状を改善しないまま「労働時間短縮のため、夕食時間を午後四時にせざるを得ない」として、労働条件の向上は、処遇の低下をもたらすとするなどは、本質的論議ではない。絶対的人員不足は、当然人員増員によって解決すべきであって、その混同はさけねばならない。これらのことに関する、行政責任・経営責任は明確にしておかねばならない。

その意味では、直接処遇にあたる職員の労働条件も、交替制勤務、複数担当制処遇を実施している施設においては、原則的に、人員の充実によって解決すべき内容が多いのではなかろうか。そしてその労働条件の向上は、処遇の向上と共通性、相乗性も持ち得る筈である。

Ⅳ　労働時間短縮と勤務のあり方

労働条件の向上と処遇の向上の接点に存在する労働時間の短縮が、

①職員配置の適正化（現状では、相当数の増員と、非常勤職員の常勤化等が必要となる）

②職員の資質向上、チームワーク・職務分担の確立等を始め、勤務内容の質的改善による効率的勤務の推進。

③建物・設備等物的条件の改善

等の配慮を欠いたままで実施されれば、必然的に、施設本来の目的を誤り、その存在の意義をも失うことになるやも知れない。

労働時間を量的に短縮するのであるから、当然その時間内の勤務の在り方は、質的に充実しなければ、絶対値は減少することは、言うまでもない。

この困難なことを、戦後の福祉施設界の諸先輩は、立派になしとげてきたのである。

昭和四〇年、児童福祉研究9号に発表された「保母の勤務と休暇」の報告には、一六〇名の保母の調査ではあるが、平均勤務時間を次の通り示している、(ここで言う勤務時間は所定勤務時間を言い、これを超えた超過勤務は毎日のようになされていた)

養護施設　　一〇時間二二分

精神薄弱児施設　一〇時間三三分

これに類する、平均勤務時間を、前述の東京都における自主点検に見れば、昭和五四年度では、すでに八時間を割るところまできている。一五年の歴史は、一〇時間の勤務時間を、八時間弱に、二時間余短縮したのである。同自主点検の昭和四九年度と昭和五四年度の結果を比較して見ると、勤務時間が九時間又はこれを越えるものは、八・五%から、〇・一%に五年間で大きく減少していることがわかる。

これらの時間短縮の実績は、利用者、入所者の処遇の向上を片方で着実に進展せしめながらあげてきたものと言えよう。

何が、時間短縮と言う労働条件の向上・改善と、処遇の向上・充実を併せて実現せしめたのであろうか。

①職員の増員、職種の新設

②職員の資格・資質の向上

③職員養成機関の拡充、現任訓練の実施
④福祉専門学術、研究の充実
⑤処遇技術の向上・チームワークの確立
⑥福祉関連機関の協力
⑦地域社会・ボランティア活動の進展
⑧建物・設備・物的条件の改善
⑨措置費改善による各種経費の増大

等々が挙げられよう。しかしながら、最も功績を認め得るものは、労働条件の向上と処遇の向上を共に必要欠くべきものではないとして、その両立を心に誓って努力した多くの福祉人の情熱と智恵の賜物ではなかろうか。

ともあれ、戦後福祉界の発展は、目を剝くばかりである。

職員数の改善も、昭和三九年に戦後始めての増員改善が行われて以来、業種によっては、倍以上の伸びをみているし、看護婦・栄養士等新設された職種も少くない。

福祉施設処遇の環境、設備も大きく飛躍した。歯科、眼科の通院も子どもを連れて歩いて行った時代がうそのようである。毎晩のように、指に豆をつくったガリ板も、今は機械化してコピーが楽だ。洗濯機、乾燥機も必設機械となっている。老人施設等における浴場設備は、徹底した機械化と言える一つであろう。

他面、職員の専門化も進み、大学卒、短大卒と有資格者が増大し、処遇技術も向上し、諸記録等の合理化も著しい。職員養成機関も増え、福祉学部・学科も充実し、経費面の改善による事業内容の合理化、給食関係の充実等、多くの努力が、その成果を表わし、労働条件も大きく改善向上され、処遇も一段と内容充実の今日の施設福祉を実現してきたと言えるのではなかろうか。先人達が可能としてきた道であれば、われわれも奮起を誓わねばなるまい。

V 処遇の実践と労働条件改善

前に、交替制勤務、複数担当制処遇を実施している施設においては、労働条件の向上を土台に、処遇の向上を実現できるのではないかとの考え方を示したが、勿論、各種の前提要素を持つものであることは言うまでもない。

殊に、子どもの養育については、無限の可能性と発達を保障し、人格形成に資する大きな役割をもつ処遇の実践を考える時、単純に労働条件の向上を十分な配慮のないまま実現することを認め難いとする場合が少なくない。

一人の職員では大変だから二人で、二人でも大変だから三人で……と処遇に当る人員を増やすことだけでは、処遇の低下を引きおこさないとも限らない。この意見は、住込み制、コッテイジシステム、グループホーム制等で処遇を実践している施設の中で顕著に表現される。

しかも、児童養護の方向は、ファミリー・グループ・ホームに代表される様に、その手段は、小規模集団化し養育にたずさわる職員と子どもの人間関係が重視される傾向を強めている。

論を児童施設中心に進めて恐縮だが、児童の養育は、入れ代り立ち代りする多勢の職員によっては、なされにくいことは言うまでもないが、たった一人の職員で全うすることもできるものではない。あらゆる処遇の実践は、その程度こそちがえ、何らかの交替制・複数担当制によってなされていることも事実である。そして、養育者と子どもの人間関係をいかに重視して処遇にあたるかの、専門技術を涵養する等の配慮こそ大切ではなかろうか。

複数の職員が、処遇の共同実践をするためには

①主たる養育者を中心とした職員集団の信頼関係とチームワークの確立

②専門知識・技術を駆使し、子どもたちに交替を意識せしめない細部にまで配慮した引き続ぎの徹底等が考えられるが、基本的には、子どもの人間性を尊重し、養育に関する理念を確立し、主体的に養育を担当する信念と、その土台となる専門知識・技術を有し、人間性豊かな職員と、その養育者を支える施設機能が成熟しなければならない。養育理念に関しては、「養育という営みを、根本的立場から多面的に把えることが必要である」と木下茂幸氏が「養育の危機」(小舎制研究会・養育研究所発行『養育研究』第1号)の中で述べていることに共鳴を感じている。

施設長は、職員のもつ養育に関する知識・技術を評価し、その情熱を一層燃え立たすべく努め、ともに利用者・入所者の福祉向上に働き甲斐を求める使命感溢れた仲間である認識をもつことが肝要である。

ここで述べるものが、平田冨太郎氏が『労働と福祉をめぐって』の中で論じている、労使関係の型として「労使協同的労使関係」を意図したり、いわんや「家父長的労使関係」を考える等の高邁なものではなく、極めて思いつき的ではあるが、主題にとっては、重要な配慮であると思考するものである。

秋山智久氏が、『児童養護』第11巻第4号「福祉施設職員の専門性」の中に述べている、専門性と日常性に関し、非専門性といわれる日常性が、処遇の実践に重要であり、それは労働条件管理的には、ややもすればなじみにくいものであることを、一番よく知っているのは、施設職員であるかも知れない。労働条件の向上と処遇の向上は、その接点を論じて、どちらを優先せしめるかを問うのではなく、共に最大の努力をもって推進するべきとしたい。

本来まとめを記述すべきであるが、ここに示す論が、施設の実践に証明された時に、報告することでお許し願いたい。

(わたなべ　しげお：調布学園園長・東社協労基法対策委員長)

《参考とした文献》

(1) 東京都社会福祉協議会「自主点検の結果と問題点」第1回、第2回、第3回
(2) 労働省「週休二日制等労働時間対策推進計画」
(3) 労働省、「基発第一一四号」
(4) 全社協養護施設協議会「児童養護」第一一巻第四号
(5) 同「全国養護施設長研究協議会・協議資料」(第三五回) 養護施設職員の専門性に関する調査報告　その1
(6) 小舎制研究会、養育研究所「養育研究」第一号
(7) 平田冨太郎著「労働と福祉をめぐって」
(8) 東社協児童部会「児童福祉研究」第九号、第一五号、第一六号

（9）医歯薬出版株式会社「養護原理」

（10）東社協、労基法対策委員会　諸資料

（鉄道弘済会社会福祉第二部編『社会福祉研究』一九八一年一〇月に掲載）

期待する職員像

はじめの述懐

養護施設が児童福祉法の施行により、昭和二三年一月一日新発足した時、私はすでに養護施設の児童指導員であった。したがってもう相当年配者の部類に属している。そんな中古のような私が述べる「期待する職員像」では若い職員の方々の期待には応えられないだろうし、役に立つわけもないのではなかろうかと思う。心優しい人がもしあって、愚文ではあるが、最後まで、おつきあいしてくだされば、これに過ぎた喜びはない。

老いを感じ始めた私ではあるが、ある時、かの市川房枝先生のお話に接して、猛反省をしたことがある。

「現役ゆえに批判されるという理論をしっかり頭にたたきこんで、人生をいつも現役ですごそう。老いは批判されなくなった時か、批判に耐えられなくなって、現役をひいた時であるかも知れない」

自分のことを棚にあげて、敢えて与えられたテーマの職員論として、述べるならば、まだ若いのに、故市川房枝先生の言われる「老い」を自分から迎え入れてしまっている職員が（私もそうかも知れないが）施設には、少なからずいるのではなかろうか。有名人の言葉を借りてばかりで恐縮だが（この職員論はこんな調子で終始しそうだが）実業界の一人者・松下幸之助さんの書いた本の中で見た

「青春とは、肉体的、年齢的なものではない。精神的若さを言うのである」

との気持は、若い人への期待に溢れた言葉として忘れてはなるまい。と同時に老い込んではならない自戒の言葉として受け取っていきたい。

不朽の名言

知人の本の紹介で誠に申しわけないが、頁を伏せないで目を通していただきたい。足立区に在る「青少年福祉センター」の入学・卒業合同式典に参列させていただいた時、青少年福祉センターの長年の協力者で、子どもたちのよりよき理解者でもある長谷部平吉さんから「私の出合った不朽の名言」と題した本を頂戴した。大層ためになる本であるので、座右に置き日頃から親しんでいる。その中から、いくつかを紹介したい。

＊橇(そり)滑りが好きなら、橇運びも好きになるべし。（ロシアの諺）

＊成功に秘訣があれば、それは他人の立場を理解し、他人の立場からものを見ることの出来る能力である。（ヘンリー・フオード＝アメリカ実業家）

＊組織は上下のヒナ壇と考えるな。丸い円と考えよ。（土光敏夫）

＊口を開いたら沈黙に勝ることを言え。（ラビレー＝フランスの医師で文学者）

＊好機に出会わない人間なんぞ一人もいない。それを捕えなかったというまでだ。（カーネギー＝ア

メリカの実業家）
＊ほしいままにすべからず。満たすべからず。極むべからず。（礼記＝中国の儒学書）
＊嬉しいことも辛いことも十年続く筈がない。この十年をどう耐えるかで価値が決まる。（勝海舟）
＊時くれば花は咲くなり。あせらずも実は結ぶなり、願いしほどに。（一休）
＊一「すみません」という反省の心
二「はい」という素直な心
三「おかげ様で」という謙虚な心
四「私がします」という奉仕の心
五「ありがとう」という感謝の心
（「日常五心」＝日蓮宗）
＊牛乳を配達する人間は、これを飲む人間より健康である。（西諺）
＊少肉、多菜。少煩、多眠。少言、多行。少食、多噛。少欲、多施。（健康十則）
＊少糖、多果。少衣、多浴。少塩、多酢。少怒、多笑。少車、多歩。（長寿十則）
＊病は口から入り、禍は口から出る。（漢書）
＊感謝は当然の義務である。しかし誰れもそれを期待する権利を持っていない。（ルソー＝フランスの作家・哲学者）
＊人生の大目的は知識ではなく行動である。知識は行動するための手段にすぎない。（カーライル＝イギリスの評論家）

＊善人なおもて往生す、いわんや悪人においてをや。しかるを世の人つねに曰く、悪人なお往生す、いわんや善人をや。（親鸞）

＊世俗の黄塵、飛んで到らず。水清ければ、魚住まず。世俗黄塵亦楽しからずや。（論語）

＊君の仕事を追え。そうしなければ仕事が君を追うだろう。（フランクリン＝アメリカの政治家）

＊どんな職業に従事していても、その職業になりきっている人は、一番美しい。（吉川英治）

＊自ら労して食うは、人生独立の本源なり。（福沢諭吉）

＊水を飲みて楽しむ者あり。錦を着て憂うる者あり。（中根東里＝江戸中期の儒学者）

＊やってみせ、言ってきかせて、させてみて、賞めてやらねば人は動かず。（山本五十六）

＊仕事が楽しみならば人生は楽園である。仕事が義務ならば人生は地獄である。（ゴーリキー＝ソ連の文学者）

＊くせなき馬は行かず。（司馬遷＝中国前漢の歴史家）

＊にくげなる調度の中にも一つよきところの守らるるよ。（清少納言）

＊成功するまで続けず途中であきらめてしまえば、それで失敗である。（松下幸之助）

＊せん方尽くれども望みを失わず。（バイブル）

＊根気、根気、根気、何事も根気。（武者小路実篤）

＊平等はあらゆる善の根源であり、不平等はあらゆる悪の根源である。（ロベスピエール＝フランス革命期の政治家）

＊災難に会う時は会うがよく候。死ぬ時節には死ぬがよく候。これはこれ難を逃る妙法に候。（良寛）

＊すべて言葉はしみじみと言うべし。（良寛）
＊世の中は類をもって集まる。幸せだと毎日感謝していれば、福の神が大勢集まってくる。（梶浦逸外＝前妙心寺派管長）
＊精魂こめて仕事に打ち込みたい。もし熱意なき者は去れ。（松下幸之助）
＊学んで思わざれば即ちくらし。思いて学ばざれば即ちあやふし。（論語）
＊是を是と言い、非を非と言うを直という。（荀子）

いささか紹介し過ぎのようであるけれども、私自身が心がけねばならないと考えることを羅列させていただいた。愚説の職員論よりは、役に立つのではないかと思っている。長谷部平吉さんが、青少年福祉センターの式場での挨拶の中で言われたことが印象に深いので記しておく。

＊人はころぶと坂のせいにする。坂がなければ石のせいにする。石がなければくつのせいにする。

この文を読んで役に立たないとするならば、みんな私のせいである。どれも奥行の深い名言だと思う。

無縁慈悲

私は仏教徒ではないが、大先輩である故森芳俊先生がよく話してくださった一節を思い出すままに述べてみたい。観無量寿経の中に、

「仏心とは大慈悲これなり。無縁の慈しみをもって諸々の衆生をおさめたもう」

とあり、これを仏教では、無縁慈悲、衆生縁慈悲と言うと訓えられた。慈悲の慈はインドの言葉では「マイトリイ」と言い、特定の人にではなく、すべての人に利やくと安楽を与えたいとの願いであり、悲はインドの言葉では「カルナー」と言い、すべての人々の苦しみや悩み事を取り除いてあげたいとの願いと言うことも訓えられた。最近では有縁の慈悲（森先生は有縁のものは本当の慈悲とは言わないのだと言っておられたが）も、大分形を損ねられて来ており、最も愛されるべき親から見放されている子どもたちが本当に多くなってきた。こんな時代であればこそ養護施設に生活を余儀なくされている子どもたちには、無縁慈悲が肝要であり、親や社会に見放された子どもを施設の者は絶対見放してはならないと教えてくださった。自分の親の無慈悲を嘆く子どもたちがいたならば、そんな子どもたちこそ、そんな子どもであればなおさらのこと、親の有難さを教えてあげなければならないとも言っておられた。そのためには施設のわれわれは、縁の下の力持ちになって、子どもたちから、喜ばれ感謝される対象にならなくてもよいではないかとも聞かせてくださった。忘れることのできないありがたいお話だと思っている。

大先輩遺訓集のようで申しわけないが、故高島巌先生からお聞きしたこの言葉も忘れることはできない。

子どもの処遇で困難な事につきあたったならばこのことを忘れるなと

「急いではいけない。

かまえてはならない。

耐えることだ。

待つことだ。祈ることだ」

大先輩方にまけないよう、みんなでしっかり福祉をささえていきたい。

職員は施設長の手足なのか

昔の権力者は、その最盛期に「望月のかけたることのなしと思えば」と歌うものもいて、わが意にかなわぬもののないことを謳歌していた。

施設において、施設長の意の通りに職員が働くことは、非常に素晴らしいことである。そして職員の意の通りに子どもたちが毎日の生活をすることも、こんな結構なことはないと思う。しかしながら、そのことは結果的にそうなることのすばらしさであって、そうしむけてはならないことであるとも思っている。わが意に従わせようとすることには罪が多い。私の友人で、所謂苦学を重ねて、現在では多くの人を雇う中企業の長として大成功をし、人からも羨やましがられている者がいる。その友人がよく言うには、「自分の会社が、非常にうまくいっていると思う時は自分がワンマンで、蔭での声が聞えない時で、危険な状態であると自省してきた。遠慮なく誰れからも意見の言える組織では、必ずしも自分の意のままにはいかないものだ。そんな時の方が会社の業績はあがるものだ」と。意見の交換が、活発にかわされる人間関係を尊重するならば、施設長は全職員の下に心を置くべきだと信じている。私自身はまだ未熟ではあるが、そう思っている。職員としても、子どもたちの意を汲みとれる「受容」の心に徹した人が、その生活の中で共感を呼び、結果として自分の意のままに子どもを育てることができるのではなかろうか。少くとも、私は、職員が私の手足だとは思っていない。私自身、職員の手足のようになって、働き甲斐のある職場づくりに精を出したいと念じている一人である。職員はそれぞれの個性を最大限に活かして、その専門的知識を縦横に駆使して、仲間の職員の協力も得て、子どもたちの福祉向上のため、存分に活躍してもらいたいと思っている。長期間勤務を継続することの困難な職場ではあるが、何時までも定着しようとする気構えを持った職員には感謝するばかりである。

平和への願望

インドの元首相ネールさんの詩に、

「愛は平和ではない。
愛は戦いである。
武器は持たないが、誠実をもって
それは、人生における
最も激しく、きびしい
自らを捨ててかからねばならぬ
戦いである
わが子よ
このことを覚えておけ」

とある。

愛の厳しさをわが子へ伝える詩として、痛く感激したものである。愛への追究が詩になっているものであるが、これほど、厳しく、激しく平和への願望が示されている詩も少ないのではなかろうか。戦争を経験したものとしてだけ言うのではないが、戦争を恐れる。自分のためではなく未来のために、人類のために。平和を強く願望する。全世界の平和を願望する。子どもたちのために。こんな思いは、福祉人だけのものである筈がないと信じている。

現在の日本の繁栄が、同じアジアの仲間の地における戦争がもたらしたものばかりだとは思いたくないが、朝鮮半島の動乱、ベトナム戦争とわが国の経済発展が期を同じくしていることを思うと、その血の犠牲の上に成りたった繁栄を心から喜べないのは私一人だけではないと思う。

福祉にたずさわるわれわれは、全ての人類の、全世界の子どもたちの平和と繁栄を祈り続けたいものである。しかしながら顧みて今の私たちは、そのために全力をあげて努力していると言い切れるであろうか。今の日本の福祉が、戦後の混乱期を、日本だけの力で乗り切って、安定しかけてきたとは言えないことを、福祉界のものなら誰れもが知っている筈である。日本の福祉が、諸外国の慈愛によって守られ、向上してきた事実を伝えていくのもわれわれの役割である。全世界の子どもたちの、平和な福祉増進のために、まさに手足となって労を惜しまないつとめを忘れてはならないと考える。

東京の養護施設の役割

今日、東京都の養護施設では、職員の配置数にしても、公私格差是正事業による等人件費にしても、児童の処遇費も、他の道府県の施設と比較して、比べものにならないほど恵まれている。このことはもちろん恥しいことではないが、かと言って自慢できることでもない。過日も、北海道の某養護施設を見学させていただいたが定員一〇〇名余の施設で、職員数は二七名と言うことであった。私の施設は定員一〇〇名で四〇名余の職員が在籍しているが、とてもその実態を得意気で話せるものではなかった。恵まれている条件だから、優れた処遇をしなければならないと言うのではない。しかし、充実した養護の実践以外には語る道はない。そこに子どもの養護ニーズがあるならば、苦労承知で出来るだけの養護を職員と共々させていただかねばならないとの思いで一杯である。多くの先輩は、特に恵まれた条件は何も約束されていない中で、相当重度の精神薄弱の子どもたちも、肢体不自由の子どもたちも、情緒的問題を抱えた子どもたちも、共生の精神を貫く中で、立派に成し遂げてきている。

これからの養護施設の役割に、社会の福祉ニーズは何を求めてくるのか。教護院的役割なのか、グループホームの実施なのか、里親制度、養育家庭制度との協力体制なのか。しっかり施設長として、職員とのチームワークを確めその役割を究明して先駆的、開拓的な面も大きく取り上げて思い切った実践にその実をあげていくための推進役をつとめたいと思っている。しかもその実践を成し遂げるのは、施設長ではなく、職員なのだと言うことも心にしっかりおさめて、施設長として一層の専門的な管理能力を培うことも、日進月歩を旨として、がんばり通していきたいものである。他の道府県に比して恵まれた体制にある東京都の養護実践は全国養護の単なるモデルケースとしてだけではなく、未来の養護施設の動向にも大きく影響する重要な役割を持つものであることも確認していかねばならないと思う。

まとめにかえて

「期待する職員像」のテーマとはほど遠い内容で終始してしまったが、期待に応える自分の在り方を述懐する中で、こんな事を理解してくださる人なら、好感が持てるのではないかと思っている。理解できなくても結構である。心身健康で、子どもが好きで、がむしゃらにがんばれる職員を、福祉の養成機関でどんどん施設に送り出して貰いたいと思っている。厚生省でも、東京都でも情緒障害児の取り扱いが審議進行していると聞いている。全社協養護施設協議会にも、今後の養護施設の在り方を研究する委員会が発足した。東京都社協児童部会としても、共同募金会等の協力を得て、徹底した研究を積み重ねて行きつつある。その実践者は職員である。児童指導員も保母も、栄養士も、調理員も、看護婦も事務職員も、すべての業務にたずさわる職員が、常勤者も非常勤者も、みな子どもの処遇に関わる重要な役割を自覚して、どんな困難な課題にも協力して取り組んでいけるよう、私たち施設長も一生懸命がんばっていかねばならないと覚悟をきめて精進する決意をもって、まとめにかえたいと思う。

東社協児童部会長（調布学園々長）

（『児童福祉研究』17号 一九八四年九月に掲載）

養護をめぐる運営・管理と組織化

一、施設養護の役割

1　児童養護と施設養護

(1) 児童養護に必要な機能

この節に述べる内容は、すでに前章までに詳細に記されているので、ここでは「運営・管理と組織化」にかかわる前提として整理しながら考察を進めていく。

児童は、本来家庭において、実父母の愛情に包まれ、健全に養育されることが望ましいことはいうまでもない。

児童養育が、家庭の養育機能にプラスして、社会のもつ養育機能をも相当大きく期待されるようになった現在、一般家庭においても、「養育」と称するよりも「養護」と称することが、より適当と考えられるようになってきたとされている。この意味で「児童養護」が家庭における養育を包含した考えによることは、すでに述べられたとおりである。

このことから、家庭における子育てに社会の力が大きく加わってきた一面と、施設における児童養護に家庭機能の取り入れを促進する一面とが、養護の社会化、施設の社会化として課題となってきている。「養護」という言葉の語源が、「養育」あるいは「保護」という言葉に求められるように、最近の子育てには、従来考えられ行われてきた家庭の養育内容に、さらに種々の社会的な保護が加味されてきている。子どもを育てるということは、家庭における親に課せられた役割だけでなく、また親の力によるのみならず、社会の役割として社会の多様な機能を必要としてきたことも、すでに述べられたとおりである。

したがって、「児童養護」に含まれる一般家庭の両親の養育能力を、児童のニードに添って、より適切に助長する機能が養護をめぐる役割として、福祉機関に期待されていることを、福祉にかかわる者としては考えなければならない。

児童福祉の諸機関で、この役割を果たしていると考えられるものは、主として公的相談機関があげられる程度であろう。児童養護上、一般家庭の期待する援助性としての各種児童相談は、単に既存の公的相談機関（児童相談所・福祉事務所・少年相談センター・児童館など）の役割とするだけにとどめず、児童福祉施設にも、その機能が備えられる方向こそ望まれるものであろう。

現在、児童養護に関する相談機能をもった児童福祉施設はきわめて少ない。この消極性が、児童養護の社会性に理解が集まらず、家庭と施設が全然異なる養護の場としてしか認識されない結果をもたらしているともいえよう。「養護」が施設収容保護のみをいうのではないとするならば、家庭養護と施設養護

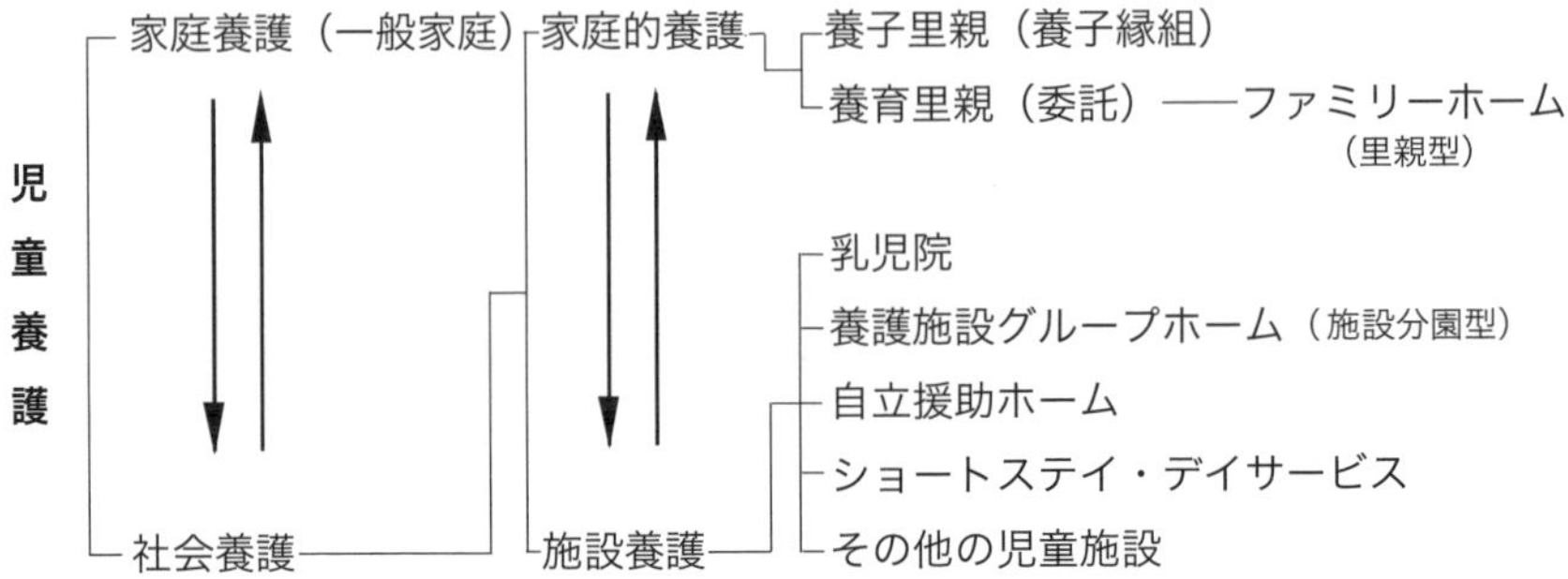

図１　児童養護の機能

の連携を深める一課題として、施設養護に、家庭養護の利用できる児童養護の相談機能程度は、せめて具備させたいものである。ここに「養護をめぐる」と冠した課題の一部が感じられよう。

また、家庭養護に協力する機能として、施設養護に児童相談機能を備えるなどの施策と同時に、施設養護が家庭養護に力を求めることも促進すべきである。その一つが里親制度でもあろう。

（２）社会養護と家庭養護との連携

社会養護と家庭養護が、どちらか一つとして存在するのではなく、相互の協調性を尊重し、相互の機能が作用しあうべきであることは、すでに学んだとおりであるが、わが国における福祉施策は、必ずしも今までにこの点を明快にし、多くの理解を得てきたとはいい難い。

家庭に恵まれない子どもたちや両親にいろいろな事情から養育力が欠けている子どもたちが、施設養護の対象として養護施設に入所してきた場合、施設養護のみが、この子どもたちの養護手段とされてはいなかっただろうか。施設に入所させさえすればと、施設以外の機能の活用を軽視した向きはなかっただろうか。ときには施設入所児童の家庭などへの外泊は、児童相談所の許可なくしては実施できなかった時代すらあったのである。そして現在も施設養護の機能として、ファミリー・ケース・ワークは認められていない。しかし、施設養護の場にある子どもには、このように家庭養護の場がなくてもよいのではなく、積極的に家庭養護の特色を味わしめる場の設定が必要なのである。

社会養護と家庭養護は、子どもをめぐる諸環境の差異により、子どもの意志にはかかわらず、養護の場として存在するが、そのことから、子どもの人生が決定的な差異を生ずるものであってはならないし、あるはずがない。そのためにも、社会養護は、たまたま家庭で養護される児童に対しても、その機能を積極的に提供し、逆に施設養護にある児童に対しては、家庭養護の協力と、その機能の取り入れを考えることが肝要である。

施設養護における機能改革の一策として、最近養護事業界の話題となっている「小規模養護家庭」があるが、施設養護に家庭養護性の導入を配慮して、すでに国際的には多く例をみることができるスモール・グループ・ホーム（または、ファミリー・グループ・ホーム）への着目ともいえよう。これらの提起は、児童養護のあり方として、施設養護か家庭養護かを論ずるのではなく、施設も、里親も、そして家庭もともに協働するという方向への前進といえる。

2　施設養護と里親制度

（1）児童福祉法における里親制度

児童福祉法第二五〜二七条で、要保護児童に対する措置について定めている（児童福祉法参照）。

この3カ条を要約し、施設養護と里親制度にかかわる内容をまとめてみると次のとおりである。

「都道府県知事は、保護者のない児童、または保護者に監護させることが不適当であると認める児童について、児童相談所長の報告があったときは、その児童を、里親、もしくは保護受託者に委託し、または乳児院、養護施設等児童福祉施設に入所させること。」

ともすると、施設養護と里親養護は、まったく別個の存在であるかのように考える人が少なくないが、児童福祉法第二七条一項三号の措置にしても、きわめて類似した社会養護の形式である。また施設養護がきわめて小規模集団を指向する場合には、当然同型の対象として、里親養護が存在することは明瞭なことであろう。

「里親」は、児童福祉法施行令第九条三項、児童福祉法施行規則第三〇〜三二条などの定めにより登録された家庭人であって、養護施設などと同様に、児童福祉法第二七条一項三号の措置によって児童相談所より児童が委託される。

「里親」には、元来養子縁組が前提となってはいない。養子縁組は、児童福祉法第四七条・児童福祉法施行規則第三九条にも示すとおり、民法の定めによるものであって、里親が無条件で養子縁組と直接つながるものではない。

「里親制度」は、社会養護の家庭的養護として分類される。養子縁組を期待する里親の場合も、養子縁組が成立するまでが里親であり、当然里親である期間は社会養護の担い手であり、養護施設などとともに最も期待される社会福祉機関であり、機能である。

（2）わが国における里親制度の実態

わが国では、昭和五一年度においては、里親委託児童数二、七九五名、養護施設在籍児童数二六、四七七名、であり、その率は一対九・四であるが、欧米ではほとんど折半であることからしても、里親社会養護の立ち遅れは明確である。

このことは、社会養護に占める施設養護の場が大きく期待されていることと、戦後の一般家庭の生計の不安定性も加えて、施設以外に社会養護がないかのように考えられてきたこと、里親制度が養子縁組のためのものであるかのように考えられてきたことなどによるものと思われるが、行政責任による社会養護の方針づくりの欠陥も否定できない。行政的方針づくりの見方からいえば、福祉事務所の所管する生活保護世帯中、未成年者のみで構成する世帯が少なからずあることなども見のがすことのできない事項であり、「通い親」の制度すら必要とする時代になってきたともいえよう。これらは、当面のテーマとはだいぶそれるし、すでに述べられていることでもあるので、ここでは省略する。里親制度が社会養護の一翼を担うものであり、施設養護との協調の中で、初めて児童養護上の福祉効果の上がるものとして主張しておきたい。

現在まで、養護施設は里親制度への連携を深めて、社会養護の実を着々と実らせてきている。なかでも、ここ数年前より実践されてきた神奈川県における「家庭養護センター制度」、神戸市・大阪市における「家庭養護寮制度」、東京都における「養育家庭制度」などについては、その内容に若干の差はあるが、養子縁組を前提とせず、専門的な家庭的養護として着実に歩みを進めてきた。特に、東京都が力を入れている「養育家庭制度」には、各方面から大きな期待がもたれ、注目されている。

(3) 東京都における「養育家庭制度」の概要

本制度発足時の基本的理念は、当時、その審議会にも参与された日本女子大学松本武子氏が「養護施設三〇年」の中で次のようにのべている。

「東京都養育家庭制度は、指定をうけた施設に養育家庭センターを設置し、専任の指導員の活動によって里親委託の成果をあげることを意図する制度であって、換言すれば、施設が主体性をもって里親制度の推進を図るものである。

養育家庭制度の企画は、児童養護は一般家庭における家庭養護に対し、保護者(親)に欠ける子どもには、社会養護がなされるのであるが、それは、家庭的養護(里親)と施設との協働でなされるものであるという児童養護の体系を基盤として発想された」養護施設協議会編・松本武子「養護施設三〇年」、全社協)

その後、昭和六〇年七月一日一部改正を経て「東京都養育家庭制度・実施要綱」として、十分に基本理念をふまえて作成されているので、その要旨を紹介したい(次ページ)。

◇この要綱は、養護に欠ける児童に、より個別的な処遇を与えるため、家庭での養育が望ましい児童を期間を定めて里親に委託し、専門性をもった養護施設等の施設との協働のもとで養育することを目的とする養育家庭制度につき必要な事項を定める。

◇対象児童は、その生育歴、性格、年齢及び実親の状況等を勘案して、家庭で養育することが望ましいものとする。

◇養育家庭は、児童福祉法にいう里親であり、委託児童との養子縁組を目的としてはいけない。

◇センターは、この制度に理解と熱意を有し、定められた次の要件を備える施設の中から知事が指定する。

(ア)この制度担当の専任職員を2人以上おいているもの。

(イ)養育家庭に対する相談指導のための必要な設備を備えているもの。

◇センターの業務内容については①～⑦まで示されている。

◇児童の委託については、児童福祉法第27条第1項第3号の規定に基づき、児童相談所長が行い、特別の場合を除き、一家庭について2人までとし、その期間は2年以内とする。但し、更新を妨げない。

◇東京都はセンター及び養育家庭に対し、制度運用に必要な経費を都養護施設等措置支弁基準及び民間児童福祉施設整備費補助要綱に基づき支給する。

平成3年度　里親養育手当

合　計	保護単価内訳（1人月間）	
	国	都
39,000円	18,000円	21,000円

養育家庭支度金：1人月間44、400円

事業費：養護施設措置児童と同額を支給する。

この養育制度を発展させて施設養護に家庭性を加味し、スモールグループホーム（又はファミリーグループホーム）の制度化をめざして検討がはじめられた。

ある民間施設においては、すかさずこの試行実践にふみきり、その理論構成を図ることによって、制度作成を促進させる役割を果した実績を多としなければいけない。昭和六〇年、東京都が作成した「ファミリーグループホーム制度実施要綱」を抜粋して紹介する。

◇目的は、本制度を実施することにより、養護に欠ける児童に対し、望ましい養護形態、即ち、従来の施設養護と里親制度の中間的形態を提供することである。
◇定義
①施設から独立した家屋（施設分園型グループホーム）において、入所児の一部として養育を行うもので、一ホームあたりの児童数はおおむね六名程度とする。
②一定の専門性を有する里親が、地域社会の独立した家屋（里親型グループホーム）において、児童の養育を行うもので、一ホームあたりの児童はおおむね六名程度とする。
◇対象は、養護に欠ける児童のうち、その生育歴、性向等から判断して、ファミリーグループホームの方が望ましい児童とである。
◇グループホームの設置基準として四項目がある。うち2項目を列記する。
①グループホームの設備は、原則として、児童福祉施設最低基準第六六条に準ずるものとし、児童居室は、養育に必要な広さがなければならない。
②職員は、指導員又は保母の有資格者を原則として、男女各1名の専任とする。但し、必要に応じて、施設から補助職員を派遣することを妨げない。

◇ファミリーホームの設置基準は、一定の要件（別に定める）を備えた里親登録者（知事の指定をうけた者）が運営する。
◇他に、知事のとるべき措置として四項目、児童相談所長と施設長は相互の意見に基づき、グループホームの養育が望ましいと判断した児童を入所させるものとする。また、養育家庭センターの業務について四項目、児童相談所の業務として二項目を定めている。
◇経費については、都が東京都養護施設等措置費支弁基準に基づき支弁する。
◇児童養育の実施状況を報告する義務があると同時に、事故発生時には民法第七〇九条又は七一四条に基づく損害賠償責任ある時これに対応する。但し、ファミリーホーム者の故意又は重大な過失がみとめられた場合は除く。

3 施設養護の特色

(1) 施設養護の特色と職員の勤務体制

施設養護の特色ともいえる事がらをあげてみると、次のとおりである。

(1) 運営の目的、方針を十分協議し、全職員が理解し、その達成・向上に共通の努力を示すことによって、公平、平等、充実した処遇が実施でき、養護の効果が大きく期待できる。

(2) 職員の資質向上、専門性の充実、科学的アプローチなどによって、対象児童個人がもつニード、発育課程のそれぞれに対応して、適切な弾力的な処遇効果が期待できる。

(3) ファミリー・ケースワークなどの技術の駆使によって、児童の家庭、両親を中心とした家族などの関係調整、および回復につながる効果が期待できる。

(4) 施設におけるチームワークのよい職員集団の協働、児童集団の利点を生かした児童同士の影響力も加え、協調性の培養とともに自我の確立など、パーソナリティ形成上の効果が期待できる。

これらの特色は、ときとしてその条件が十分具備されない場合など、逆に欠点として処遇上マイナスの効果を生む原因ともなりうる。例をひくまでもないが、運営の目的、方針が、十分理解されていないとすれば、職員間に認識の差が生じ、処遇方法も異状が表れ、内容不徹底な対応がなされ、あらゆる児童養護は形をなさないであろう。また、現在の勤務条件として交替勤務の多い中で、処遇職員の連続的関係確立を求められる幼児養護などには、当然のことながら職員のチームワークと徹底した連携プレーなくしては養護が成立せず、もしこの点を誤れば、児童の成長を完全に破壊することにもなりかねない。

職員が個別に処遇にあたることで、交替制を否定し、連続性を維持し、「困難で、問題の起こりやすい連携プレー」に期待しないで処遇効果を上げようとする考え方に立脚した職員体制は、現状でもなかなか確立しにくい体制であり、若い世代の対労働感覚から思えば、将来ますます不可能に近づく体制でもあり、運営上このことを主として目標にすることは、危険が多いといわざるをえない。

1日を基準に交替制とするか、1週間・1ヶ月・1年を基準に交替制とするかは論を休めるとしても、職員の交替勤務は必至であり、1人の職員によってすべてを処遇することはありえない。その交替の方法、交替のあり方に課題が残り、それに取り組む職員の姿勢や運営の内容に問題があると考えられる。

施設養護が、集団養護の特色を発揮するとしても、その集団規模については、すでに多く示されているように、小規模化への道を歩んでいるといってよいのではなかろうか。

ここではこの問題にはふれないこととするが、施設養護ではその形態、規模の差などはあっても、集団性は存在し、職員の労働性は否定できないのも特色であろう。

（2）施設養護の特色を効果的に発揮させる諸条件

ここで、施設養護の特色を、より効率よく発揮させる諸条件についてふれておきたい。それは職員の恒常性に関して、その定着性をなんとしても長くさせることの必要性である。後節でも詳細に述べるが、施設養護の一貫性の必要性は、子どもに一貫した感覚を持続させることの重要性から多く論を待たないところであるが、そのためにも、職員の定着性を高めることが肝要である。

施設養護の期待される養護の内容としては、「両親による養育の部分的、一時的欠如を補うサービスとして、短期的、援助的、目的的養護」、「両親による養育を全面的またはそれに近く代替するサービスとして、長期的、一貫的養護」という二面があるが、このうち職員の定着性がとくに求められるのが、必ずしも長期的・一貫的養護として長期間施設養護の対象として在籍する児童に対してのみでないことはいうまでもない。

児童の平均在所期間が、以前に比べて4・5年（平成3年度調査）と短かくなってきているだけに、職員の定着性をもって、その資質を高め、施設養護の特色を発揮させるための重大な課題とすることに異存がないであろう。

そして勤続年数を長期化することのためには、女性職員の多いこの施設養護にとって結婚と勤務、出産と勤務の課題を解決しないわけにはいかない。少なくとも、結婚や出産が勤務継続の支障となることから一刻も早く脱皮しなければならないだろう。

二、施設養護と職員集団

1 児童の成長と職員の役割

(1) 職員の条件

児童の成長に関する職員の影響力は、それ自体、施設養護そのものといってもよい。元来「福祉は人なり」といわれているが、まさに、施設養護が効果的に遂行できるかいなかも、職員しだいである。「運営の根幹は人なり」ともいわれる。この言葉は、福祉施設のみにいえることではないが、特に福祉施設にはピッタリ合う言葉として評価できよう。

福祉が人なりといわれ、運営が人なりといわれるが、その「人なり」の人とは、人の質的な評価についていわれるのが第一であろう。立派な人格者、優しく熱意のある人、卓越した見識、専門的知識を有し、行動力のある人など、その人のもつ人としての質を指して、「人なり」といわれているのであろう。

このことについて、多くの施設長の言として「好ましい職員」についての条件を、

① その職員が社会福祉に熱意をもっていること。

② その職員が心身ともに健康であること。

③細かいことにも、学ぼうとする姿勢ができていること。
④要保護者の立場に立って、ものごとを考えることができること。
⑤施設全体の事情を考えたうえで、最高のサービスができるように努力すること。
⑥施設長、その他の職員との人間関係を前向きに深めていくことができること。
⑦必要な専門知識を一応修得していること。

などがあげられていると、「社会福祉施設管理総論」のテキストの中で、大正大学の重田信一は紹介している。

施設における人としての質は、施設長をはじめ、すべての職員に問われるところであろうが、特に運営の当面の責任者である施設長に望まれる内容が大きい。

しかしながら、人の質のみで福祉施設は運営されていけるものではない。

（2）養護施設における定員数

「施設は人なり」とは、人の質もさることながら、人に求める別の要素も対象にして考えられなければなるまい。

それは、人の量、職員数であり、人の和、職員集団のチームワークでもあろう。

ひとりの人間に、あらゆる要素を質として期待していくだけでは、施設養護は成り立つものではない。

多勢職員が集まりさえすればよいとはもちろん考えないが、その人員数はきわめて重要な要素として取りあげられるべきであると思う。

施設養護においては、その児童集団の養護に適切な職種の職員が、適切な人員数だけ配置される。すなわち量の確保が肝要であって、そこに職員集団としての機能が確立し、チームワークが効果をあげ、施設養護を進めることができる。この中で、個としての職員の質も生かされるのである。

現在、福祉施設における要改善点が論議されているが、なかでも職員数の未整備、不充実は、最も急がなければならないこととされている。

養護施設など児童福祉施設の職種別職員定数表は巻末の付表のとおりである。

職員定数は、児童福祉法発足時（昭和23年1月1日）以来、年次を追って改善されてきた。これを養護施設について示せば、表1のとおりである。

以上の職員定数の変化改善を、定員五〇人の養護施設で、昭和二三年時代と現在を比較してみると表2（338頁）のとおりである。

児童指導員・保母が、改善の対象として調理員などとともに増員されてきたが、まだ不足していると の声が大きい。四一人以下の施設の栄養士、全施設の看護婦の未配置などにも要改善の声が高い。

量の不足は、質の内容にも大きな影響を与えることは論を待つまでもない。

（3）施設運営における人的条件の重要性

施設養護が、職員によって維持されていることはいうまでもないが、児童の成長に従がってその微妙な役割を果たしていかなければならない職員が十分に配置されていないのでは、その成長発達に資することはできない。

表1　養護施設における職員定数

施設長	1人。ただし定員が30人未満の場合は、児童指導員の兼務とする（変化改善なし）。
児童指導員・保母・職業指導員	昭23～36　通じて児童定員10人につき1人 昭37　定員60名以下の施設については、この定数のほか1人を加算する。（小規模加算制度の設置） 昭39　10:1→9:1、小規模加算60人以下→55人以下、職業指導員制の設置 昭41　9:1→8:1、小規模加算55人以下→50人以下 昭46　8:1→7.5:1 小規模加算50人以下→45人以下 昭47　7.5:1→7:1 昭48　50人以下の施設に、夜間勤務非常勤職員の配置 昭50　50人以下→80人以下に1人加算、夜勤非常勤制は廃止 昭51　7:1→6:1（小規模加算45人以下はそのまま） 昭54　主任指導員の新設 平成2　31～35名の定員施設に非常勤指導員の配置、管理宿直専門員の新設（71名以上に1人） 平3　71名以上→51名以上、主任保母の新設 職業補導設備を有する施設にあっては、別に定めるところにより必要な人員を加算する。
幼児に対する保母加算	昭41　3歳未満児の加算新設置5：1 昭43　幼児加算新設置7：1 昭44　幼児加算新設置7：1→6：1 昭45　3歳未満児5：1→3：1 昭46　幼児加算6：1→5.5：1 昭47　幼児加算5.5：1→5：1 昭51　幼児加算5：1→4：1、3歳未満児3：1→2：1
栄養士	昭49　定員101人以上の施設に新配置（11施設） 昭50　101人以上→81人以上 昭52　81人以上→71人以上 昭54　71人以上→41人以上 ただし、定員41人以下の施設には非常勤がつく。
調理員等	当初　当初は雇傭人と称し、定員50人未満2人、51人以上は50人を増すごとに1人 昭48　91人～99人に1人加算、141人～149人に1人加算、非常勤調理員の新設 昭50　50人未満2人→3人 昭51　60人未満3人、61人以上は30人をますごとに1人、ただし、増員分は非常勤となる。 昭52　90人未満3人→4人ただしがきはそのまま。
書記	当初から定員150人未満は1人／定員150人以上は2人　＞長期にわたり続く 平成1　事務補助員として70人以上に1人 平成3　事務補助員として全施設に1人
	昭51　看護代替保母の新設

特に最も成長性の著しい幼児期の個別養護重点的配慮を進展させるためには、昼間保育などの専任保母配置による充実した養護が大切である。

養護施設は、児童福祉法に定められるとおり、満一歳より満一八歳までを対象とし、同法第三一条は満二〇歳までの在所期間の延長規程も定め、年齢的に最も成長の激動期を養護するのである。しかも入所時年齢をみると、五歳未満四六・一％、一一歳未満までで九〇・二％（養護施設三〇年資料篇より）を示し、児童の成長上、最も十分な養護を必要とする低年齢期において、大半が施設養護に身をおくのである。このことからも、職員の役割はきわめて重大な責任を担うのはいうまでもない。

児童の成長と職員の養護上の役割を相互に関係づけていくための施設運営には、当然、人的構成を中心とした条件づくりが肝要な問題となる。この立ち遅れは早急に改善をしていかなくてはならない。

養護施設における職員の養護行為についての考察として、「養護施設三〇年 施設養護の特質と実践上の課題」で吉澤英子は、次のように述べている。

(1) 養護行為とは、調和のとれた児童の人格発達の保障の確保であり、意図的、無意図的努力の総称であり、その実りでもある。

(2) それは、児童の身体的な側面、行動的側面、情緒的側面、知的な側面、社会適応能力の増進、人間関係創出過程などのあらゆる生活営み側面における物的精神的保障が含有されるのである。

(3) 養護行為は、一般的に家庭における親子関係を基軸として、具体的に確保されるもので、施設養護では、それに代わる社会集団の中で意図的営為によってなされるものである。

(4) 施設養護では、児童への職員の対応の中心をなすものは、職員の仕事への動機、人格知識、行為であり、職員の勤務形態や労働条件は、その行為を最も有効に機能させるよう考慮されてしかるべきである。

以上の行為は、職員と児童の人格的対応の中で機能するものであり、これを施設の組織や運営管理、物理的条件が側面から支えていくことが大切といえよう。

この論は、養護施設界で一応定説と認められているものであろうが、その解釈にはきわめて慎重でなければならない。それは、職員の勤務形態や労働条件は、養護行為を最も有効に機能させるための前提条件として考えるか、養護行為を最も有効に機能させるためには、必ずしも優先して考慮しなくともやむをえないと考えるかでは、相当の開きとなってくるということである。

2　職員集団の連携

わが国における施設養護は、現在もなお、不十分な条件下において進めなければならない面がある。この不十分な条件の下で、なお少しでも充実した養護を行うためには、各機関・施設では相当の努力が強要される。その人的条件の不足を補充する策として、最近施設でみられる具体的方策の例を示してみたい。

(1)　職員の勤務時間と養護に必要な時間帯との調整

このことは、どこの施設でも重視して、さまざまな努力が払われている課題であろうが、最近とかく勤務時間の改善のために、児童養護に必要な時間帯との調整が十分行われなかったり、逆にマイナス的方向で改善と称せられたりしている例もあるなかで、東京のある公立施設の数年間にわたる努力を紹介しておきたい。

この施設では、児童処遇の中心となる保母の勤務時間を、保母自身の主張を基本として、継続8時間勤務の日勤（AM8：30～PM5：00）中心のローテーションであったものを、現在では、学齢児童の施設内処遇の時間帯に合わせて、継続勤務も含めて全体的に夜型に移行し、児童のいない施設勤務の欠点を是正した。

養護施設における処遇職員の勤務は、児童の在施設時間に合わせると、朝の数時間と夕方以後に片寄ってくる。したがって、通常の日勤（AM8：30ごろ～PM5：00ごろ）では、児童が登校中勤務となり、児童のいない施設での勤務というナンセンスなものとなる。通常勤務の日勤者は、遅くとも午後6時には勤務を終わるのであろうが、養護施設の午後6時は、児童生活の中心的時間であって、これからというときで、勤務が終わるのは養護施設勤務としてはふさわしくな

表2　養護施設における職員定数の変化

職員名	昭和23年	昭和54年	平成3年（50名定員）
施設長	1	1	1
児童指導員 保母	5	8	8＋小規模加算1
栄養士	—	—	1
書記	1	1	1＋事務補助1
調理員等	2	4	4
嘱託医	1	1	1
計	10	15	18

い。初めの努力は、午後6時30分まで勤務することから始め、相当の年月と十分な評価・協議を経て、午後8時30分勤務終了の遅番勤務の体制をつくりあげた。この体制は、継続勤務だけでは困難なので、断続勤務も取り入れ、たまにではあるが、朝、夕の勤務、AM7：00～AM9：30間は休憩として、PM3：00～PM8：00の断続勤務が生まれた。

勤務時間帯の改変の内容を問うのではない。ともすると、勤務の継続性、拘束時間の短縮化、勤務終了時間の切り上げなどを改変の中心課題として、施設養護の効果が無視されがちな労働条件改善対策下において、この例を示すのは、改変の主体が管理者ではなく、職員自身であること、その改変のプロセスを取り上げたいのである。夜遅く勤務が終了する勤務体制をすすめるには、職員の住居問題が解決されなければならないことはいうまでもないが、このことは管理者側の努力として、施設内職員住宅の充実が課題となろう。

就業規則は、管理者が一方的に作成し、職員に示しうるものである。ただし、その内容を改変するとき、労働時間などについては、労働条件が低下するとみられるものに関し、全職員の了解が必要となる。勤務時間などの設定は管理者の責任であるが、職員の主体性尊重の意向が欠如すると、労使間紛争のもととなりかねない。施設における労働条件改善の努力は、労使間どちらの責任かとして問われる以前に、現状の公的措置のうち、特に人的条件の不十分性の補充策として評価されなければなるまい。

（2）職員集団のチームワークの重要性

職員の意見をまとめるのに、職員集団としての連携を重要視することを忘れてはならない。このことは、方針・条件を協議するときのみならず、子どもからみた職員像の中にも指摘できる。

子どもの意見の中に、職員グループの連携の欠如を批判するものが少なからず見受けられる。

「職員によって、自転車に乗ってはいけないといったり、いいといったりする。いうことがあてにならないのはきらいだ」

「前の日に頼んでおいたのに、朝になったら保母さんが替っていて知らないという。職員は身勝手で困る」

「掃除がすんだら遊んでもいいというから早くすませて遊んでいたら、もっと手伝わなければいけないという。はっきりいってくれないからいやだ」

こんな意見が出てくるのは、個々の職員の連絡が悪いというよりも、職員集団としての連携が行き届いていないことから起きてくる場合が多い。

施設養護における職員への期待の中に、非常に高度に完成された個人よりも、平凡なまとまりのある集団のほうが望まれるのが少なくないのも事実であろう。

少しぐらい短気な人、逆にちょっとのんきな人、潔癖できれい好きな人、少しぐらいちらかっていても気にならない人、お風呂に入るのが好きな人、きらいな人、英語の得意な人、数学・国語・工作など得意な内容がいろいろ違う人、これらのさまざまな性格や、特徴をもった職員が集団として施設に存在し、その個性を十分生かしながら、連携を高め、気心を通じ、子どもたちと喜んで一日一日を暮らしていくことを願望している施設長が少なくない。

職員集団の連携を、施設の目的を効果的に進行する方向で期待するために、

(1) 職員諸会議を場としての連携

(2) 現任訓練を通じての連携
(3) 人間関係向上を図る
などが、施設では実践されている。

(3) 職員諸会議

(1) 職員会議
全職員で構成し、施設の活動目標を効果的に進行するために協議する。通達・連絡なども行う。週1回を標準とするが、その回数内容も、最近だいぶ各施設の独自性を示すようになってきた。全体職員会議と分散会議とを隔週に行う施設が多くなってきたようである。

(2) 職種別、グループ別の分散会議
処遇職、事務職、給食関係、その他業務職など、職種別に施設の活動目標、部分目標などの討議をし、全体職員会議の小会議的役割を果たす。グループ別分散会議は、部分目標討議など職種を問わず、その事項のためのグループ討議で、行事運営、職員会議のための小委員会などがあげられよう。

(3) ケース研究会
養護ケースの検討・研究などのために、全職員、処遇職員、グループ職員などの構成は弾力的にしてもたれる。職員会議とともに毎週曜日を定め、月のうち1回または2回をケース研究会としている例が多くなってきたようである。

(4) 問題別会議

分散協議と同様ではあるが、新企画の検討（勤務形態の大改変、施設設備の大改善、養護方針の大改変など）を行う場合、職員会議の協議の前段の手段として、プロジェクト・チーム的協議を行う。職員諸会議としては、以上があげられよう。もちろん、これらの諸会議は施設目的の効果的運営のために実施するものであろうが、その会議の運営を通して職員集団の連携を高め、共通の理解の進展を意図したい。施設運営に対して、民主的執行を基本課題とする重要性が問われているが、施設運営上欠かすことのできない職員諸会議の運営がより民主的に行われることが肝要であろう。

民主的運営として、一般的には利用者の主体的参加が課題化されているが、少なくとも児童養護においては、児童会などの枠内で行われるべきであって、施設運営の主体的参画は職員までにとどめる限界はあろう。児童の人権的保障は、客観的大人としての感覚の中でまず確立させなければなるまい。

（4）職員集団の連携における現任訓練の重要性

現任訓練を通じて、職員集団の連携を高めていくことは、職員の専門性を高めるための基本となる資質を同一水準化していく道として重要であろう。施設養護において、子どもが職員に求めているものは、「より手慣れた、より行き届いた処遇」であり、その質においてもすべての職員に同レベルな要請がなされている。これらにこたえていくためには現任訓練を通じて、資質、知識、理解などの共通の淘汰が大切である。

これらの配慮を通じて、施設長と職員集団の連携をより高めるための人間関係は培われていくのである。

特に施設では、理論より実践に重きをおく必然性もあるが、実践理論*の展開の理念としても、現任訓練による共通理解への到達への努力は、連携性向上のために重要である。現任訓練は施設独自で実施する場合と、施設が合同して企画実施する場合とがあり、後者の実績が近年高まりつつある。施設養護では、規模の相当大きい施設でも職員数は五〇人どまりであり、一般企業に比べてその小規模性は否定できず、必然的に集合的組織化が目指され、協業は促進されるであろう。

＊杉本一義：養護実践と福祉理論の方向性、養護施設三〇年　全社協全国養護施設協議会

職員が人間関係を深めていく場合、仕事の中で深めていくことは確かに理想的ではあるが、しかし、必ずしも仕事を通じてだけでは、その深まりは期待しにくい。そのためには公的な研究活動のほかに、自主的な研究サークルなどへの参加にも理解をもち、趣味、娯楽、レクリエーションなどを通じてのコミュニケーションなども重要で、施設合同レクリエーションなどの発想も生まれてこよう。

3　職員集団と施設長の関係

(1)　養護における職員と施設長の役割の違い

「子どもの処遇にあたって、主役は保母であり、児童指導員である。子どもたちから慕われ、子どもたちが最も信頼するのも保母であり、児童指導員でなければならない。まちがっても、施設長や幹部職員が主役になってはいけない」

「責任者は主役ではない。脇役を全うする中で、運営の責任を果たしていかなければならない。それが施設長である。」

前理事長の遺訓として、私が座右の銘としているものである。

子どもの施設では、子どもに慕われることがどんなにすばらしいことか、だれでもよく知っている。どんな日ごろの苦労も、子どもの喜びの声一つに忘れてしまうことができる。しかし、それを実践し、それを味わうのは、保母や児童指導員でなければならない。施設長は、自分自身それを味わうのではなく、保母や児童指導員が子どもから慕われ、子どもの声に苦労を忘れている姿を見て、いっそうの喜びとし、楽しみとしなければならない。うっかりすると、施設長が子どもの中心となって、保母や指導員を養護の脇役にしてしまっている人もいるようであるが、これはまちがいである。どうしたら、施設で保母や児童指導員が、そしてそれを取りまく職員みんなが、子どもたちとともに、毎日を力の限りがんばり、生きがい、働きがいのある日として送っていくことができるかを考え、努めることが、施設長の役割であろう。そのためには、職員にきびしく対応することもあり、子どもたちに、「こわい園長先生」の印象を与えることがあっても遠慮してはならない*。民間の養護施設では、「長」と名のつく職員は施設長一人である。(公立といえども、多勢はいない)。したがって「職員集団」と対応するのは1人の施設長である。施設長は、その施設の理事者・管理者の代表であって、まさに一人で施設の全責任を負っているようである。

*第一回福祉施設士講習会レポート集II　全国社会福祉協議会

(2) 集団の意志を推進するために

とかく、集団の場合、個人の「ほんね」が内蔵され、公約数的「たてまえ」によって、その意志が定まってしまうことが多い。「本当は私は疑問に思っているのですが、みんなで決めたことですから」と、集団の意志が伝えられてくることが少なくない。集団の意志は、「ほんね」であれ、「たてまえ」であれ、所定の手続きを経て決定されたものとして伝達通報された場合は、その組織としては、それが尊重されなければならない。熟練された集団においてすら、必ずしも全構成員の「ほんね」によって意志が定まるものではない。集団である以上、多かれ少なかれ、「たてまえ」による和によって意志が決定するものである。よりよく熟練された集団とは、その意志が、「たてまえ」的に少なからぬ妥協によって生まれたとしても、その意志を強く推進することのできる集団であるはずである。そして、勇気ある意志の改変もできる集団であるはずである。

職員集団の立場では、集団の意志を、いかに強固ならしめるかの努力としての協議を大切にし、決定には従順を示し、相手かたへの伝達には相手かたの立場も理解して、懇切ていねいであることが大切であろう。

職員が、個人としても集団の一員としても、熟練された資質を保つためには職員集団の連携は重要であり、その尊重を管理者は怠ってはいけない。

「スーパービジョン」の必要性は、今さらいうまでもないが、「スーパービジョン」は、あくまでも管理体制上の機能であって、これのみに完全を期待することは困難である。職員としての資質の向上や、よくいわれる倫理観も、職員集団によってそのコンセンサスの中で培われることが大切であり、条件でもあろう。施設運営の目的を、施設長がより的確に職員に伝達するためには、職員集団が施設運営目標を的確に把握していなければならない。施設が児童養護の目的に向かって、その方針をいかに事業の中で徹底させていくかは、それらをいかに職員集団に共通の理解として承知させるかによるものといっても過言ではない。その意味で、施設長は、施設の全機能が忠実に、適正に、福祉目標に向かって進んでいるかを確認し、推進する役割をもつ。職員が個人として施設目標を理解することのみで満足するのではなく、集団の意志として、どう理解しているかの確認がたいせつである。そのときは、職員が、個人としても、集団のひとりとしても、施設長の立場を理解し、業務上の指示命令を尊重し、協業の精神で施設目標に向かっての推進力のひとりとなりうるのである。

三、施設の運営・管理と組織化

1　効果的な施設運営

(1) 施設運営と企業運営の違い

一般的に、運営（または経営）・管理とは、企業体が生産や販売などの自由競争に勝つためと利潤追求のために行われる合理的努力であって、企業目的をより能率的に達成せしめる、物的条件、非人間的合理化・科学化を求めることを意味するといわれている。

最近では、その能率向上には、各種物理的・物的条件や労働条件よりも、人間関係管理が重要であり、働く者自体の身分安定感や、労働自覚が肝要であるともいわれてきた。

福祉施設が目的とする対象者への福祉サービスをいかに向上させるかは、施設にかかわるあらゆる人の願いであり、責任である。

「施設の運営とは、その福祉目的・方針を実際の福祉サービスのうえに具体化できるように、施設ぐるみで努力する過程を指し、施設運営の専門的方法とは、その過程を評価し、修飾しながら、最も効果的に推進する専門的方法をいう」。これは、社会福祉施設運営の専門的方法の動態的定義として、大正大学重田信一が紹介しているジョン・シー・キッドナイ JOHN C. KIDNEIGH の一九五〇年の定義意訳である。

運営とは、その施設の事業を推進するにあたって、その目的である福祉サービスが順調に実現されるように、施設の機能・活動を効果的に展開する過程であるとするならば、施設の運営方法が、「施設の目的を実現するために、その施設の諸設備を充実し、賃金や労働時間などの諸条件を整備改善して、合理的な推進を図る」いわゆる条件整備を中心とした考え方ではないことがわかろう。

社会福祉施設運営にあたって、施設の利潤が追求されることはない。もし、施設の利潤といえるものがあるとすれば、それは対象者の福祉向上であろう。

一般企業でも、企業が利潤追求のみを目的とはしていないと説明しているものが多いが、いかなる企業も、企業である以上利潤が求められて当然であろう。しかし、その利潤が労使共通の目標であることについては、説明が無理となろう。企業の利潤は、根本的に、労働者の報酬と対立的な内容をもつものである。この点が福祉施設とは大きく異なる労使間の課題であるはずである。

社会福祉施設が、対象者の福祉向上を目的とすることについて、その目的は、単に施設の目的であるばかりでなく、目的の存在そのものが施設発生の要因であり、目的が、職員に訴え、職員を求めているともいえる。福祉の目的は国民のものであり、行政施策も、福祉施設も、職員も、対象者も、同じ目的を目指しているのが特徴である。

したがって、企業にみる労使関係のように、一方の利益が一方の損失を生みだすことは、基本的にないはずである。目的を一にしている集団としての施設に、企業的利潤追求を目指す運営の効率性に対する期待はない。

施設の運営は、経営主体・設置主体の利益のために存在しない。施設の運営は、対象者福祉サービスの向上を目的とし、そのために働く職員の生活・健康・意欲の保全に努めることに重点がおかれ、それを求めて、効果的な運営実践が進められるべきであるとも考える。

(2) 設備基準

福祉活動を推進するためには、基本資産としての、土地(借地の場合も少なくない)・建物・諸設備・諸物品が、必要な最低の要件を満たさなければ成り立たない。また職員が適正に配置される必要がある(適正の判断に論議が多いが)。さらに経済性が維持されなければならない。運営経費は措置費および自己財源とがあり、経費の充実は活動推進に大きな影響力をもつ。

養護施設の設備基準は、児童福祉法第四五条に基づいた最低基準令として示されている。昭和二三年制定以来、改訂が十分でないために、早急に全面的な改訂が業界内では問題となっている。昭和五二年度に、施設整備補助の基準面積の改訂が示され、長い間、13・2㎡であったものが、19・7㎡に改められた。これが事実上の基準面積となる。このほかに集会室などについて別途補助の便も図られる。職員宿舎についても補助の対象となる。法に明記された基準ではないが、この整備補助の基準が施設の設備基準化しているのが現状である。

最低基準は職員に関しても、職種・資格・配置の基準を示している。その内容は巻末の付表に示すとおりである。

経費に関しては、これを措置費として支弁されている。

措置費は、次の区分からなる。

事務費：人件費（職種別職員定数表に示す職員についての人件費）・管理費（庁費・旅費・補修費・保健衛生費・研修費）

事業費：生活諸費（飲食物費と日常諸費）・教育費（義務教育のための費用）・学校給食費・見学旅行費（いわゆる修学旅行費）・入進学支度金・特別育成費（高校教育費）・期末一時扶助費・就職支度金・職業補導費（通所のための交通費）・児童用採暖費・医療費・葬祭費

などである。

国が定める措置費（国庫負担交付基準で定められた費用）（最低基準を維持するに足る費用）のほかに、

各都道府県および市町村の独自の補助が行われているのが現状であり、その内容には、地方公共団体の考え方、財源力などで相当の差のあるのも現状である。

これらの要素（土地、建物、設備）（職員）（経費）を運営の条件として充実していくことが望まれる。

（3）人事・労務管理における特色

特に職員配置、採用、教育訓練などの労働能力の管理、労働時間や賃金などの労働力保全の管理、人間関係管理、労使関係管理などを内容とする人事・労務管理を中心に施設運営を促進する条件として考察してみたい。

児童福祉施設最低基準令第六八条は、養護施設の職員に関して定めてある。この条の第三項は、「児童指導員及び保母の総数は、通じて、満三歳に満たない幼児おおむね二人につき一人以上、満三歳以上の幼児おおむね四人につき一人以上、少年おおむね六人につき一人以上とする」と、いわゆる六、四、二の処遇職員の基本配置数を示している。

最低基準令がスタートした昭和二三年当初は、一〇人につき一人であったことからは隔世の感がある。三歳未満児も五人に一人から、二人につき一人まで改まった。しかし、現在、週40時間勤務、週休二日制の時代には余りにも問題がありすぎる。予算が改善されると改訂される項である。

第六九条は児童指導員の資格を、第七〇条は生活指導を行うにあたって遵守すべき事項と逐次示されている。

保母の資格については、児童福祉法施行令第一三条第一項（現法令改正前）に定められている。

人事管理の内容として、「資格」は重要であるが、児童指導員、保母、栄養士など、法に準じて定められるのが普通で、特に施設管理の内容とはされていない場合が多い。「資格」より「資質」を問題とし、採用に関しての留意点としている施設が多い。

（4） 職員の採用のあり方

人事管理の中の職員の「採用」に関しては、施設運営上準拠すべき法規に制約されることも施設では少なくない。人事管理はもちろん管理者の責任であり、専権性も強い。ここで、「採用」を例にとって、「効果的な施設運営」について考えてみたい。効果的な施設運営とは、福祉サービスの向上に十分評価できるものでなければならないとするならば、そのことによって、職員の福祉意欲が高まり、養護の実があがらなければならない。

職員は、施設長の立場からは使いよい職員が望まれる。使いよいという言葉が示すように、施設長中心的養護の立場が前面に出てきている。このことは、結果的に効果的な運営につながらない場合が多い。使いよい職員を選択する意向から、面接などが独善的に行われる可能性が強く、職員不参加の採用人事となり、職員集団としての拒否的反発を受ける要因ともなりかねない。人事管理や職員採用の権が管理者の専権事項としても、職員参加の幅を可能なかぎり拡大することも大切である。

施設職員の採用が、法人本部においてなされることは現在でもよくあることで、あるいは本筋かもしれない。しかし、施設職員がまったく無関与の状態で採用が決められることは、職員の意欲を低下せしめ、不安定と不満を湧出させ、結果として養護効果がマイナスとなり、時として労使間問題として紛争の種になりかねなく、採用時における職員参加も考慮に入れられてしかるべきであろう。
管理者の決定権、あるいは理事者の決定権をあいまいにしてはならない。採用時の職員参加は、決定権的要素に関与させることではない。もちろん参加する以上、その意見は尊重されなければならないが、責任者の人事権は権利というより義務として、忠実に執行しなければならない性格のものである。

2　労働条件改善と児童処遇

労働条件改善の動きが、社会福祉施設界に波及してきたのは、

(1)　労働基準法遵守を方向として、労働基準監督署の施設点検・勧告がされた。

(2)　労働組合運動・従事者活動を通じての改善要請がされた。

などの刺激によるところが大きい。

特に労働基準監督署の点検・勧告は、過去二回、大きく影響している。

一回目は昭和三五年前後で、福祉施設界も労基法無視論から脱却する努力のみえはじめたころともいえる。大阪社会事業経営協会により、養護施設の実態調査を中心に、共同研究の成果を「労務管理」として刊行され、第一四回全国養護施設研究協議会（京都大会）での資料ともされた、この「労務管理」は、少なくとも養護施設界における労働条件改善策にきわめて重要な役割を演じている。

二回目は、昭和四七年から四九年ごろで、労働基準監督署の監査の結果として、大半の施設に労働基準法違反のあることが指摘された。福祉施設業界は、病院業界、自動車運送業界などとともに、三大違

反業界といわれ、特に福祉施設は違反に対して「ひらきなおる」業界として悪名が高かった。

一回目の昭和三五年ごろには、厚生省は特に対策を示さなかったが、二回目の昭和四九年には、厚生省・労働省の施設における労働基準法遵守対策としての定期協議が月一回もたれるようになり、いわゆる労基法対策二ヵ年計画が実現した。このとき、全国養護施設協議会では、職員の労働適正化特別委員会を設置し、労働条件改善のさまざまな方向づけを示した。

また施設養護の多くの関係者が職員の労働条件改善が児童処遇の内容向上をもたらすことを、例をあげて説明している。そして、児童処遇の内容が、不連続性勤務によって低下するのではないかとの心配は、特に年少幼児について否定できなくなってきている。

しかし前述もしたとおり、職員配置充実にまだ行政努力の不足が残るところも否定できず、手不足からくる労働条件改善と児童処遇の関係に影響している諸要素の改善は、早急にすすめられなくてはならない。幸い国の施策も近年しだいに向上し、努力のあとがみられるので、短期間に実現することは困難であっても、期待はできるであろう。

3　施設における組織化

(1) 施設における一般的組織機構

施設における組織化（縦割り、横割りなど、整然と組み立てられた理論の裏付けのある機構）で考える内容としては、

(1)施設内の機能的、人的、機構組織

(2)施設外諸機関との組織的関係

などがあげられよう。さらにこれら有形の組織機構とは別に、無形の組織機構の考察が重要である。このことについて、大正大学の重田信一は、『アドミニストレーション』＊の中で次のように述べている。

「この社会福祉の組織研究においては、この組織を(a)フォーマル組織、(b)インフォーマル組織との二つの面から考察したい、その際、

(a)フォーマル組織については、理事機関—管理者（施設長）—職員集団に区分し、この間における命令系統、職務分担、それに伴う権限委譲、職員会議の運営などについて考える。

(b)インフォーマル組織については、職員のパーソナリティと組織の拘束、欲求不満の蓄積、派閥、コミュニケーション網、スーパービジョン、問題職員の処遇などをあげることにする」

と述べている。

＊重田信一：アドミニストレーション　社会福祉シリーズ、誠信書房、一九七一

無形（インフォーマル）組織機構については若干ふれてきたが、ここでは省略し、「施設内の機構組織」についてふれていく。

施設の一般的組織機構としては、

(1)理事機構（法人組織、意志決定機関）

(2)管理機構（施設長）

(3)実施機構（職員集団）

の三機構（機関）に分けて考察するのが通常となりつつある。なりつつあるというのは、実際には三機構によって組織化の確立している施設は意外と少なく、特定の社会事業家による、理事機構・管理機構の個人的運営もまだみられることがあるからである。

昭和三九年全国養護施設協議会の調査・研究の中で、「施設長の身分をめぐる」というテーマがあり、

(1)　理事機構の代表者である理事長と、管理機構を受けもつ施設長との兼任について、兼務を原則的に否定し、施設長は、理事機構に理事として参画することが望ましい。

(2)　民間養護施設は、社会福祉法人経営であるべきである。

の二点について方向づけをし、その組織決定を図ったが、明確に示すまでには至らなかった。世襲制についても論議されたが、理事長と施設長の兼務問題に関連し、はっきりした結論は導き出せなかった。理事機構と管理機構の同一性の期待が、責任者の兼務の中で存在し、不明確化されている施設が少なくないのも現状である。

（2）理事機構

①理事機構とは

施設を経営する事業は、社会福祉事業法第二条の定義によって定められた第1種または第2種の社会事業であり、養護施設などは第1種社会事業として、同法第四条で、国、地方公共団体または社会福祉法人が経営することを原則とすると定められている。したがって厳密には施設の理事機構というのではなく、施設を経営する法人の理事機構というのが正しいのであろうが、ここでは特にそれを論じない。

社会福祉事業法第三節では、第三四条から第四三条まで、管理について定めている。ここに示されている社会福祉法人の役員は、三人以上の理事と、一人以上の監事および理事数の二倍以上の評議員（同法第二五条の収益事業を行わない法人については、定めなくともよい）とによって構成される。

理事機構は、その施設（法人）としての福祉目的や、運営方針を決定する機関である。しかし実際には、福祉処遇の具体的方針は、理事機構で企画検討されることは少ない。多くは、施設長を中心とした職員集団において企画・立案され、理事機構の決定を待つにすぎない。本来法人設立と同時に福祉目的は設定ずみであって、法人における新規開設の事業を行うとしてもよほどの大改革でないかぎり、企画・立案を含む福祉目的の設定が、理事機構に期待されることは少ない。

②理事機構の役割

主として、理事機構の役割は、次のとおりである。

(1) 施設事業を実施運営するに必要な予算について審議し、その裏づけとなる財源の確保に努める（措置費、各種補助金、共同募金など以外の財源確保の役割は、理事機構によって確立すべきである。実際には、なかなか困難なことで、理事機構の役割として、効果的に実践している施設は少ない）。

(2) 施設長、会計責任者、出納職員を含め、施設における幹部職員の任免を行う。

(3) 事業計画の実施状況を監督し、運営上の問題点を把握し、施設長の管理者としての役割を援助する。

このほかに、財産保全なども理事機構の責任であろうが、実際はほとんどの施設で管理者（施設長）の所管となっていよう。

以上のことについて、理事機構の本質的な役割が確立していないとみられる向きは、民営法人のみにかぎらず、公立施設についても、実際の理事機構の活動が明確に行われている機関・施設が少ないことからもうかがえる。しかしながら、これらはよしとするにとどめず、実質的な理事機構の確立を目指さなければならない。

養護施設における経営主体別一覧は下の表3のとおりである。

③理事機構の問題点

理事機構が、構成員である役員（理事）によってその役割を執行するのは、理事会における会議を通しての場合が多い。理事会は予算・決算・事業計画・成績の審議をするところであるが、そればかりであってはならない。各施設における理事会の開催回数などについて、詳細な資料は見当たらないが、行政の実施する指導検査などでは、年二回ないし五回程度といわれている。回数だけが問題ではないが、毎月一回開催程度の必要があるはずである。

現状では、理事機構は本来の組織的機能として確立しておらず、その機能を、理事長または常務理事、あるいは施設長、事務長の職員によって代行的に果たされている施設が多い。これらには、明確に欠点があり、改められなければならない重大な課題である。

表３　養護施設における経営主体別一覧（平成元年10月１日現在）

経営主体	都道府県	指定都市	市町村	社会福祉法人
施設数	32	8	28	449
経営主体	都団・財団・日赤	その他法人	個人その他	計
施設数	9	4	4	534

（第45回全養協大会資料より）

しかし、このことは一面、福祉施設の内容が小規模で、組織運営上分化された機能を必要としないことにもよるが、理事長兼施設長にみられるような特定の人の万能主義的な要素を必要とする客観的環境も否定できない。本来あるべき型ではないが、多くの施設が施設長に、理事者、管理者、指導助言者などそれぞれの立場を兼ねさせ、しかもその効率性が否定できない面にも問題があるはずである。

（3）管理機構

①管理機構と管理者のあり方

管理機構といっても、児童福祉施設では施設長一人である。昭和五二年度の予算に、積算上初めて主任指導員単価（5等級2号俸）が新設され、従来（養護施設運営要領に示す）主席指導員とされていた管理者補佐の職員の裏付けがされた。その意味で、一人の施設長と児童指導員のうち一人が管理機構を形成することもありうる。主任指導員単価の設定は、管理体制の強化というよりも、経験の長い職員の給与保障策の一端として理解するほうが適切かもしれない。

理事機構・管理機構を通じて、施設では施設長の任は重大である。

管理者が施設長一人であるとしても、施設管理機構の役割は幅広く、それぞれがきわめて重大であって、その処理は一人でできるものではない。当然、主任者としての児童指導員および保母と書記の数人の職員がこれを補佐しなければならない。その意味での権限委任の内容も重要となる。

管理者は、理事機構と実施機構としての職員集団との中間点に位置づけられ、施設運営の中枢的活動が要請される。

理事機構として、理事長（常務理事）あるいは理事会に対して施設業務の全般について報告し、意見を具申し、各種企画の提案もしなければならない。

また、職員集団に対しては、業務執行の指示、命令をし、助言指導、監督を行い、諸管理を通じての責任者としての対応をしなければならない。

最近は、事務管理の責任者としての役割も要請され、新会計規則の改変による会計責任者としての業務などは、なかなか複雑多忙ともいえよう。

管理者のいかんによって、施設運営は大きく左右される。

管理者は、施設運営が目標に向けて推進されているかの確認者でもある。その点について特に留意すべき事項として、

(1) 理事者、管理者の独善的要素をもたないかの確認。

(2) 目標設定、目標理解、目標達成への実践の運行が、民主的な配慮によってなされているかの確認。

(3) 設定された目標が、施設力量の分を超えていないかの判断。特に人的配置に無理を生ずるようなことがないかの確認。

(4) 実践上、むだはないか、必要のない努力がされていないか、早期むだの発見と、排除についての確認。

(5) 思いつき的、非継続的、日和待ち的など、むらはないかの点検と、むらの排除。

などが、諸先輩によってあげられている。

施設長は、施設の「かなめ」として当然専任されなければならない。

社会福祉事業法第六一条に「社会福祉施設には、専任の管理者を置かなければならない」と定めてある。また児童福祉施設最低基準では、第八条二項に、公立施設の長について、児童福祉事業に二年以上従事した者であって、児童福祉施設を適切に運営する能力を有する者でなければならないと資格要件が定めてある。昭和五三年度より新たに施設長となる者は、保育所など通所施設を除き、一定の基準によることが定められた。資格としては低きにすぎるが、第1のハードルとして、すべての施設長に課させることになったのは、わずかながらも前進といえよう。

②管理者の役割

管理者は、養護実践についての主張を明確にし、実践機構としての職員集団にそれが正確に伝達されなければならない。

年間養護目標の設定、四半期ごとの期間目標の設定、各グループ、問題別の部分目標の設定など、施設目的達成を目指す理事機構の決定を、管理者自身のものと十分そしゃくして、施設目的から逸脱することなく、自分の主張として、職員に示さなければならない。その主張は、強引に押し通す主張ではなく、職員集団が協議の素材として、把握できる主張として明確化すべきものである。

管理者としては、

(1) 養護の実績を通して、総括討議を経て、養護の手段づくりを、年間、月間養護計画として職員集団とともに協議作成する責任をもつ。

(2) 職員の職務分担の指示、変更などについての責任をもつ。

(3) 職員の業務執行の指示・命令をなし、そのことについて、職員会議などにおいて、職員集団への働きかけに疎漏がないよう心がけなければならない。

(4) 施設運営上、必要な財源確保のために、積極的な考え方と実施力をもたなければならない。

(5) 職員集団に対し、あるいは一部職員に対し権限の委譲を行う場合も、責任の転嫁はありえないと心得なければならない。

その他の事項に関しても、施設長が事実上決定、執行しなければならないことが多い。理事機構が最終的な決定機関であるとしても、採用、退職の人事管理から、各種勤務命令、賃金関係、監督官署との連絡をはじめ、渉外、慶弔に関するまで、施設長の決断的業務に属する事項が多い。施設長は、「ワンマン」になるなど非民主的な方向には十分注意しなければならないが、職員に対して、優柔不断の態度を示したり、責任回避の思索行動は厳に慎まなければならない。

(4) 実施機構

①実施機構における職員集団のあり方

施設養護の実施機構の中心構成員は職員である。施設の運営目的を具体的に福祉サービスとして行動するのは、職員集団である。施設養護が、職員集団のみでなく、ボランティア、保護者の協力を得て実践されるとしても、それは、職員集団の活動を通して、理解し、協力するものでなければならない。

職員集団が、効果的な養護実践を推進するためには、さきにも述べたように、職員集団として施設目的を理解し、職員集団の連携が充実し、個人能力が相乗的に活かされることの重要性はいうまでもないが、ここでは職務内容、職務分担の明確化について主としてふれていきたい。

施設養護の現場職員は、ことに児童指導員・保母においては、集団の一員としての業務執行もあるが、多くは主体的な独立的な、判断と行動による業務である。子どもに対応して、いちいち上司の指示や同僚の援助を期待してはいられない。また、変化の多い子どもの生活の中で、事なかれ主義的消極性は、慎まなければならないので、開拓的な、突発的な、そして決断要請的な対応も少なくない。これらの業務は、安定した勤務感を生みにくい。「これでよいのだろうか」「うまくいかないのは自分のやり方がまちがっているからではないだろうか」と不安のつきまとうことも少なくない勤務が、施設養護にはある。

この不安感の解消のために必要なのが、次の事項である。

(1) 目標設定の企画段階からの参加性。
(2) 協議参加時における意見の採用。
(3) グループ職務内容、個人職務内容の明確化。
(4) 主職務（例えば児童グループ担当）、副職務（日用品購入係）などの職務分担と協力関係の確立。
(5) 命令系統の統一化。
(6) 業務責任とこれに相当する権限の付与。
(7) 適切なスーパービジョン。

などがあげられよう。

実施機関としての職員集団の連携の重要性はすでに述べたとおりであるが、そのためにも職員諸会議の運用の適正化と、人間関係樹立の諸施策は、職員集団の機能を向上させるのにきわめて効果的である。「職員のひとりひとりが、自分の業務に満足感、安心感をもって従事すること。そして、業務遂行の努力が正しく評価され、チームワーク効果が助長され、新企画発想の意欲に燃えるような、配慮の徹底が（職員集団として）また管理者の立場で考えられなければならない。」

（「アドミニストレーション」実施機関論の中より）

②施設養護における職員の種類とその役割

施設養護における職員群は、

(a)事務職員（書記）、(b)処遇職員（児童指導員・保母）、(c)給食職員（栄養士・調理員）、(d)業務職員（営繕、洗濯、ボイラー）などに分かれ、処遇職員は児童グループの分類に準じて、担当グループも分類され、職員数に余裕のある場合は、主任制、昼間保育専任保母制などが設けられ、別に、次の分担グループの職務と併職制が採用されている施設が多い。(a)学習補導担当、(b)学校連絡担当、(c)保健衛生担当、(d)日用品、学用品担当、(e)児童会担当、(f)ボランティア担当、(g)実習生担当、(h)地域連絡担当、(i)アフター・ケア担当、(j)ファミリー・ケア担当、(k)研修・現任訓練担当。

現在、実施機構としての職員集団の組織化として、担当外職員を配置する余裕はないので、係長制、主任制が確立している施設は公立施設のほかには少ない。

今後の施設養護は、前述のように、

(1)一般家庭養護に対する児童相談機能。

(2)里親制度のブランチとしての機能。

などを加え、そのために施設児童の養護に、地域社会へのサービス提供、里親開拓、養育家庭的養護指導の業務が、職員集団の業務として期待される傾向が強くなってこよう。このことは、厚生省の児童健全育成対策としての施設の園庭を社会に開放する事業についても同様に考えられる。

これらの新機軸は、設備、費用もさることながら、職員集団との徹底した協議による理解と、自発的行動によって支持されることが肝要である。ファミリー・ケースワークを含め、これらは、多く職員増員を前提とせずに計画することは無理が起きやすい。

事務職員と事務管理のほか、給食・業務職員などの実施機構としての組織については省略する。

四、施設運営と地域社会の関係

1　施設と家庭

(1)　家庭にアプローチする機能の重要性

社会養護と家庭養護の関係については、すでに学んだとおりであるが、施設養護が家庭と無縁でないことは理解されていることであろう。

養護施設児童は、両親・家庭に恵まれていないことは事実であっても、家庭のない児童ではないし、家庭に無縁のものではない。養護施設児童の孤児率は昭和四五年では一一・七％であるが、最近はさらに低くなり、施設児童の大半が、両親または片親の生存を示している。だから家庭と無縁でないというのではない。人間は、本来家庭と無縁ではなく、現在家庭構成に欠ける児童であればこそ、家庭の健全性を体得させる環境が与えられなければならない。このことは、親に恵まれない児童であればこそ、親の認識を深める中で養護され、立派な親に成長する素地が培われなければならないことも同様である。

現在の養護施設は、多角的な機能をもち、福祉サービスに努めてはいるが、残念なことに、施設自身としては、子どもたちの保護者ないしは家庭に対応するものはもっていないともいえよう。子どもが、両親・家庭との関係の中で成長し、それがまた逆に、不安定な諸問題をもつ要素となっていることも否定できない。そのことから考えても、子どもの親もしくは、家庭にアプローチする機能が未整備の養護施設としては、それによる積極的な養護効果を期待できないともいえる。

「養護児童がもつ、社会的・精神的不安定、学力遅滞などに関し、児童への対応とともに、保護者ないしは家庭へのアプローチをいかに考えるか」の課題は、施設養護で、大きく取り上げられるべきものであろう。

保護者ないしは家庭にアプローチする機能が未整備であるということは、いわゆるファミリー・ケースワーカーが施設におかれていないことをのみいうのではない。施設児童の親権をめぐる諸問題や、家庭調査権限などの問題が、きわめて制約的で未整備・未調整の面が多いことなどを含めていっているのである。

施設児童の面会率・外泊率などは、まだ満足できるにはほど遠いものを感じる。問題を抱えている親も少なくない。深夜、飲酒泥酔して来園し、面会を強要する親もいる。逆に、養護上の悪影響を説明しても聞き入れず、毎週何回も面会にくる親もいる。よくも悪くも、児童は親の影響性に敏感である。

また、施設のサービスとしての親や家庭へのアプローチが、子どものさまざまな不安定の解消に役立つことも少なくない。

（2）親に対する施設養護上の留意点

親に対して、施設養護上の留意点として次のようなものがあろう。

(1) 親も社会の変動に生活を脅かされているひとりである。問題をもしもっているとしても、単純に責めてはならない。

(2) 子どもは、親に期待をもち、自分で創造したイメージを抱いている。この思いを、親も職員も大切にする。

(3) 子どもは親といっしょに生活はしていなくとも、親の影響を大きく受けながら成長していくことを親に理解してもらう。

(4) 自分の子どもだけでなく、施設にはいろいろな条件のおおぜいの子どものいることを理解し、面会やこづかいなど、職員との話し合いを大切にしていくことを承知してもらう。

(5) 子どもへの励ましはよいが、過大な期待をして負担にならないよう見守る気持をもってもらう。

(6) 子どもが、親といっしょの生活を大切にできるよう、親自身の生活安定がいかに重要かを、無理なく話し合い、実践へ向けて協力する。

施設の取組としては、これらの問題に関して、施設長、職員がよく話し合い、施設の方針を具体的なサービスに移していく過程で、十分な連携プレーが成立しなければならない。多くの養護施設では、日曜日、土曜日など、子どもたちが学校へ行かない日には、職員はなるべく休みをとらないようにして、面会などに備えているのも、養護上必要な手段といえよう。

（3）家庭訪問の困難さと今後の課題

親や保護者へのアプローチでむずかしいのは家庭訪問である。親が子どもの成長に果たす役割が大きければ大きいほど、親自身の問題解消が望まれる。このことは親を指導するというのではない。親の心に訴え、親の安定を子どもの立場で願い、施設の方針を理解してもらうのである。このために家庭訪問も必要となろう。必要と認める家庭訪問に、施設として実践上困難な点が多い。例えば、職員の手不足もあるし、若い女性職員では問題が残ろう。しかも親の多くは拒否的である。そのうえ、一度や二度で効果のあがる課題ではない。現状では、家庭訪問はごく限られた範囲で行い、多くは児童相談所機能を期待せざるをえないが、早急に具備すべき施設機能である。

親と共同して、子どものもつ諸問題を解決していくことのために、施設内であらゆる角度からの検討を必要としよう。もちろんすべての親が対応できるものではないので、画一的に論じて手段化できるものではない。

なぜ、親の協力を要請するのか、そのメリットは何か、そのための条件は整備されているか、親の介入は、施設の主体的養護にマイナスすることはないかなど、十分職員会議などで協議し、方針を立てなければならない。さらに、ひとりひとりの子どもにとって、その具体策を検討分析し、職員の労働条件との関係も整理して、長期目標の設定もし、時期により評価も加えて推進することが肝要である。また、これらの問題には、児童相談所などとの連携が密でなければ成り立たないことも承知しておかなければならない。

面会にきたり、外出外泊のできる保護者、家庭を有する子どもばかりではないので、社会養護としての養護施設では、ほかの社会養護との連携により、施設と家庭の関係機能の開拓にも努めるべきである。一般家庭、地域社会に、社会養護機能を求める。そこに子どもの社会的家庭を、そして社会的保護者をつくっていくことも施設養護には欠かせないアプローチであろう*。

＊養護施設における課題とサービス体系、「月刊福祉」六〇巻（九号）

今後の課題としてではあるが、養護施設がもつ家庭、施設をブランチとしたスモール・グループ・ホームはもはや目の前に迫った新しい養護形態の一つとなろう。

2 養護施設と学校

(1) 施設と学校教育との連携の重要性

施設は、児童福祉法制定以前から存在し、当然義務教育は行われ、学校との関係はあったはずである。しかし実際には、養護施設の措置費に教育費が見込まれるようになったのは昭和二六年からであり、昭和二三年からスタートしている学校給食費の支給よりも遅れている。修学旅行費ともいえる見学旅行費(実費額の1／2程度)が設定されたのも昭和三五年度からである。

施設養護における教育という面では、児童福祉行政が児童福祉法制定時から重きをおいているとはいい難い。昭和二四年、二五年ごろの養護施設児童は、地域小・中学校の招かれざる客であったともいえる。しかし、すでに児童福祉法が制定されて三〇年、教育界においても施設養護における教育の重要性を十分に理解しているはずである。事実、児童の成長は、学校教育に負うところがきわめて大きく。いまや義務教育年齢児童の養護にあたって、学校を無視できる面は、いささかもありえない。このことは、施設が児童養護の目標達成の過程において、学校をいかに高く位置づけているかということにもなろう。

（2）学校教育との連携のあり方

しかしながら、具体的養護実践の中では、施設内における生活指導的実践に比べて、その力の尽し方は、必ずしも十分とはいえない。そのための専任職員をおき、学校との連携を密にしている施設はほとんどない。

職員会議で、学校教育と養護がどれほど討議されているであろうか。施設内生活指導のための協議ほどに、学校教員との協議がもたれていることはない。もちろんその程度はあるにしても、少なくとも処遇職員は、月一回以上、担任教員との話し合いをもち、施設と学校の懇談会的協議のチャンスも毎学期一回以上はもたれなければなるまい。児童養護に関する共同研究などを、施設・学校の協業性の中に実施することも重要な課題である。施設における職員の職務内容に、このことに関する分担が相当の量をもって確立していなければなるまい。

学校こそ、施設がともに協力して、社会養護を進める最良のパートナーであり、学校こそ、施設が目指すコミュニティ・ケアの最も親近性を示す機関なのである。

児童問題を児童養護の立場でとらえるとすれば、施設と学校は最も緊密な協働者であるはずであり、学校を社会養護と家庭養護の共通の場として活用する以外に、児童養護の理念は具体化できるはずはない。

施設と学校の連携は、施設職員と学校教員の交流で表現される。建物、設備の相互利用・施設行事への招待・学校教員の施設ボランティアとしての協力などの具体策が、両教職員集団の積極的な取組によって、企画・協議・実践されることを期待したい。

学校と施設の関係は、学校と一般家庭の関係の中に求められる相互対応と同様に消化しえなければならない。施設であるが故の特別扱いはできるかぎり排除する方向で考えなければなるまい。

学校行事への参加・授業参観への出席・ＰＴＡ活動への参加なども、一般家庭以上に積極性を示していかなければならない。

その施設の地域活動における決定的な評価は学校との連携によって下されるであろう。それは、施設と学校の関係がうまくいかなければ、施設と地域社会がうまくいっているとはいえないからである。

また、施設と学校の関係で一つのキーポイントになるのは、施設長と校長の交流であり、うっかり見のがすことのできない重要課題である。

3　施設と地域社会

(1)　施設に対する地域社会のサービス

養護をめぐる課題として、施設養護に、家庭養護の利用できる児童養護の相談機能程度はせめて具備させたいのであるが、施設と地域社会の関係は、

(1)　地域社会からのサービスを施設が受ける。
(2)　施設が地域社会へサービスを提供する。
(3)　施設も地域社会構成員として位置づける。

などが考えられる。

数年前までは、地域社会からのサービスを施設が一方的に受けるという関係が主であったが、最近では、施設が地域社会へサービスを提供することも増加してきた。

施設が地域社会からのサービスを受け入れる例としては、

(1)　金銭的には、共同募金、各種福祉振興機関の援助、後援会の寄付、篤志家の寄付、などがある。
(2)　物質的にも、被服、日用品、学用品、遊具などの寄贈から、土地、建物や自動車、電気器具などの寄贈がある。
(3)　労力的には、善意銀行などを通じての各種労力奉仕、理容、美容、学習・書道・花道教授、武道教授から、行事協力、招待行事など幅が広い。ボランティア活動もその一つであろう。

これらのサービスは、施設が経済的に貧困であり、職員の手不足の補充性として、それがなくては施設の成立が危ぶまれた時代に始まり（戦後占領軍の政策も含め）、現在なおその期待はすっかりなくなってはいない。ある時代における学校教育費の免除（例えば、修学旅行・遠足代などの減免）なども、養護成立の条件であった。受け入れる施設の姿勢も、案外あたりまえのようにみられた時代もあった。

（2）地域社会に対する施設のサービス

そのような時代からみれば、今日、施設が地域社会へサービスを提供することができるようになったのも、一つは措置費や補助金の充実によって施設がその貧困から脱け出せたからかもしれない。

施設が地域社会へサービスを提供しているとみられる例は、

(1) 園庭開放、設備の提供などによるサービス提供。
(2) 児童相談、教育学習援助（塾的サービス）など職員によるサービス提供。
(3) ボーイスカウト、ガールスカウト、夏季キャンプ、行事開放などを通してのサービス提供。
(4) スポーツ、趣味、娯楽などクラブ、サークル活動を通してのサービス提供。
(5) 在宅福祉への活動展開（老人福祉にみる在宅給食サービス的なもの）的な費用徴収も伴うサービス提供。

などが考えられよう。

そしてサービスを提供する施設は、そのサービスが施設の余力として提供されるのではなく、社会連帯の感覚の芽生えとして提供されてきていることも事実である。

そこで、この連帯福祉観が、施設も地域社会構成員として位置づけられるという関係を生み出すことになる。家庭における子育てが親の機能のみでは成り立たず、そこには社会的機能が大きく働いてきた。そしてそれ以上に社会養護は、もはや特定のメンバーのみで進められるものではなく、明らかに社会との連帯と協働によって支えられているものなのである。施設養護の社会性はいまや開かれ、閉鎖的な要素を払拭し、地域ぐるみの福祉の中に施設養護も位置づけられ、地域社会とともに連携して児童養護の実をあげていくべきであるという考え方が定着しつつある。

(3) 社会福祉協議会の役割と今後の課題

施設と地域社会との関係の中で、各社会福祉協議会の役割は大きい。それは、地域社会において、住民が主体となり、社会福祉、保健衛生、その他生活の改善向上に関連のある公私関係者の参加、協力を得て、地域の実情に応じ、住民の福祉を増進することを目的とする民間の自主的な組織*」である。

＊住民福祉のための社会福祉協議会活動。全社協

社会福祉協議会は、全国、都道府県、指定都市には法人化設置され、「○○県社協」「○○市社協」の称号で、福祉活動の中心的役割として定着してきた。市町村段階でも法人化が進み、ほとんどの市町村に社協の定着するのも間近い。

施設と地域社会を考えるとき、この社協組織を無視することはできない。ここでは、社協に関する論は省略するが、施設の地域社会とのかかわりについて、社協の役割はまさにこれからの課題ともいえる。

もっとももこのような社協組織は施設どうしの連帯性を、研究活動や行政に対するアピールとしての予

算対策活動の中で推進させ、その効果を期待するのに役立ちはするものの、施設福祉に偏った活動を避ける意向から、施設と地域社会の分離独立の傾向が、この社協内でみられないでもない。施設も地域社会構成員として位置づけられるという考え方が、社会福祉協議会によって確立されることが願われる。

施設養護が、施設所在の周辺の地域社会との協働的方針によって、地域社会の養護参加を実践し、施設と地域社会がサービスを提供したり、受け入れたりしあう関係から一歩前進して、福祉サービスの協働性にのっとった共同体的要素をもって、施設養護・家庭養護がともに、児童福祉増進の方向で発展することを望みたいものである。

《参考図書》

重田信一：アドミニストレーション　誠信書房、一九七一

重田信一：社会福祉施設管理総論（テキスト）

全社協全国養護施設協議会編：養護施設三〇年

全社協全国養護施設協議会編：養護施設三〇年資料篇

厚生省・財団法人資生堂社会福祉事業団主催・児童福祉施設運営管理研究セミナー：養護施設運営管理セミナー報告書

厚生省児童家庭局企画課編：児童保護措置費手帳

芹沢勇：社会福祉施設管理　ミネルヴァ書房、一九六九

東京都養護問題検討委員会：養護施設の当面する諸問題について

付表　児童福祉施設の職種別職員定数表
養護施設

職種別	職員の定数
施設長	1人。ただし、定員が30人未満の場合は、児童指導員の兼務とする。
児童指導員 保母	学童　6：1　4歳～6歳　4：1　3歳未満児　2：1 定員45人以下の施設については、この定数のほか1人を加算する（小規模加算）。
職業指導員	職業補導設備を有する施設にあっては、別に定めるところにより必要な人員を加算する。
指導員	非常勤として1人。
栄養士	41人以上に1人、ただし41人以下に非常勤1人。
書記	定員150人未満の場合は1人、定員150人以上の場合は2人。ただし、事務補助員全施設に1人。
調理員等	定員90人未満の場合は4人、以下同様に30人ごとに1人を加算する。
嘱託医	1人。

全国社会福祉協議会：第一回福祉施設士講習会レポート集Ⅰ～Ⅳ
全国社会福祉施設経営者協議会：社会福祉施設運営指針、総論・解説編、チェックリスト編、資料編、一九九二

（吉沢 英子/小舘 静枝編『保育講座8　養護原理』ミネルヴァ書房、一九九三所収）

■《東児従創立四十周年記念講演録》

二一世紀へ向けて従事者に期待するもの

はじめに

ご紹介いただきました渡辺茂雄です。今日のすばらしい記念すべき大会に、お話をさせていただけることは誠に光栄です。私達の大先輩の松島先生もお見えですが、先生の前でお話するのは試験をされるような気がいたします。

「二一世紀へ向けて、従事者に期待するもの」という題をいただいていますが、従事者のみならず本当にこれからの養護施設関係者に、どのような覚悟が必要かということを勉強させていただき、そしてお互いの勉強の中から養護児童の幸せのために勤められるだけ勤めたいと、その所信を皆さんの前で披露し、誓いの言葉的に受け止めていただければと思います。お手元にお配りしましたレジメは、こういう事柄について触れさせていただければ、先輩から教えられたことに若干近づくのではないか、そんな思いで、先輩の諸先生方の各々の時期にお聞かせいただいた言葉をそのまま活字にいたしました。

四〇年の歴史、この歴史に一番詳しいのは松島先生ですし、また今日ご来賓としてご出席の中にも多数おられます。間違ったことを申し上げたら、後で訂正いただきたいと思います。

本日お配りした資料のなかに、従事者会発行の『従事者会の四〇年』という冊子があります。その四四頁に、「従事者会の歴史」がまとめられて、一覧表として載っていますが、昭和二六年に〝従事者会結集の呼びかけ（松島先生）〟とありますように、「どうだろう、従事者の諸君、研究のために集まってがんばってみないか」と呼びかけられた。それが一九五二年の一二月七日の「東京児童福祉研究会」の発足となったのであります。

そして第一回目の記念すべき会合が翌年二月二四日に持たれ、アメリカの大統領が主催する白亜館会議に出席された初代代表幹事の大谷先生が、その報告をされた。それが「東児研」の第一歩です。

それから四〇年ということで、今日の祝う会、記念すべき式典がもたれました。それは単なるお祝いとして浮かれ喜ぶということではなく、〝従事者が多くの研究をして、その研究を基に子ども達の福祉を高めようではないか、高めてはくれないか〟と言われた大先輩の先生方のお気持ちを、四〇年経ってみて、もう一度心の中で誓いあう、そんな会ではないかと思うのです。更に、これからが子ども達の幸せを守るべきスタートなんだ。先輩に教えられたことをかみしめ、実践を通して進めていく。そういう記念すべき日が今日であり、これから皆さんと共にがんばっていきたいと思っているしだいです。

▨研究者はだんだんとそのものを愛するようになる▨

「研究者はだんだんと、そのものを愛するようになる」というロダンの言葉があります。この言葉は、松島先生が『児童福祉研究』第二号の中でご紹介されました。こういったことを通して私たちは、本質的な問題として東児研の先輩の方々が持っていた気持ちを、時代は二〇世紀から二一世紀に移っていったとしても、多くの先輩の持っていた思いというものを、それは過去のものだとして、戸棚にしまいこんで欲しくない。それは現実のなかで大いに参考として、児童福祉の積極的な実践に取り組む若い皆様方の、心のエネルギーであって欲しい。今日の話の芯はここにあると思っています。

私が東児研に顔を出すようになったのは、亡くなられた二葉学園の村岡先生に「君も研究会に出たまえ」と言われたのがきっかけでした。二回目か三回目の会合が当時大塚に中央児童相談所があり、そこで大谷先生、長谷川先生はもちろん説明役で、「質問！」なんて言われたのが後藤先生です。当時はお互いに知りませんから、ああ元気のいい先生がいるものだと思ったものです。そんな印象のなかで研究会が始まりました。今日お見えの丹下先生とか坂下先生とか、お名前をあげるとキリがないのですが、多くの先生方を知ることができ、勉強することができました。よく坂下先生がサロン的雰囲気といわれましたが、そういう雰囲気のなかで、なおかつ非常に厳しい生き方として捉えておりましたのが、〝常に先駆的でありたい、開拓的でありたい〟ということです。私たちが若い頃、東児研の誰もが、口を開けば「先駆的な実践」とか「開拓的な実践」と、パイオニアとしての我々のあり方を申していましたのは、とりも直さずそのことが松島先生を始め先輩諸氏から教えられ、期待されている若者の通り方であったからです。この精神は、世紀が変わろうとも、私はこの仕事に従事する若い方々の大きな目標であって欲しい。また、事実そういうことを目標に一生懸命がんばっておられるんだと信じています。

松島先生は、研究ということをロダンの言葉を借りながら、「研究することは子どもを愛することにつながるんだ。実践の場において積み重ねた研究こそ、新しい処遇の理論構築に貢献すること大である」と教えられました。また、先生は「国際的な視野に立ち、そして現場における積み重ねた研究が大事だ。そのことが子どもを愛する道へとつながっていくのだ」と何度も私達にお話下さいました。

一日一日の実践こそ福祉の土台

今回のお話をさせていただいて、当時のことを思い返しながら、〝ああ、そうだったのか〟とびっくりしたんですが、昭和三五年に従事者会の会長であった私に、当時私は三二歳の若輩でしたが、松島先生から全養協の評議員を命じられたことであります。三七年には全養協の副部長に任命を頂いています。私は、若い方々のエネルギッシュな働きというものを高く評価し、如何にも若者の理解者であるというような意味合いのことをいろんな従事者会の会合で、私なりにお話をしています。それは、私たちの先輩は、若い三〇代そこそこのリーダーをどんどん登用して、その若いエネルギーを十分養護の子どもの上に発散せしめるべくご指導をいただいたということであります。

私自身を振り返ってみて、果たして私が部会長時代に、それを実践してきたか。先輩から若いエネルギーを盛り上げていただきながら、あなたは若者を本当に登用してきたのかと言われますと、教わりながら先輩の足跡を踏んできたつもりでいながら、本当は踏みにじってきたのではないかなと、内心忸怩(じくじ)たるものがあるのであります。

二一世紀に向けて養護施設はやはり、よく先輩の先生方が言われたように、「養護は若者の情熱によってのみ支えられる」のであります。我々年配者は、何よりも先に、若者が働ける環境作りに勤めることではないでしょうか。自分自身を振り返ってみますと、やれ全養協の部長だ、幹部だ等といって持ち上げられ、鼻が高くなっていたのではないか。今は亡き森芳俊先生が、「最近の社会福祉事業は、設備も完備し、子ども達も職員の処遇も高度化したことはありがたいことではあるが、それに応えるべき情熱がいささか欠けているのではないか…」と心配されていました。決して情熱に欠けていたわけではありませんが、いつも初心に返るようにとのご注意だと受けとめ、「児童福祉研究」から引用させていただきました。

皆さんも感じておられることだろうと思いますが、最近、いろいろと福祉の情勢に変化が生じています。養護の仕事をしていて、世の中がどんなに変化しても、そこに問題となる心構え、基本的な方向は変わらないのではないか。そんな思いを大谷先生が「児童福祉研究」第一五号に寄せています。一五号といいますと、今から十数年前になりますが、お手元のレジメに載せておきましたので、読ませていただきます。「日本の社会全体が育児能力の低下、母性、父性の喪失、家庭機能の弱体化に病んでいる時に、その影響をまともに受けて施設に入所してくる子ども達を、施設養護の営みの中で親子間の調整をはかりながら、健全な人格形成をなし得る力を養護施設は期待されている。養護施設の中で長年かかって獲得した意識であるが、〝地域に開かれたセンター化〟〝コミュニティ・ケアの資源〟等の快いひびきを持つ言葉に眩惑されてはならない。(この最後の二、三行が大事だと思いますが)施設養護で営まれている一つ一つの小さな場、小さな実践が、本来の使命を果たしている時に、それらは結果として出現してくるものであろう」

毎日、毎日子どもと暮らし、朝起きて夜寝るまで、楽しい思いも嫌な思いも一緒に喜んだり苦しんだり悩んだりしながら、一つひとつの小さな養護の実践を重ねることが、結果として地域に開かれた施設となり、コミュニティ・ケアの支援施設として、多くの地域の人々に望まれる姿になっていくのです。これは、児童養護の担い手としては、忘れてはいけないこととして心に留めています。例えば、ショートステイやトワイライトステイ、あるいは家庭養育子育て支援などその地域においてのセンター的役割、これらの児童福祉を推進していく力となり得る養護施設のあり方は、十数年前に大谷先生が述べられています。一つひとつの小さな場での小さな実践とも見えることが、非常に大きな力になるのです。そのことをしっかり捉えていき、一日一日の養護の実践が土台で、その土台がしっかりしていなければ真実の児童養護・児童福祉にはつながらないと思うのであります。

▨福祉に区別はない▨

時代の推移とともに、家族の子育ての場や環境、施設における子ども達や養育の質も変化をしています。今から二、三〇年前は殆どなかったような高齢化社会に対する対応、福祉と言えば老人福祉の問題といっても過言ではないほど、いろいろな所で取り沙汰されています。私たち子どもの福祉に携わっている者も、高齢化社会に対する対応は非常に大事で、誰一人否定はしません。福祉八法の改正に伴い、実践の主体が国から都道府県に、そして区市町村に移行し、生活している区市民のすぐそばのお仕事として福祉が位置付けられています。

福祉のあり方、地域化のあり方については、国や東京都で各種審議会や委員会等でご検討されています。その中で子どもの福祉は、どのような位置付けをされているのか。かっては、地域の高齢者への対応は関係の福祉の方がなされればよい。子どもの福祉のことは我々が受け持てばよいと考えていました。したがって、高齢者の問題がクローズアップされても、二一世紀は大変だなご苦労さんと、他人事と見ないにしても自分の仕事として捉えるには若干距離があったのではないでしょうか。最近では、各種審議会・委員会の中で社会福祉施設の役割が論ぜられ、我々養護施設も各種の福祉課題を担当するものと考えられています。その蓄積してきた専門的諸サービスの機能は、地域福祉のニーズに応え得る重要な社会資源、養護施設も老人福祉を含めた地域福祉を推進する社会資源であると位置づけをされています。現実の問題として、幅広く子どもの福祉を担当してきた私たちも、今、わが国の多くの国民が求めている福祉が老人福祉であるならば、そのことにも手を伸ばすべきではないか、こういう考え方がいろいろな角度で確認されていることも、皆さん方はご承知であろうと思うのであります。

地域福祉を手掛けてみれば、直ぐ現実の問題としてわかるのですが、家庭の中で子どもの問題だけが存在しているのではありません。例えば、今、私どもでショートステイという仕事を都や調布市と一緒に進めています。お母さんが病気で入院しなければならない。それでは、その期間だけお子さんを預かる。また、お産のために入院しなければならないが、ご主人は仕事で遠くに出張されて、期待できない。それではショートステイをご利用されてはどうでしょうか。ということで、地域の方々のニーズに応えていくのですが、現実の問題として、家庭には子どもの問題だけではありません。その奥さん日く、「上の三歳の子を預かっていただくのは本当にありがたいのですが、七〇歳になる母親は何とかならないでしょうか」と。

家庭のニーズはトータルで存在しています。現状では、お年寄りを養護施設のショートステイで預かることはまだ認められていません。したがって老人ホームに交渉して、子どもは私たちの施設に、おばあさんは老人ホームへと分けなければならない。地域のニーズから言えば、それらの区分けは段々なくなってくるのではないでしょうか。たとえば精神薄弱児施設ですが、以前は軽重を問わず全て精神薄弱児施設に入所していましたが、今は重度の子が多く、軽度の子は少ない。全くゼロという話も伺っています。それでは軽度の子どもはいなくなったのかと言いますと、そうではなく、「愛の手帳」を持っていても軽度の子は、どんどん養護施設に入っています。そういう区分けの基準がニーズに従って変わってきています。これは、もう皆さん既にご承知のことです。

▨ニーズからウォンツへ▨

地域の福祉に携わっていますと、非常に早いスピードで施設への多様なニーズが求められていることがわかります。つい先日、どなたからかうかがったか、テレビだったかも知れませんが、「最近はニーズではなく、ウォンツだ」と。ニーズは必要があれば与えるという意識があるが、ウォンツは権利として要求するという意味合いが強いということです。このことは、地域福祉の仕事をしていますとよく分かります。我々、福祉に携わっている者は、領域というものにある程度認識があり、ある程度の限度をわきまえていますし、それを守ろうとする考えを持っています。しかし、一般の地域の方々は、そうではない。調布学園がショートステイを始めた、利用しようという形で進んでいきます。そうすると多くの方が養護施設では、子育てで困ったときは、一定期間預かってくれるものと思ってきます。何々区にある何々学園もやっているはずだと思って相談にいったら、やっていないと断られた。初めの一度や二度は、仕方がないなと戻られるかも知れませんが、そのうちにこれは不公平だ、差別だという気持ちになる。もう施設に対するニーズがウォンツになっている。要求になってきます。これは、養護施設として、地域のウォンツに応える仕事、せねばならない仕事になってくる可能性もなきにしも非ずです。

時代の趨勢(すうせい)が二〇世紀から二一世紀と変わってきますと、区市民の福祉というものの考え方が変わってきます。皆さん方が養護の仕事を通して実感しておられることと思いますが、戦前、戦後のあの苦しい中での親の子どもに対する考え方と、今のものの豊かになった親御さんの考え方とでは、随分違ってきています。社会的なものの考え方が変わるにつれて、福祉を求めるニーズが厳しくウォンツということになる。二一世紀を迎えるに当たって、それに積極的に応えていく手段をきちんと位置づけておかなければいけない。我々福祉に携わる者は、その覚悟が必要かと思います。

財政と福祉事業

私たちはそのためには、それなりに行政にも責任を果たしてもらいたいと申し上げたい。端的に言いますと、東京都も区市町村も福祉を期待するならば、お金をしっかり出して欲しい。このことは現在もお願いしていますし、これからも強く要望せざるを得ないと思います。確かに東京都の財政は厳しいものがあることは承知しています。我が国全体の経済的な成長が、二一世紀になっても恵まれた形で進んでいくであろうか。私たちは、全くの素人でわかりませんが、経済的変動を厳しく受け止めていかなければなりません。そうすると、一つの福祉の仕事を始めるのに、お金がないということにいつも結び付けられてしまいます。それでは本当の意味での皆さんが求めている福祉に、手を差しのべることはできなくなります。大きな課題でありますだけに、このことに、いつもジレンマに陥っています。

東京都の財政が他県に比べて、いつまでも豊かに続けられるのか、いつか限界がくるのではないか、財政が逼迫してくれれば、弱い立場の福祉にしわ寄せがくるのではないかと危惧しているのであります。私の手元に、「最近の都財政に関する研究会の報告書」という資料があります。その中で非常に関心のあるものを見てみますと、〝民間社会福祉施設の職員の給与公私格差是正事業〟とあり、施設を経営する法人に対して、都は職員の給与について、国と都の給与基準の差額を全額交付している。都はこれに膨大な財政負担をしているが、本来社会福祉施設の経営は法人の責任上のものであって、福祉は少なくとも地域に密着した関わりの深いものであるので、いつまでも都が職員の給与を格付けし、負担をしているのは、法人経営の主体性を阻害するものである。都と市区町村の役割分担を見直す中で、この事業も見直すべきではないか、という意見であります。

私も都の社会福祉審議会の臨時委員という立場で、この公私格差是正問題の審議に参加させていただき、その時は一応現状のままで維持すべきで、見直すべきであるとする方向は採らなかったのです。ところが、一〇月二五日のこの研究会、これは知事さんも出席されている研究会ですので、非常に重要な考え方、方針であります。もちろん、今すぐにということではないと思いますが、こういう考え方が都の重要な研究会から出ているということは、それだけに都でも背に腹は変えられない、積極的な推進政策とおっしゃっているように、この問題は見直しが進められているということに、私たちは直視し、強い関心をもつ必要があると思っています。

▨地域福祉の担い手として▨

このように、国や都の財政逼迫が私達の仕事に及ぼす影響というものを考えながらも、地域福祉を進めていかなければなりません。施設は地域福祉のセンターとなり、いろいろな新しい仕事にチャレンジし、中心的な役割を果たしていかなければなりません。その点では、養護施設は先輩方が築かれた大きな基盤があります。その基盤は、それぞれの地域の中でも決して無視できない、伝統と実績があります。大きなサービス機能を持っている養護施設の力を借りなければ、地域福祉は進められないと思いますし、そういった気構え、意識を持って取り組むべきだと思います。私は、地域での福祉に積極的に手をさしのべ、地域の福祉を担ってこそ、これからの養護施設の存在価値、社会的評価が上がるものと思っています。

さて、我が国は、他の国に例を見ない速度で少子社会、高齢社会へ突入しています。先日、児童相談所の課長さんから資料をいただきました。それによりますと、一〇年ほど前は都内の養護施設に三千四百人の子ども達が入所していましたが、今は二割くらい減って二千七百数十人になっています。これからも減っていくことを考えますと、施設としても一つ発想の転換をしなければならないのではないか。

かって、ベビーブームといわれた昭和四七、八年頃は、新生児の数は二一万人でしたが、今は十万人を割って九万人台になっています。ここ二〇年間で完全に半分以下になってしまったと言うお話を承りました。その時、私は小学校の算術的計算でしたが、子どもさんの数が零歳で半分になった。十八歳まで半分になったわけではありませんが、施設に入っている子どもは二割しか減っていない。ということは、所請要養護性というものは残念ながら減っていない。むしろ増えているのです。確かに、養護施設にお子さんを預けるご家庭が一軒もなくなり、施設や児童相談所の仕事が無くなるのが理想ですが、現実はそうはいきません。子どもを取り巻く幾多の環境の変化は、ますます家庭的な養護・教育を難しくし、お母さん方の育児のご苦労が生活白書などに述べられていますが、今後ますます養護施設は地域福祉のセンターとしての役割は大きく、また難しくなっていくと思います。

このように考えると、養護施設に対する期待がますます膨れ上がり、時間短縮どころか長時間労働になるのではないかと心配されるのではないかと思います。それはやはり、きちんと仕事をすれば、当然のこととして行政は応えるべきであるし、私達も働きかける必要があります。

▨変わらないもの▨

時代の推移とともに、市民の福祉に対するニーズ、ウォンツも大きく変わります。しかし、どういう時代、社会になっても変わらないのは、子どもに対する愛情です。今まで先輩達の持っていた愛情、幸せになってもらいたいという子どもに対する思いは、しっかり受け継ぎたい。今日も一日元気で、怪我などしないように…と心を配る。施設のあそこを直さなければならないな、職員達が生き生きと喜んで働いて貰える環境作りをしなければいけないな、そんな物心両面の環境整備こそ施設の園長たちの仕事で、これらのものは、時代が変わっても少しも変わらない。変わるどころか、ますます深まって豊かになっていかなければならないことだと思います。前にも述べたと思いますが、園長、管理者は、働く方々の環境作りが大切なのです。確かに、労働基準法を守るとか、都の指導検査事項を守るとかも大切ですが、本当に若い方々が働きがいを持って、また研究できるような意欲が持てるような環境・条件作りを、園長は常に心掛け実行しなければならないと思います。実際に仕事をされるのは従事者の皆さんです。皆さんお一人お一人の手に子ども達の幸せがかかっている。子ども達の幸せの担い手は、幸せを支えているのは施設に従事する皆さんです。それを期待しているのであります。

つい先日、東京の書記会の勉強会がありました。私も呼ばれてお話をしましたが、随分難しいことを熱心に勉強していました。その会には関東各県の事務職の方々も参加されていました。その時に、「あぁ、素晴らしいことだな。東京の従事者会の研究会に各県の代表の方々までお出でになり、一緒に研究なさっておられる」と感心しました。施設には、指導員さん、保母さん、事務の書記さん、給食をなさる調理員・栄養士さん、あるいは洗濯を受け持っている方と、それぞれ仕事を分担して子ども達の幸せを支えている職員がおります。これも松島先生から教わったことですが、養護施設で働く職員は全部処遇職員なんだよと、あの人は間接の職員で、この人は直接職員とか区分するのは感心しませんね、と。ですから私は、給食・調理の方々の研究会では、「皆さんは、給食担当処遇職員ですよ」といい、書記さん方の研究会では「事務担当処遇職員ですよ」と申し上げてきました。ご家庭で財布の紐を握っておられるのは誰ですか。お父さんが握っているところもあれば、お婆ちゃんが握っているところもあると思いますが、多くのご家庭では主婦のお母さん役の方が握っている。子どもは、その財布の紐を握っている人のいうことを一番良く聞くわけです。つまり、財布の紐を握っている人によって人格の形成が行なわれている率が大変高い。ですから、事務に携わっている方は、まさに処遇の中核的役割を果している処遇職員の最たるものである、というように書記会の研究会で申し上げたのであります。給食会の研究会では、どのように申し上げているかと言いますと、家庭のお母さんで一番大切な仕事は、子どもが一番関心を持っている食事です。「お母さん、今日は何？　夕飯のおかずは何？」と聞く。お母さんは、子どもの健康や嗜好を考えながら食べ物を作っています。その食べ物を作る仕事を通して、子どもはお母さんという人間像の中で人格形成がなされる。言ってみれば、食べ物を作る人こそ処遇の中核的職員である、給食の会に行きますと、そのように申し上げているのであります。

このように、施設に働く職員は皆、処遇職員であり、大事な役割をもっている。そのことをお互いに認めあい、理解しあってそれぞれの役割分担において子ども達の幸せを願っているのです。深い愛情と情熱をもって処遇に当たる、これはどの様な時代になっても変わるものではありません。また、職員同士が仲良く仕事をしていくということが、当たり前のことですが如何に大切か。これは、子どもの人格形成に非常に大事なことです。職種、性別、年齢を乗り越えたチームワーク作りが大切となります。このチームワークこそ、二一世紀に皆さんに期待したいと思っています。経営管理に当たる園長のやっていることにも、十分ご理解をもって協力していただきたい。分からないことがあったら、どんどん園長を突き上げても結構です。そして、管理者も、どの職種にある職員も、一丸となって子どもの幸せを守る方向でがんばっていただきたいと思うのであります。

▨時代の変化に柔軟に対応▨

養護施設のみならず社会福祉施設に行政的な方針が、次々と打ち出されてきています。ご承知のように八法が改正され、福祉はその主体性が国から都道府県へ、都道府県から区市町村へと地域に移ってきました。それに伴い、国の補助率八割が七割となり、とうとう今は五割です。養護施設といえども地域化の波は、何れ押し寄せてくることを覚悟しなければなりません。その主体性が区市町村に移った場合、その区や市の福祉に対する考え方や財政によって福祉にかける予算も変ってきます。先程述べましたように、財政が苦しくなると、莫大な経費をつぎ込んでいる公私格差是正の見直しというように、地域の方々の福祉に対する目も厳しくなります。それぞれの地方の性格で、福祉施設に出す補助の仕方も変ってきます。あるいは仕事の内容も変ってくるかも知れません。

その東京都の公私格差是正事業でも、施設に働く全部の職員に出ているかと申しますと、そうではありません。ショートステイで働く職員は対象になっていません。それでも、その施設の管理者は同じ働く職員ですから、同じように出しているのです。また、老人ホームでも在宅福祉や老人のショートステイとかデイケアを担当している職員も対象外になっています。この是正事業は、施設の管理者からみますと、大変ありがたい制度で我々の先輩や東京都の歴代の局長さん部長さんのご努力で獲得した制度ですが、これもいつまでも続くという保証はありません。しかし、私達は継続していただきたい、対象外の職員も差別や区別をしないようにがんばらなければなりません。それには、どこからか財源をもってこなければならない。管理者は相当がんばらなくてはなりません。施設運営の仕事の中で、やはり従事者の皆さんにもそのことが理解されていないと、トラブルだけが一つ二つと増えて行くことになります。

時代と共に、いろいろ環境が変って行きますが、特に福祉行政のあり方は速度をあげて変ってくるように思います。措置費という制度も、保育所問題で案が出されたように、利用する方と直接契約で入所するように制度が変っていくとすると、養護施設だけは別で措置費制度がいつまでも続くとは限らない。また、職員の人件費は定員払いできていますが、各業界の偉い先生方は「定員払いというのは、少しぬるま湯ではないのか」というようなことを言われます。私は、絶対ぬるま湯ではない。児童の養護には、必要欠かすことのできない制度だと思っています。職員が、初日在籍の子どもの数によって、賃金の原資がきたり、こなかったりでは身を入れてやっていけない。しかし、定員払い制度という船も、私達をいつまでも乗せてくれるとは限りません。いつか取り上げられるのではないか。そういう時代の変化に柔軟に対応できる施策を、施設運営上持ち合わせていなければならないかと思います。

研究こそエネルギーの源

松島先生がロダンの言葉を引用されて言われたように、「研究者は、だんだんとそのものを愛するようになる」のであります。先輩の先生方は、児童問題を研究することによって、子ども達を愛するようになり、また「東児従」という組織をも愛するようになって、今、四〇年という歴史を刻んでいるのです。

振り返ってみますと、その時代時代によって、研究するテーマを与えられてきました。「東児研」創立当初は、石神井学園の先生から、〝ホスピタリズム〟という非常に我々もびっくりするようなテーマが提起され、相当長いこと論議されました。先輩も我々も一緒になって研究に研究を重ね、議論を戦わせ合っていくうちに「東児研」という研究組織が強固になったのではないかとも思っています。昭和二八、九年頃になりますと、厚生省が初めて全養協に養護施設の運営要領を作りたいとの話があり、当時松島先生は中央児童福祉審議会の委員もなさっており、松島先生から運営要領作成について、研究熱心な「東児研」に意見が求められ、非常に熱心に討議いたしました。三〇年前後は「最低基準」の改定問題、これも古くて新しい課題で、厚生省とも喧々諤々本当に長い論議がありました。このように、先輩達からいろいろなテーマを与えられ、それが研究集団としての「東児研」の大きなエネルギーになりました。実践の場で積み重ねた研究こそ、新しい処遇理論の構築に貢献することが大であるという、松島先生のご信念につながっていくと思われます。そういう意味で、私はこれからの若い従事者の方々に、我々も掘り下げるべき研究テーマをぶつけていきたい。また、従事者の方々はぶつけられるだけではなく、自分たちから実践という場を通して課題を提起し、研究を深めていって欲しいと思います。

▨社会福祉施設が期待されるもの▨

東京都の社会福祉審議会でまだ最終答申は出していませんが、その審議会のお話をさせていただきます。先程都の部長さんのお話にもありましたが、例えば女性の社会進出や活動が進んできます。そこには、社会福祉の問題として子どもの養育という新たな試練が求められています。私たちは、うっかりすると児童福祉施設である、児童福祉法によって定められた施設である、そこで働いている従事者であるというように、児童福祉、児童福祉と自分でどんどん枠をはめてしまうきらいがあります。更に児童福祉の中でも、これは精薄施設の領域だ、これは身障施設の領域だというようにますます枠を縮めてしまう。

児童福祉法でいうところの養護の子どもは、保護者のいない子、虐待されている子、その他環境上養護を要する子、の三つである。ということは、あまり難しい問題を抱えている子を受け入れられない。それで、健常率とか、純粋養護とか錯覚が起きそうな言葉すら論議の中で使われたことがありますが、今はそんなことは言っていられない。皆さんは日々の実践の中で、すでに覚悟は出来上がっていると思いますが、審議会でもそのことが大変意見が集約されているように思います。子どもの施設であっても、障害を持っておられる方々にも、お年寄りの問題にも手を差し伸べていく。研究課題として、「東児従」として、新たに地域福祉の中身として養護施設は期待されているのであるから、答申が出るまでもなく若い方々の研究素材として、積極的に取り組んでいただきたい。

養護の中でも、自立援助ホームの問題のように、まだまだ深めなければならない研究素材があります。いわんやお年寄りの問題や障害を持っている方々の問題となりますと、大変難しいと思いますが、いずれ地域福祉のニーズが高まり、充実していくなかで取り組まなければならない課題になると思います。

私は、地域福祉の展開の中で、社会福祉施設、養護施設が開発し蓄積してきた専門的サービスの機能は、それぞれの地域社会の特性に応じた福祉ニーズを解決できる重要な社会資源であると思います。現実の対応となると、これは容易ではないぞと思うのですが、サービス提供の基本的視点としての考え方として、人間の生活は二四時間にわたって展開されるということです。当たり前のことですが、全ての人々は二四時間、生活の展開の中で生存しています。だから、サービスも二四時間用意されなければなりません。そして、生活は土曜も日曜も祝日もなく継続されているのであるから、それに応じた三六五日のサービスでなければならないわけです。これは養護施設にご関係の方々は実践的にご経験されているからお分かりかと思います。

しかし、施設に働く従事者の週休二日制、週四〇時間という時間短縮の問題、また来年四月から学校は、第二・第四土曜日もお休みとなります。近い将来は、毎週土曜日が休みになるのではないかと思われます。暦の上での祝日も「みどりの日」として増えました。休みの日は、増えこそすれ減ることはありません。お休みの日が増えるにつれて、仕事の質が問われるようになり、量も増えていく。この二四時間三六五日の基本的視点に立ったサービスは、やはり民間の施設、というご期待が審議会の方針の中に存在している。一面から見ると、民間施設を評価していると受け取れますが、これは、週休二日制・年間千八百時間労働が進行していくなかで大変頭の痛い問題として今後ますます厳しくなっていくと思います。

亡くなった村岡先生と厚生省にご一緒したときのことですが、課長さんと子どもの養護のことでいろいろ話し合いをしました。これからの養護はこうあらねばならないとか、ああすべきだとか熱心に民間施設のことを話しました。その時、課長さんが、「村岡さん、あんたはこの仕事に熱心ですね。あんたはこの仕事がよっぽど好きなんですね。好きでやっているんですね」と言われた。私は、そばで聞いていてちょっと腹が立ちました。好きでやっているとは何事かと。ものの言い方によっては角が立つのです。しかし、村岡先生は「ええ、そうなんです。大好きなんです。この子ども達と一緒にやる仕事が大好きなんです」と言われた。私は、やはり、この仕事が好きで、子どもが好きでなければできないのではないかと思っています。

▨施設長を守り育てる▨

今日与えられましたテーマは、〝二一世紀に向けて、従事者に期待するもの〟という大変難しく大切なテーマで、とても私如き者が大きな顔で言えるものではありません。そこで、私は違った観点から今日のまとめというほどではありませんが、私なりに考えていることを申し上げます。

二一世紀に向けて、いろいろ環境が変り、情勢も変ってくる。社会福祉、特に養護施設運営のなかで、〝従事者に期待するもの〟ということを、私は〝我々施設長が考えなければならないものは〟と置き換えたい。職員が少しでも魅力を感じて働ける職場に、生き甲斐をもって働ける環境づくりに努力していかなければならない。若い職員が、我も我もと養護施設を目指して就職を希望してくるような仕事場にしなければなりません。これは、施設を管理・運営するものが、職員の力を知恵をお借りしながら、また、行政のご指導をいただきながら築き上げていくこと。この決意こそ、記念講演で期待するものを述べよ、と言われたことに対するお答えではないかと思います。

福祉の仕事は、決して草花の咲く野道を歌を歌いながら歩くような楽しいものではありません。山あり谷あり、茨の道もあるかも知れません。子どもの福祉は、少なくとも施設長を中心にしっかり手を組み、施設長を皆さんが守り育てていく、そういう気持ちであって欲しい。どうぞ、二一世紀も日本の福祉は、養護施設は微動だにしないと言い切れるようにご期待申し上げたい。そのご期待に、私も命あらん限り応えさせていただきたい。それが松島先生をはじめ、先輩の方々が私たちに教えていただいたことに対する答えではないかと思います。

この四〇周年を機に、従事者会のますますの充実と、児童部会の限りなきご発展を祈念し、私のつたないお話を終わります。ご静聴誠にありがとうございました。

(『児童福祉研究』No.21 一九九五年三月に掲載)

■組合分会あてのメッセージ

分会 一〇周年に寄せて

組合活動の十年を一緒に歩いて

もう一〇年になったのか、と思う半面、まだ一〇年しかたっていないのか、と思ったり、本当に、一〇年とは短いようで、長い時旬です。

組合活動の一〇年の歴史は、即、私の対組合一〇年の在り方にもなるわけです。

組合発足の時の思い出は、今もはっきりとしています。

第一回、団体交渉の申し入れと、六踏園分会開会式の会場借入について、前理事長の指示を仰ぎに参りましたところ、河野前園長を含めて次の様なやりとりがあったのです。

「天理教の教えに『反対するのも可愛いわが子』と示されていますが、その意味で、組合も可愛い子ども同様だと思います」と、こざかしく私が申しましたところ、前理事長は、「組合ができる時に、反対するものと一緒に考えてはこれからが思いやられる。考え直しなさい」「組合の職員の毎日の御苦労を思ったら、開会式には、お祝を持って、挨拶させていただくように」、今も忘れられない前理事長の教訓として肝に銘じています。

また、何時の春闘か秋闘か忘れましたが、始めて、ストライキ権確立の通知をいただき、組合旗を立てて、はちまきをして、職場集会がもたれた時、のことです。赤を基調とした何本かの旗と、勇ましいはちまきには、似合わない（？）集会を拝見しました。その第一は、子どもたち（幼児さんだけだと記憶していますが）も集まって、童謡を皆んなで歌ったことです。そして、びっくりしたことには、私に挨拶せよと言われ、拍手の中に一言の挨拶をさせていただいたことです。直前の団交で、全要求、要求通りの回答をしたばかりの時ではありましたが、組合の皆さんの私に対する優しい思いやりとして、とても嬉しく思いました。

言いたいことは、言うべきです。書きたいことは、書くべきです。相手の意見は聞くべきです。少数意見は尊重すべきです。そんなことごとを組合活動とともに歩く中で、勉強させていただきました。

今、民間施設の組合活動に希うものは、民間施設の特色を生かす中で、活動が進められることです。民間独自の歴史を、伝統を持つ施設の特色を尊重する組合の考え方。宗教も否定していない組合の考え方。

福祉対象者の利益を尊重し、その増進を仕事とする組合の考え方。

公立施設よりも、夫婦共働きの職員が多い民間施設の特色を生かす組合の考え方。

転職の少ない民間施設の在り方、人間関係を大切にする民間施設の在り方、未熟な労働対策で悩む施設長も少なくない民間施設の在り方等々、福祉の組合の進むべき道への期待は大きいものがあります。

前向きで考え、福祉の充実を実現するためにもがんばってください。

貴分会（当分会と言いそうになってしまいますが）の益々の発展充実を祈ります。

一九八二年三月

社会福祉法人六踏園

渡邉茂雄

分会 四〇周年に寄せて

組合の四十年を　想うとき
おのが福祉の　嬉悲の道あり
嬉　6対1の改善　公私格差の実現
悲　公私格差制度の終焉　仲間や子達を天に見送りし事　他
夫々時に　組合の仲間と　緒に通りし道なれば

全国福祉保育労働組合・六踏園分会が発足以来四十周年を迎えられた事は、その後活躍を申し上げるまでもなく、誠に素晴らしいことと心より敬意を表し、益々のご発展を祈念するものであります。社会福祉法人六踏園が目指す福祉事業の実践は将に職員各位の弛まざる御努力によってその成果を期することができるものであり、貴組合の活躍には心より感謝の念を込めて高く評価してきたものであります。

今後益々、社会福祉事業の内容向上に労使の総合力を結集し、対象者の福祉充実と働く仲間の労働条件の改善に向けて、国や都の福祉行政充実に絶ゆることなき努力をぶつけていこうではありませんか。

益々のご活躍に御期待申し上げ、本日のお祝いの言葉とさせていただきます。

有難うございました。

二〇一一年二月二五日

社会福祉法人六踏園

渡邉茂雄

第四章　『児童福祉研究』巻頭言

■巻頭言

「児童福祉研究」再出発に祈る

国際児童年を迎え、児童福祉に関わる仲間の全てが、今年こそは、何かをしよう、何かを残そうと、勇みに勇んでいたところ、その希いが結集して、ここに「児童福祉研究」再刊号が生まれることになりました。本当に喜ばしいことです。

「児童福祉研究」誕生を想う

昭和三十一年、東京児童福祉施設研究会（東児研）は、発会以来三年の総決算報告書（当時の大谷常任幹事言）として、第一回の研究会誌を発刊しました。昭和三十三年第二号会誌が作られ、この第二号から「児童福祉研究」と言うタイトルを持つこととなっています。

当時は、養護施設関係唯一の研究誌として高く評価され、この第二号の内容は、今もなお養護遂行の指針となっています。

その時の編集主要メンバーの一人でもあった長谷川重夫前児童部会長が、再刊第一号の編集委員長として、御尽力なされたことは、誠に意義深いものを感じます。

「児童福祉研究」の発行は、当時の児童部会長松島正儀先生が〝主体性ある前進を〟とわれわれを励まして下さった中に生れ育って行き、それは、今も児童部会のそして従事する職員の指標でもありましょう。

偉大なる先輩の業績

「児童福祉研究」の歴史は、東児研・従事者会の歴史であると同時に、児童部会の歴史をも示すものでありましょう。

松島先生（東京育成園）森先生（杉並学園）今井先生（故人・東京家庭学校）高島先生（故人・双葉園）を始め、多くの大先輩は、児童部会の発展に寄与されるとともに、若き従事者を此の上なく慈しまれ、常にその活動のよりよき理解者であり、厳しさと優しさを兼ね備えた指導者でもありました。東児研初期のリーダーである大谷・後藤・丹下・田岡・村岡・長谷川・坂下……の諸先生方とともに、児童部会は誠によき先輩に恵まれ、口では言いつきせぬ御丹精を頂いたものです。

〝研究者はだんだんに、そのものを、熱心に愛するようになる――ロダン――〟松島先生が、研究会活動の社会的責任と題して、第二号で引用された名言であります。施設職員の研究者としての自覚を奮起せしめようとなさる先生は、全養協に「若き従事者の研究奨励のために」と松島研究奨励賞をお創りくだされ、連綿と続くその温情は、後代にわれわれの実績をもって受け継いで行かねばならないものと決意しています。

「児童福祉研究」は、偉大なる先輩の念願に応え、若き従事者の熱意によって、研究実績を書き綴り、その成果として、子どもの幸せの前進と、施設現場の水準向上を目指す一里塚（前述大谷先生の言を引用）として邁進してほしいものです。

施設養護邁進の再確認

「ひとの子も　わが子も同じ心もて　おふしたててよ　この道の人」

このうたは明治時代創設された養護施設創立者の作ですが、今年国際児童年の標語である「わが子への愛を世界の子どもたちに」にも示す、人としてのすべての子どもたちに対する理念はここにあると思います。

児童福祉の研究者であるわれわれは、この理念と現実に当面する諸課題とを一致させてゆく実践者でもなければならないと思います。

昭和三十三年、当時の東児研常任幹事大谷嘉朗先生は「児童福祉研究」の中で、「我々の技術も理論的な究明も、それが現場日常の実践と結びつかざるを得ない限り、我々は労務管理の問題や、職員組合の問題を採り上げて研究するに躊躇しない」と言っておられます。そして、その姿勢に対して松島先生は「東児研に関し一部心配する向きがあるが既に実績がこれを証して余りあり、いささかも案ずるものではないことを責任を以てここに附言しておく」とも言われております。

現今、施設の社会化、社会化された養護実践、さらに、地域に交わる養護としてのファミリーグループホーム等々が着々と具現しつつある時理念と現実を一致させて養護の邁進をはからなければならないことは言うまでもないと思います。誠実と信頼を基盤として、児童福祉に関与するすべての人の協力により、「児童福祉研究」に示す先輩の指標を旨として、子どもたちとともに前進しようではありませんか。

再刊された「児童福祉研究」が、よりよき施設養護邁進の糧として、大きく効果を発揮してゆくことを祈ってやみません。「児童福祉研究」は、われわれが研究者であり、実践者であることを、広く世に示すとともに、それぞれがその立場を自覚してゆく証左の場であり、そのためにも児童部会全員の協力を念じてやみません。

施設養護の厳しさ

今、施設の置かれている場は、戦後の混乱期昭和三十年代の整備改善期、昭和四十年代の高度成長期、そして石油ショックによる変動期等と比較しても決して劣らぬ厳しい時代と言えましょう。

それは国も都も財政再建期を迎え、福祉優先はもはやキャッチフレーズではなくなり、都が財政再建委員会に見なおしの項目として都法外援護費を諮問するようになった現実からも知ることができます。

施設運営の公共性を強く求められ、内容の整備充実に責任が問われ、経理の公明化もすでに当然の様に思われる今、国の示す五〇号通達等が施設運営の聖域性不認の方向を明確に示すものとして自覚しなければならなくなってきています。施設経費は必ずしも、十分でないにもかかわらず、あたかも充足し終えた観に見られているのは、関係者として黙視していてはならないと思います。

自ら正すべきは正し、言うべきは言い、行うべきは行う気力を持つ時だと信じます。加えて施設養護の型態に、国際的動向もあって、大きく変化のきざしも見え始めてきました。その事は施設養護の役割の上から積極的な対応を示すべきこととは思いますが、極めて厳しい道とわきまえねばならないことでしょう。それが如何に厳しい道であっても、子どもたちの幸せを進める養護のためであるならば、あらゆる困苦も喜びとして当ってゆく覚悟を持たねばなりません。その一翼を「児童福祉研究」が担ってゆくことを切に祈っております。

終わりになりましたが、東児研以来「児童福祉研究」を愛し、つくしてくださった先輩各位に深甚(しんじん)なる敬意と感謝の辞を捧げるとともに、再刊のために大変御苦労なさった編集の委員長・委員の皆様、そして協力して下さった多くの方々に心より御礼を申し上げ、この一冊が永く号を続け、全国の師友に愛読され、活用されることを祈ってやみません。

(『児童福祉研究』№15 一九七九年一〇月 に掲載)

■巻頭言

新たな養護施設活動の展開

全国養護施設協議会では、今年度「今後の養護施設のあり方研究会」をスタートせしめた。

「家庭機能の脆弱化、地域社会での相互援助の希薄化等の影響により、近年養護施設は、処遇困難児の入所が増える傾向にあり、しかも高齢児の増加が目立つ。養護施設はこうした今日の状況に対応することが要請されている。そのため、養護施設のこれまで果してきた役割を省み、今後あるべき養護施設の機能、展望等について研究をする」（今後の養護施設のあり方研究会運営要領〝目的〟より）

養護施設の将来像として、どのような方向への展開が見られるかは、未知なるものも多いといえようが、この研究会では、相当積極的な取り組みによって、大胆な問題提起をしてゆく決意をもっている。国際的な養護の実践についても視野を広げ、わが国における「今日求められている養護施設の機能」を分析し、その中で、「入所児の質の変化、ニーズの変化状況」を把握し、「非行、情緒障害児など周辺児の処遇」「グループホーム、里親制度の今後の方向」等養護実践の内容充実に向けての研究をし、「地域の児童健全育成に果たす、養護施設の役割」を解明し、そのために、「児童相談所など公的機関との連携」を始め、児童福祉他業種との可能な限りの、統一的協働によって、国民の福祉ニーズの多くに応え得る適切な養護機能の供給への道を展開することに意欲を燃やしていこうというものである。

一方、国も東京都も、家庭社会における不適応行動児の処遇をめぐって、審議・研究の緒についている。

家庭のある児童は、在家庭を中心とした福祉の対応を前提としてきた今日の行政方針は、現在の家庭内児童の諸問題を考えた時、見なおしを求めざるを得なくなったとも言える。その結果、増大する福祉需要の多くを、養護施設の役割として位置づける考え方から、施設養護のあり方は、大きく変革を迫られてくることとなろう。現在すでに同質の問題行動をもつ児童は、多数養護施設において処遇を受けているが、いわゆる〝養護を要する児童〟〝養護に欠ける児童〟の定義の解釈拡大、変更とも見られることでもあり、慎重に対応せねばなるまい。積極的な家庭養育への援助対策を含めて、地域福祉サービスの諸機能は、飛躍的な期待感をもって施設に求められてくることも必至といえよう。このことは必然的に、在地域の社会的養護としての、里親制度・グループホーム制度等の発展充実と結びついていくことであろうし、そのセンター的役割としての養護施設機能の改善も必要となってくるであろう。

新たな養護施設活動の展開を目指す時最も優先すべきは、スタッフの充実であろう。施設職員の質的量的向上を第一に考えねばならないと思う。とりわけ職員の専門ワーカーとしてのレベルアップは、そのスーパービジョンのシステムとともに、重要な努力目標であろう。もちろん、関連諸機能の巾広い活用をも重視しなければ、新らしい時代に向けていく養護施設の機能確立が、困難となろうことは論を待たない。

養護施設職員に対して、研修に対する意欲、児童養護実践への愛情と熱意を求めることは当然のことであろうが、その前提として、職員研修制度を充実し、その参加機会を多くし、国際的な視察研修等の場も設定する、努力を怠ってはなるまい。児童の発達を保障する役割の多くを担当する施設職員に研修のチャンスを増やす等、働きがいのある場を提供することは、行政施策、財源問題等とともに、施設経営、運営の責任者の重大な役割と確信する。その意味で、今日最も遅れを感じるのは、職員研修制度充実の責を負うべき私たちの努力不足と反省をしている。『児童福祉研究 第一七号』の刊行に当り、諸先輩先生方が、児童養護実践苦斗の歴史の中で終始、「若き職員の研究のために」へと心血を注がれたことを再認識し、この研究誌がその一助とならんことを、切に希望するものである。

（『児童福祉研究』No.17 一九八四年九月 に掲載）

■巻頭言

変様する社会福祉施設制度

措置費問題を主テーマとしてとりあげた、「児童福祉研究　第一八号」の巻頭に、最近の社会福祉施設制度の様変りを考察し、養護施設事業に関わる一人として、いかなる意識をもって対応しなければならないかを提起したい。

利用契約事業の動勢

全社協における「社会福祉事業法改正等に関する意見」にもみることができるが、福祉施設事業における公的責任の明確化を主張しながらも、一面、利用契約事業分野の設定も打ち出さざるを得ないのが、わが国社会福祉界の最近の状況である。人口の老齢化を中心に、今後の多様化するニーズに対応して、柔軟な対応、きめ細かな福祉サービスメニューの要請される分野、あるいは供給形態が多様化する福祉サービスの分野等に関して、利用契約事業分野としての設定対応が必要であるとする論は、時代の趨勢（すうせい）として進展している。某財閥系一一社が生命保険会社、海上火災保険会社等を中心に「ホーム・ケア協会」を地域医師会とタイアップして発足せしめたり、ホームヘルパーの介護センターが事業開始を発表したり、調理・洗濯・事務・施設管理等の業務が、一般企業に委託されてきている実績が増大したり、シルバー産業と称して、福祉的施設が、利潤を追究する一般企業、さらには医療保険制度等によって設置経営される時代となってきたのである。このことは、行革審の最終答申等にみる通りわが国の行政姿勢と認めざるを得ない。

養護施設は特別に扱われようか

養護施設等児童福祉施設に関しては、利用化動勢の中で、国、地方公共団体の責任において、財政負担が約束され、最低基準の改善、確保が間違いなく継続されるであろうか。養護施設には、業務委託制度は実施されないであろうか。

養護施設等児童の生活の場としての福祉的役割を果さねばならない児童福祉施設は、当然、措置制度確立の方向でその運営が保障されるべきであることは言うまでもないが、単に現状の保持に意を用いるだけでは、その願いも長くは続かないかも知れない。

児童福祉研究七号に大谷先生が紹介している、ボールビイの報告書の一節を再び読みかえしてみよう。

「学齢前の乳幼児の集団的施設養護は常に避けなければならない。

学童の場合でも施設養護の期間は出来るだけ短かくして、そのマイナスの影響を最少限にくいとめることが望ましい。

思春期以後の児童期に達してやっと長期の施設養護も適当となる場合がある」と示している。

ここには、短期養護、小規模集団養護、グループホーム制度、里親制度等との協業、また高年齢児の積極的受入れ等が示唆されている。

社会福祉施設が、利用施設と措置施設に、二分される時が必ずしも到来すると考えるものではないが、利用契約事業にはなじめない養護施設と言えども、一部業務委託等の導入の是非を論ずる等の姿勢を求められる時が、近くやってくることは否めない。

児童養護処遇は一致協力して

巻頭の故に多くを論ずることはできないが唯々このことに関しては心配をしている。

それは、団体委任事務化と最低基準の問題である。「一般管理業務に関わる職員の配置基準の廃止」を行う行革審の最終答申や、埼玉県川口市等における、調理業務の企業委託等の実例から、養護処遇は、児童指導員と保母だけで行うとする考え方に対してである。結論的開陳で恐縮であるが、養義施設における児童処遇は、園長以下、事務職員、給食担当職員等も、児童指導員、保母と一致協力して、当たらなければならないと言うことである。養護施設では、全職員が、その任務の分担はあっても、全て処遇職員であると言う認識の中で、最近の制度変様に対応して行くべきであると確信している。〔未完〕

この『児童福祉研究』第一八号が広く児童福祉に努める方々のよき資となることを願ってやみません。

（『児童福祉研究』No.18　一九八六年一〇月に掲載）

■巻頭言

児童福祉研究第一九号発刊によせて

高齢化社会の充実は、子育てに始まる

近年、わが国の福祉は、高齢化社会対策に明け暮れしている。勿論、かつてない高齢化時代を間近かにしている現今の、最重要課題であらねばならないことは言うまでもない。しかし、高年齢層の増大が、必須であればある程、大切なことは、それを支える若年層の質の向上であり、児童福祉・児童健全育成の充実でなければならないことも、また論をまたない。肝賢(かんじん)なことは、お年寄りを大切に思うことであり、お年寄りを大切にすることを、子ども時代に、正しく確実に体得させておかなければならないのも極めて大切なことであるはずである。人間尊重の精神は、人間として生れ、育つ、胎児・乳児・幼児・児童の時代にこそ、しっかりとその心に納めておかれるよう、社会全体が、責任をもって育てなければならないのである。

悪くなった子どもはいない

最近の児童の状況は、反社会的、非社会的行動の目にあまるものがあることを否定はしない。ますますその処遇上困難と思われる児童の数も少なくはない。近頃子どもたちは悪くなってきた、扱い難くなっ

てきたと言うことをよく聞くが、本当に子どもたちは悪くなってきたのであろうか。現実に目にあまるような行動をしている子どもたちを、自然にあれこれ問題行動を起すようになったとばかりは言えまい。極言するならば、すべて、大人がそして社会が、本来純心であるべき子どもたちを、いわゆる悪くしてしまったのではなかろうか。大人の、そして社会の責任は重い。ひとりでに悪くなってしまった子どもなどいるはずがない。

児童養護の原点に思いをいたそう

今、あらためて先人の踏みしめて通られた児童養護の原点に言及するつもりはないが、養護施設として、労基法改訂に伴う、時短課題や、週休二日制対策に対応せねばならない今日、又、養護施設における子育て内容に、新らしい取組みを積極的に進めなければならない今日、敢えて、先人の血と汗・愛と涙で通られた原点に立ちかえり、児童養護の本質を過(あやま)つことなく、児童福祉に携わる全てが、協力して、進まねばならない正念の時であろうと思う。この時にあたり、この研究誌が、諸兄のよりよき資とならんことを切に希うものである。

（『児童福祉研究』№19　一九九〇年五月 に掲載）

■巻頭言

社会的養育の新たな構築をめざして

〝二一世紀に向けて〟と、常に目標を近未来的な将来を意識しつつ、努力してきたことも、今日では未来でなくなり、目前のこととなった。

我が国は、西欧先進諸国のなかでも、最も豊かな経済国家に成長したが、国民は経済的な豊かさのみならず、眞にゆとりのある豊かな福祉社会を求めるようになった。それは、世界における福祉先進国の状況からすれば、努力すべき我が国の近未来目標の姿がそこにあるからである。

それは、社会の大きな流れとして、特に高齢社会に向けて、各々の世代を横断したトレンドであると共に、新しい時代に育った社会人が成長して、意識も変わり、社会サービスとしての福祉も、変化していくことが急速に進むことが、我々は無自覚であっても確実に想像を越える速度で進むであろう。

社会福祉関係八法の改正によって、福祉社会を構築する体制が拓かれ、地域における福祉の基盤整備がなされたことになるが、地域福祉の具体化のために積極的な予算措置が進むであろう。こうした中で、措置施設としての養護施設は、質的にも変化した多様な問題をかかえた家族や、その児童に対する援助が求められ、その対応にも困難を極めることも多くみられる。

人口構造からみても、児童の社会的負担はますます大きくなりつつあり、少子化少産化と、婦人の社会進出によって本来期待されていた家庭における養育・保護能力の脆弱化はまぬかれず、それは親の児童養育に対する社会的養護への依存的期待へとなる。

トワイライト、ショートステイ、不登校対策など、従来の生活を中心とする養護施設の機能に在宅支援策を加えて、地域における福祉サービスの拠点化を考えることは、新らたな福祉の流れからすれば必然的なことである。

二四時間の社会的養育ノウハウを基盤とした、地域在宅福祉への養護施設の可能性は、機能再備をする中で有効であるが、一方、本来の機能である「虐待をうけた子ども、家庭的にその他環境上養護を必要とする児童」への援助は、精神的な外傷体験に対する治療的、教育的配慮と共に、人間愛を修複する物として、より専門性を高める努力とその社会的評価をうけることに迫られることであろう。

本誌が二〇号を発刊するにあたり、今日までの、歴代の諸先輩のご努力と熱意に感謝をいたす次第です。

（『児童福祉研究』№.20一九九二年一二月に掲載）

和歌

戦場(いくさば)に死することなく子等のため
　生きしと思い子等に生かされ

若き頃御国のために捨し身を
　子等と生きゆく守護有難し

戦争は二度とあるまじと思いつつ
　子、孫の代に平和こそ祈る

雅号・冬陽（渡邉茂雄）

社会福祉予算確保緊急全国大会（左から１人目）

第五章　渡邉茂雄先生を偲ぶ

故渡邉茂雄先生の福祉活動に学ぶ

前児童部会長　高橋利一
（至誠学園統括園長）

はじめに

児童福祉研究第28号の「故　渡邉茂雄先生と児童部会活動」の執筆に当たり、長年にわたり社会福祉に貢献された故渡邉茂雄先生のご逝去に接し心より哀悼の意を表したいと思う。

私が児童養護施設至誠学園の指導員として施設運営に従事したのは一九六一年春からであった。その立場もあって、東京都社会福祉協議会（以下、東社協という）の児童関係の施設の集まりである児童部会（以下、部会という）に出席をさせて頂く機会を得た。部会長の松島正儀先生を中心に、そうそうたる施設長の役員の方々によって、児童養護施設と知的障害児施設の児童福祉施設長と従事者によって構成されていた。特に児童養護施設のメンバーであられた渡邉先生、若葉寮の後藤先生、東京育成園の長谷川先生、希望の家の福島先生など、その頃施設長と対等に議論される先生方のその姿に、まだ詰襟姿の私は圧倒された。

私の至誠学園と渡邉先生の調布学園は、前身が少年保護事業であることから同じ歴史を辿ったこともあり、親しく先生とお話しする機会があった。また、職員である自分たちに対し、松島部会長からは「これからは君たちの力が必要だ。児童部会の活動に積極的に参加してほしい」との話があった。そして部会は施設長だけの集まりでなく、東社協の中では稀なる施設長会と従事者会双方から対等に役員を出し運営していく組織だてが実現したのであった。私は当時の指導員会のメンバーとして参画したが、渡邉先生は従事者会長として数々のチャレンジをされていた。

1　国に対する民間施設関係者の予算獲得運動の先駆け、全児従の結成

その一つに、この部会活動を進める上で、子どもの処遇人員配置、また政策的に未成熟な数々の問題が多くある中で、研究活動や、行政に対する予算運動、そして組織活動など山積する問題への取り組みのために、全国児童収容施設従事者会（全児従）の結成を目指して全国の従事者会づくりを呼びかけた。関東地区をはじめ北海道、関西などの各県よりいち早く意思表示がありその後の予算獲得運動の大きな力となった。設立は画期的なものであり、初会合は秋風の吹く湘南の安宿での合宿であった。当時、東京、神奈川を中心として関係者が集まり、東京の渡邉従事者会長が代表となり、全国の使命感に燃える先生方の熱心な協議により活動が始まった。会長には渡邉茂雄先生が選出され、活動の輪を広めていく事になった。事務局は局長として米川先生が選ばれ、若輩の私も関わり先生からは組織運営など多くのものを学んだ。各県による組織化が進む中で、東京における児童福祉活動に加えて、全国社会福祉協議会における全国養護施設協議会に活動の場を移し、予算確保、措置費の分析を通しての活躍は私たちも目

を見張るもので、以後先生は、予算対策委員長として公私格差是正事業からサービス推進費制度につながる約四〇年間の長きにわたる役割を果たされた。児童部会における渡邉先生の予算活動は重ねて、東社協における業種を超えたお働きとしてもその手腕が発揮された。

2　全国養護施設協議会における予算確保運動の先頭に立って

東社協の予算対策委員会委員長としての渡邉先生の予算運動は、措置費の改善や東京都独自の施策やその予算獲得に熱い思いをこめ、全業種を対象とした子どもたち、利用者に対する更なる措置費制度の改善及び従事者の身分保障について、常に東京ならではのものを提案されていた。東京都知事に対する折衝の中で、理路整然と数字で状況を説明され、二一世紀に向けた特に養護施設はかくあらんとの熱のこもった言葉で要求された情景は今も鮮明に思い出される。

全国的予算対策運動としては、先生は全国児童養護施設協議会組織の予算対策部会部長として力を発揮された。毎年一二月、全社協の予算対策本部は麹町のプリンスホテルの近くの全協連ビルの一、二階に置かれていた。また各種団体は自らの本部をかまえ、総力を挙げて運動する状況の中、若輩ではあったが私も東京代表としてそのメンバーの一員を務めた。自民党本部の予算委員会が開催される委員会室の入り口で赤鉛筆印の陳情メモを持ち、議員の方々に「先生これをぜひよろしく」と訴えてみたり、厚生大臣私邸に伺い大臣の奥様に対して子どもの窮状を訴えるなど、渡邉先生の本部の命令に従って行動した。

ある年は特に、松島会長を先頭に緑のはちまきをし、日比谷公会堂での決起集会後、国会へ向けての陳情行進を行った。全国の施設長の先生方や職員が一丸となっての行動隊であった。安保闘争の時代の思い出としては、東大構内の安田講堂の機動隊と学生との攻防戦のさなかにも、全社協の予算確保特別行動班が組織され、東大赤門近くの安旅館に宿舎が用意された。多くの支援による行動班は白鉢巻きに白たすき、まさに新選組のような出で立ちで行動した。時には安田講堂攻防の状況の中に巻き込まれ、追われたこともあったが、もしかすると、若くして終戦を迎えられた先生の郷愁があったのかもしれない。

3　東京都の社会福祉協議会での挑戦

東京における運動は渡邉先生が本格的に予算対策活動に関わられた一九六五年、予算対策委員会が改組された頃からである。当時は予算対策副委員長として活躍されていたが、この活動は業種ごとの予算獲得運動であったことから、これを一本化する組織改革を提案された。折しも東京オリンピック終了直後に開催された東京都社会福祉大会は、オリンピックに集中された民族的エネルギーを今こそ新たな社会福祉事業に振り向けようという呼びかけであった。子ども、利用者の処遇改善、従事者の待遇改善、振興資金原資増、世帯更生資金原資増、そして地域社協の職員増員などが東京都に対する予算陳情活動として展開されたのである。当時は高山委員長であったが、渡邉先生は副委員長として実質上の活動を担われていた。

職員の身分保障、給与改善は一九六八年、東社協として区市町村共同で民間社会福祉施設給与等の実態調査を実施することがこの取り組みの出発であった。ちなみに一九六八年一月、施設長に就任した私の給与は四五、〇〇〇円であった。この間東京都に対する折衝は、渡邉先生を中心とする委員会によって行われていたわけである。

公私格差是正事業の実施が本格的に始まったのは、公私格差是正対策委員会を東社協内に設置し、東京都社会福祉審議会が知事に中間答申として提案したことからであった。そして東京都は民生局長の諮問機関として民間社会福祉施設従事者職員給与公私格差是正事業運用委員会を設置し、一九七一年一〇月一日を起点として三ヶ年計画をもって公務員職員並みに是正することになったわけである。こうした東京都に対する運動はその後、公私格差是正折衝委員会が中心となって進め、東京都が業務を実施する機関として財団法人社会福祉振興財団を設置したことによりさらに充実し、四月には東京都が是正制度を実施した。この間先生を中心とする委員会は各東社協内の業種別部会長に対して、それぞれ調査委員会を設け内容の検討を重ね、一九七八年には民間福祉施設職員給与制度推進委員会が財団の新給与制度について民生局長及び衛生局長へ要望書を提出し、予算対策委員会においては渡邉先生が委員長に就任され、さらに実施を早めた。

民間福祉施設給与制度対策委員会は都の財政再建との関係から折衝は困難であったわけであるが、東京都はこれからの五年後一〇年後の公私格差是正事業が一〇〇億円を超える事業となるであろうという事から見直しが迫られることになった。これは東京都が総合実施計画を策定して予測を出したわけであるが、一九八一年には先生を中心にまとめたこの是正案に対し、福祉予算確保緊急代表者会議が持たれ、その後東京都として緊急集会が持たれたのである。

4　東京の福祉水準の維持・拡充を求める緊急集会、渡邉先生が委員長

それは「民間社会福祉施設従事者職員給与公私格差是正事業を維持しよう」という事が大きな目標となり、一九九八年に約一〇〇〇名の参加者を集め開かれた。実施責任者は渡邉先生であった。

公私格差是正実施の開始は必ずしも各業種における法人の意向というものが一致していたわけではない。実態調査を受けての格差是正という事では、都の公務員との格差というものを前提にしていた。一九七三年民間基準案に対して、東京都が運営面でも法人の主体性を弱体化させるといった反対の声は、そうした中で起こったことであった。しかし、従事者及び施設経営に対して公私格差を是正すること、被措置児に対する教育者の理解は、将来を保証するものとして安心安全な意識を持たせることになったと思われる。一九七三年公私格差問題が軌道にのったわけであるが、この状況は東京独自の政策として行われたわけで、全国的には物価の高騰や燃料不足によって施設経営が困難になる中で、社会福祉施設の危機突破全国大会が開かれることになった。それは東京が率先して都の施設や従事する職員、利用する人の保証というものが進んでいる中、「東京は特別だ」という全国的な認識を持たれる要因になったことも事実であった。

平成に入り、東京都の行政改革大綱によりこの事業の見直しが取り上げられることになった。東社協の予算対策委員会の委員長である渡邉先生はこの予算対策委員会の在り方検討会を設置して、東京都の福祉水準を守る緊急集会を開催し、職員の増配置にかさむ公私格差是正事業の継続を求めていった。し

かし東京都の意向は強く見直しが進められ、折衝委員会の場で「東京都は混乱をきたすことはしない」と、公私格差是正事業からサービス推進事業への折衷案を対策委員会に提出した。従来の格差に対し、民間施設等に対しては新たにサービス推進費という形態で法人の主体性を前提としたモデル給与制度を示した。従来の公私格差是正を民間法人主体の事業へ移行することが提案され、折衝が進められた。この間先生は多くを悩まれ、困難な状況の中でこの制度をまとめていくことになった。各部会もいろいろと折衝委員会の結果に期待していたが、結果的に経過措置を無念のスタンスで考えていき、事業内容も細分化され、人事考課を導入した人事給与制度の策定なども特別委員会として進められた。結果的に二〇〇六年、東社協としての取り組み体制は終了することになった。

これに至る先生のご苦労は大変なもので、各業種代表に対しての説得等は当時の新聞等にも掲載され報道された。その実態を示す記録が「民間社会福祉施設サービス推進費補助について再構築で施設側代表と合意」と当時の都政新報の一面に掲載されている。都と施設側で構成される民間社会福祉施設サービス推進費補助に関する懇談会において内容が示され、再構築によって施設運営に影響が出ないよう五年間の経過措置を行い、東京都が具体的な基準を盛り込んだ要綱を年度内に作成するということであった。この文面中、渡邉委員長の苦悩がいかほどであったかと先生の心中を察し、当時の部会関係者の中では現在も話題となっている。高齢者福祉施設等成人を対象とする施設は当事者との契約による制度となり、保育所は区市町村が主体となって経営に介入されていった。現行のサービス推進費は民間福祉施設の特性と創意工夫によるサービス提供や職員の能力に応じた給与設定など、自主的で柔軟な施設運営を促進することで、多様な福祉ニーズにこたえるために、二〇〇〇年一月から実施された。公私格差是正事業を廃止し、新たなサービス推進費によって施設や法人の主体的な活動に変えようという変更に対して、委員長としての先生は心中を語られないままに、東京都の決定に対して最大限の民間側の要求をしつつ、この閉鎖を迎えることになったわけである。

5　措置児の増加に伴う東京都独自の養育里親制度と渡邉茂雄先生

東京都は児童福祉審議会の中間答申を受け、一九七三年新たな東京都独自の里親制度の充実策として養育家庭制度が進められた。この制度実施までには約四年の歳月を要した。当時は措置児が増加する中、施設設置はなかなか思うようにはならず、多少定員オーバーすることで施設がそれに対応している始末であった。この打開策として里親制度を充実させることで解決しようとする東京都の考えがあり、東京都、児童相談所長代表、部会委員によって東京都の委員会の協議が繰り返された。当時新宿にある中央児童相談所、渋谷にある児童会館の会議室を会場に月に数回開かれ、この議論内容は、従来の国の里親制度において、はたして子どもたちの処遇が改善できるかどうか、保証できるかということであった。

新たな養育家庭制度を推進するために、民間や都立を含めた児童養護施設に里親の支援をする養育家庭センター（以下、センターとする）の設置が盛り込まれていた。このセンターは東京都をおおむね四分割し、その地域の拠点となる児童養護施設が里親の開拓や要措置児童への里親のマッチング、委託後の里親支援、また養護施設に対する里親制度推進のための啓発運動を行うことが、業務として要綱に指名されていた。東京都は協議会メンバーによりこの制度を推進している神奈川、神戸、大阪の実態を直接訪ね、ヒアリングのもとに設立の資料とした。また海外、特にアメリカの里親制度とその支援のありよう、イギリスのバーナーズホームの施設から里親へ移行していく中での制度の推進機能を担う実践なども資料として検討した結果、要件が満たされ、約四年の歳月を要して実施となった。

この間、行政内部における調整に時間をとられた理由としては、児童相談所の業務との児童福祉法二七条がらみの調整や民間施設が併設することへの不安、児童相談所の機能とのダブルマッチング等も含めて調整がなされたとのことであった。至誠学園ではセンター併設も理事会の承認を得、調布学園、東京育成園、都立の石神井学園が同時に出発した。この当時渡邉先生はこの制度推進のための理解を部会内部にも求め、部会でも今後このセンター増設に対して努力をしていくよう、事あるごとに話されていた。

センターは約三〇年間経過する中で、東京都の方針により十分な説明がないままに、福祉局から閉鎖が通告された。委員長として担当課の説明をうけるために課長に面会を求めたところ、受付の担当者の応対に憤慨され、抗議される先生の荒い声がフロア全体に響き、一次は職員の方々が総立ちになるほどであった。先生の心情が伝えられた後、同行した私は治める役目に多少苦慮したのを覚えている。

6　東京都のファミリーグループホーム制度の試行

当時養護施設の主流は大舎制であった。しかし被措置児童のニーズに対応する上で、子どもの生活集団を小規模化することが必要であるとして、新たな取り組みが考えられていた。二葉学園、調布学園においては渡邉先生と職員の方により早くもその取り組みがなされ、この試行はその後の東京都ファミリーグループホームのモデルとなり制度となった。定員の中で、地域に家庭的集団としての規模で六人の子どもたちと二〜五人の職員で構成されるグループホームが実現し、結果として本園の在園児童の生活空間に余裕をもたせることと、職員の増員にもつながることになる。その後、各施設は借家の借り上げか法人の資金を持って、グループホームの併設がされていった。この東京都の実践を踏まえ、私は日本社会事業大学教授として独自の研究を行い、全国調査を実施した。厚生省家庭科の森専門官、大学教員及び東京都における実践をもととして、独自の地域小規模児童養護施設の創設に至った。施設の新設は多額の資金が必要であるが、この制度であれば、借家等で本園の専門機能の支援下六名の新たな定員での運営ができる。それがまさに新ビジョンのめざす小規模化、地域分散の施設の姿でもある。その原点を渡邉先生は提案されていたと思う。

7 西脇基金、杉浦基金の創設に尽力される

東京都養育家庭制度が創設されてから、数年が経過したとき、里親家庭で措置児の火遊びが原因で周辺数軒を巻き込む出火事件が発生した。その当時はこうした案件に対する公的保証は、出火特例法からして東京都として対応できないとのことから、子どもを受託した里親の養育上の責任であり、類焼した周辺の民家に対する見舞金は里親の責任において出費し、その子どもについては措置変更をするということが児童相談所の意向であった。先生は里親に対して経済的負担をかけることはないのではないかと、福祉局と折衝してくださったが、火災保険の対象とはならず、各センターが出資して里親の負担を軽減

した。担当センター施設は東社協貸付金制度の運営資金から借入金をもって里親支援をした。返済期限は一年であったが、その後数年延期していることに不審を感じた当時の山下事務局長の呼び出しでその原因が明らかになった。返済はしたが、多額の寄付金をこうした資金として使用しようとの提案があり、東社協理事会の議案にあげられた。寄付者の杉浦様のお名前による基金が創設され、この対象は児童養護施設児童も対象とすること、ただしこの基金の受諾対象となる施設、里親は相互扶助制度として年額で児童定員に応じて会費を納めるということで現在も継続している。その理事会には、理事の渡邉先生はご都合で欠席とのことで、該当センター長の私が代理として説明役となり出席した。当事者から設立主旨を心情も含めて伝えることを考えられた、たぶん渡邉先生のご意向によるものであった。

　西脇和昭奨学基金の創設については、東京都から施設の子どもたちのための奨学基金としての寄付金の申し出があるとして、知事室に呼ばれたことに始まった。当時まだ大学等への進学者は少なかったが、養護施設と養育家庭を対象として大学、専門学校進学者に生活資金として月額三万円を支給するため、運営委員会が設置された。この資金の運用について協議が重ねられ、当時の鈴木俊一都知事に対して、施設における子どもの状況と説明に伺った。「知事は高橋さんの地元出身だから」とおっしゃり、これも渡邉先生のご配慮があったのだと思う。知事とは会議等でお会いする機会があり、これまでも学園の理事からも友人だと色々なお話は伺っていたが、この機会は好機で東京における養護児童の実態や大学等へ進学資金の問題など様々なお話ができた。それにつけても先生の後継者の育成としての配慮だと改めて思う。発足当時は六名の申請学生であったが、今日では約二〇〇名の学生が受給しており、西脇様のこの基金を応援しようと、会計事務所を経営される宮内ご夫妻の発起で西脇基金を支える会が発足され、部会長として渡邉先生はこの支える会の会長を務められた。

8 協力団体との連携

児童部会の新年総会には毎年多くの協力団体とその代表の方々が参加してくださっている。他の部会では見られないものであるという。渡邉先生は年末年始の挨拶のため、協力団体の事務所へと私たちを部会に促し、訪ねられる。森先生に教えられたと言われながら、こうしたフェイストゥーフェイスの活動が渡邉児童部会長によって部会文化として息づいているのだと思う。

おわりに

渡邉先生とご一緒に活動した記録は、とてもこの限られたページの中では語りつくせない。長谷川部会長、渡邉部会長にお仕えした中で、七〇年安保、八〇年安保の時代の日本、特に東京における養護施設内の困難も多くあり、そうした中、常に子どもの権利擁護を前提とした部会の使命を伝え続けられた。部会内部においてだけでなく、厚生省、東京都、民間の各種団体に対する、先生の活躍や手法は、常にその相手は誰か、何をどうするかを基本に考えられている。ミッションを、時代におけるビジョンを明確に持たれ、戦略的判断は適格性に富んだものであった。渡邉先生の後任として部会長を務めさせていただいた私には、先輩としての活動のスキルを学ぶだけでなく、先生のバックボーンとして宗教観というものは具体的表現はなされなかったが、信念におありだったことも学んだうちのひとつであった。私が部会長を務めさせていただいたのも先生のサポートがあったからこそで、ご相談する案件に対しては、多くはそれでいいと賛意をくださった。その裏付けによって自信をもって部会員に諮ることができた。社会福祉法人の在り方、使命は、大阪の先行例に対抗して東京も独自に法人で進みだそうとの強い意見もあったが、日本のモデルを表す東京では、東社協を基幹的存在として、法人総意でやるべきものとの方針を貫いてきた。このことは私の最後の取り組みであり、先生のご指導によるソーシャルワークマネジメントと私の決心であった。そして、佐々木総務部長、川上調査研究部長、土田予算対策部長、古谷野研修部長のお力をいただきながら、常に顧問としての先生の励ましがあった。今日の児童部会は、全ての児童養護施設が総力を挙げて東京の児童養護、子どものこと、職員のこと、自立していく子どもたちへの責任というものの自覚の中で、目標を掲げつつ進めている。その姿は、正に先生はじめ諸先輩の先生方が作り上げていかれた姿だと思う。今、社会福祉法人に大きな改革が求められ、更に社会的養護に対しても大きな変革が求められている時期に、改めて先生の存在が必要であった。多くの先生の姿を後世の手本にしつつ、部会が進められることを祈りたいと思う。

（『児童福祉研究』№28　二〇二〇年三月に掲載）

追悼　渡邉茂雄顧問

前第二調布学園施設長　春日　明子

つながりの中で豊かさをつくった七二年

渡邉茂雄先生が六月一三日に亡くなり三ヶ月が過ぎようとしている。

お亡くなりになる一年半前までは調布学園で生活をしており、誕生日には「大先生（渡邉先生）誕生日おめでとう」とカードのプレゼントが沢山届き、部屋にはこのカードを壁に貼られていた。渡邉先生は目を細めて「ありがとう」の連発と握手。幼児・小学生は大満足の笑顔であった。

地域の方と共に登校時に見守りと挨拶。「おはよう」の声掛けを行い、「大先生、おはよう。いってきまーす」と子ども達は元気よく、それぞれの学校に向かうことが一日の出発であり、子ども達の元気な姿を見ること、そして地域とのつながりを自ら大切にしてきた渡邉先生は、地域の自治会連合会の会長を長年引き受けてきた。

九〇歳の誕生日、七月二二日に子どもと職員でお祝いが出来なかったことが残念でならない。

調布学園の卒園文集と「語らいのうた」には、渡邉先生が私たちに伝えたいことが残されている。追悼の意を込めて、ここに残したいと思う。

児（こ）への想い

近年の卒園文集を読み返して見ると、渡邉先生は挨拶において、あなた達の「ふるさと」は調布学園であり、何時でも相談に来て良いことを述べ、出会った子どもを大切にしている。

子ども達も大好きな大先生。「僕おにぎりを二つ食べたから、大先生も一つじゃやだめだからね」「大先生いないけど部屋に行っていい？」「元気出して」と励ます少年たち。卒園した少年・青年達と友としてのつながりを最後まで持ち続け、六〇歳、七〇歳になる卒園生は渡邉先生に会いに来園する。

卒園式では、「偉い人より立派な人になってください」といつも訴え続けていた。

「卒園するわが友よ」　一九八五年三月

「明日へトライ！」を読ませて頂いた。それぞれこもごもの想いが述べられている。よくもここまで頑張ったものだと感じる。素晴らしい努力だ。立派な成長だとも喜び、目頭の熱くなる思いである。この子たちを育てて下さった先生方に心からの感謝を捧げたい。

今日からは、生徒ではない。社会に出たら卒園生ではない。私たち職員と同じ社会に働く友となる。自分のことは、自分でやるしかない。住まうことも、寝ることも、食べることも、癒すことも、自分のことは、誰れも当てにはできないのである。自分が必要とする費用は、自分で働いて得たお金で賄うことになる。どうしても困った時は、友としての調布学園の職員に相談を、友としてできる限りのことを、その友の誰かが、誰れでもがきっとしてくれると思う。明日の日を思えば、今日、明日に備えておかねばならない。友を信ずるから信じてられる。友を助けるから助けられる。今日の友を信じ、友を助けることをしないでは、明日友に信じられ、友に助けられることはむずかしい。

卒園するわが友よ
健やかであれ、身もそして心も
卒園するわが友よ
一寸のことで、へこたれるな。若いうちの苦労などは、出来るだけしておくべきだと思う。君たちは、それが出来ると信じている。
卒園するわが友よ
立身出世も良いけれど、えらい人になるよりは、誰れからも慕われ、誰れからも尊敬され、誰れからも頼られる立派な人となってほしい。
卒園するわが友よ
幸せになれ、「陽気ぐらし」こそ君たちの目標なのだから。（未完）

「飛びたてよ　自分の力で未来へと〜Ｔｏｍｏｒｒｏｗ〜」

二〇一六（平成二八）年三月二一日

卒園お祝いします。

卒園　お目出とうございます。学園生活は一五年・七年・五年・三年と違いますが、調布学園は、卒園する皆さんの、若き時代の「ふるさと」です。「大先生」と言われている私にとっても、一七歳の時に終戦を迎えて六踏園に勤めることとなって七〇年、この「調布学園」は一番大事な「ふるさと」です。何時でも遠慮なく、調布学園に来てください。後輩の仲間達も、職員誰もが、卒園してゆく先輩たちが、社会で頑張って居ることを心より願って居り、盆踊りや、お正月など、何時でも時間があったら学園に来てくださいと願っています。

先日も、もう五〇年以前の卒園した二人、七〇過ぎのおばあちゃんになって、二人して「先生、病気になんか負けないで……」と言い、シャツやズボンのいたんだところ針仕事でなおしてくださいました。卒園生の優しさは、八八歳になる先生には、とても嬉しい力づけになりました。卒園して、だんだん社会人となる、あなた達も精一杯親孝行をしましょうね。

今の社会は、必ずしも過ごし易い社会とは言えないかも知れませんが、学園にしばらく残る人も、お家に帰る人も、社会生活に巣立つ人も、どんな苦労があっても、元気で、その日その日を、どうか健康第一に心がけて、頑張ってください。先生も心からお祈りしています。

これが卒園文集としては最後のメッセージとなったが、今年三月の卒園式にも参列してくださっていた。

「語らいのうた」より

渡邉先生は「語らいのうた」として句や歌を書き綴っている。日々、感じた子どもや職員、ご家族のことなど、16集より先生の生きてきた証を紹介させていただきたい。

若き頃、師に賜りし号　冬陽（とうよう）
（冬の陽になれ）

二〇一五（平成二七）年二月一一日

特攻を目指しわれも八十路秋
戦いに親と別れし児（こ）らも喜寿
戦いに親奪われし児（こ）らも喜寿
児（こ）と生き八十路のわれに
　児（こ）ら優しき
七〇年昔のことは思いまい三月一〇日

戦争反対子たちに誓う。
戦争体験子たちに話し。
世界に戦争なくすぞと誓う。

六踏園に在籍した少年達が一〇〇名余、東京大空襲で亡くしたことが「語らいのうた」に綴られ、毎年三月職員会議で冥福を祈り、子ども達には戦争の話、平和の大切さを伝えてくれた。

毎年、欠かさず元日と三月一〇日の命日には命ある限り墓前にて、二度と戦争なきを誓うと心に決め、参っていた。

「語らいのうた」16集には、子ども・卒園生・職員・家族・喜び・悲しみ・感謝の言葉と病気との闘いが綴られている。

職員（ひと）への想い

渡邉先生は全国児童養護施設協議会（全養協）の役員として予算対策の運動にかかわり、子どもの生活保障・職員の増員と給料の改善の運動を展開するとともに、措置費の研修会を都道府県で実施、運動の礎を築いてきた。大切な活動として私たちも応援をしてきた。

調布学園においても、子どもの養育には長く働き続けることが大切と、働きやすい職場づくりを目指す長として努力をしてこられた。卒園文集で「卒園するわが友よ」で述べていることを職員に置き換えることができ、職員一人一人を大切に守り育てられ、私たちは渡邉先生と一緒に仕事が出来たことを誇りに思っている。

職員は長く働き続けるための働き方を渡邉先生と一緒に考え始め、結婚しても働き続けられるよう、住み込制から通勤制に、グループ勤務と働き方の改善に協同して取り組んできた。法人の力を借りながら職員を増やし、職場内保育（一七時から二一時）の実施を決断した先生に偉大さを感じ、先生と職員が語り合いながらの施設づくりは、養護実践を高めることにつながった。

「語らいのうた」より

一簣（いっき）の功一人一人の
　日々の勤めありてぞ
　　子等そだちゆく
ベテランも新人も一人一人の職員の日々の努力で子達の成長が生まれる

平成二五年正月二三日

経験の豊かな職員（ひと）の
　力をば発揮頂き
　　若きを伸ばせ
　古き熟練の方の経験と実践の上に若き人のよき処を伸し、皆で定めた子の幸せ
　の歩みたい

平成二五年二月七日朝

恩師・盟友を偲び
新年会十年勤続の方々に
お祝い申しぬ
　恩師　偲びつ
恩師松島先生、高島先生、森先生、今井先生、思い出し乍、お祝い申し上げ心の
中で感謝しました

平成二五年正月二三日

「最高の兄でした」
　児の道に入りてからの盟友の
　　教の消ゆるの悲しさを味わう

後藤さん、村岡さん、長谷川さん、上栗さん、畑さん……　そして今日も亦、
　とても大切なかたなのに

平成二五年三月一〇日

目黒若葉寮の後藤先生・二葉学園の村岡先生・渡邉先生の三人は全養協と児童部会の活動に若い施設長として加わり、後藤先生は運動の具体化、村岡先生は子ども人権を守る養護理論の構築、渡邉先生は措置費の積算化と三人の持てる力を発揮途中、早い時期に後藤先生がお亡くなりになり、村岡先生もお亡くなりになり、たいそう悲しんでおられた。

最後は入退院を繰り返した一年だったが、生涯現役をつらぬいた生涯であった。

渡邉先生のご冥福をお祈りいたします。


（『児童福祉研究』No.28　二〇二〇年三月に掲載）

和歌

雅号・冬陽（渡邉茂雄）

語らいて歌にもならで心のうち
　ただペンにのせ思いしままに

勲章を頂くことがこんなにも
　心乱すは聊か恥かし

福祉でも医療のことも文明も
　貧しきひとの問題を芯に

あとがき

二〇二〇年一〇月、渡邉先生の遺稿を整理しようと元職員を中心に編集作業が始まりました。出版時期を同じ一〇〇周年記念事業の一環として取り組まれている調布学園・第二調布学園の全面改築の完了に合わせるように取り組みました。

これまで渡邉先生が執筆してきた論文は、三二歳での初執筆以来、七八歳までにわたり実に多くの論文を執筆しています。その多くの論文を制度論、養護論、施設論の分野別に、そして年代別に整理してきましたが、それらは、渡邉先生の信念や実践に基づいた内容と言えるものです。

制度論では、児童の生存権と発達権を保障する立場から措置費の拡充を求めて、措置費に精通し言及するとともに、予算対策運動の中心となって、国や東京都に働きかけてきました。

養護論では、児童中心主義に基づき、子どもの成長と自立を見守るとともに、子どもたち同士の「育ち合い」を大切にして、子どもの主体性と自治力の形成に努めてきました。さらに養育家庭制度、グループホーム、子どもショートステイ事業の実践は、今日の児童養護施設の高機能化、多機能化を示す先駆的な取り組みと言えます。

施設論では、「福祉は人なり」「運営の根本は人なり」の精神の下、学園の基本理念の一つである「永く働き続けられる職場づくり」に取り組んできました。日々の養護の向上・充実化を図るため、毎年、すべての部署と係で一年間の実践を振り返り、次年度の計画を立てる（総括・方針）文書の作成と討議を行なう養護実践検証システムを五〇年前から確立してきました。また、職員の「働きがい」「働きやすさ」も大切にし、様々な労働条件改善を養護内容の向上と統一させながら進めてきました。職員のワークライフバランスを重視しながら労働の多様化をすすめ、母性保護の拡充とともに夜間の職場内保育所の設立など労働環境の整備を進めてきました。さらに、「全職員が子どもの成長に関わる」として、全員参加型の運営とともに、「最後は園長が責任を取る」として、職員の積極性・創造性を後押しし、ボトムアップ型の職員に開かれた「風通しの良い」施設運営をすすめてきました。これらの取り組みは、時代に先駆けた取り組みであり、その業績ははかりしれないものがあると思われます。

これらの諸論文を整理・編集して刊行することが、福祉職場で働いている人、研究者、そして福祉を学ぶ学生さんにとって貴重な財産となることを、そして、次への架け橋へとつながっていくことを願うものです。

渡邉先生は、終戦直後から亡くなるまでの七〇余年、児童の幸福と福祉の向上に向け、一途に歩んでこられました。その時々の思いを和歌に託し、その数は「語らいうた」として二万首にも及んでいます。表紙タイトル「児・職友と生きる」もこの「語らいうた」の中から、選びました。

本書の刊行にあたっては、至誠学舎理事長の高橋利一先生をはじめ、全国社会福祉協議会、東京都社会福祉協議会、鉄道弘済会、医歯薬出版株式会社の皆様に大変お世話になりました。

また、出版にあたっては、ひとなる書房の名古屋研一さん、日置公一さんに過分なるご協力をいただきました。末筆ながら厚くお礼申し上げます。
ありがとうございました。

二〇二二年　三月

渡邉茂雄論文集　編集委員会
石井義久　伊藤直利　小倉誠治
春日明子　佐々木路子　山川慎子
（五十音順）

渡邉茂雄　年譜と業績

年	渡邉茂雄先生の経歴	年齢	論文名	社会・福祉の動き
1928（昭和3）	7月出生	0歳		
1941（昭和16）		13		12月　太平洋戦争開戦（～1945年）
1943（昭和18）	陸軍航空士官学校入隊	15		
1945（昭和20）	都立第一中学校卒業 六踏園赤熊作業所書記 六踏園調布学園指導員	17		3月 東京大空襲 8月 太平洋戦争終結 12月 厚生省「救済福祉に関する件」をGHQに提出
1946（昭和21）		18		11月 日本国憲法
1947（昭和22）		19		3月 教育基本法 4月 労働基準法 12月 児童福祉法
1948（昭和23）		20		11月 里親制度開始 12月 児童福祉法施設最低基準
1950（昭和25）		22		5月 精神衛生法 5月 新「生活保護法」 11月 全国養護施設協議会結成

年	役職等	年齢	著作	社会の動き
1951（昭和26）		23歳		3月 社会福祉事業法 5月 児童憲章 9月 日米安全保障条約締結 10月 福祉事務所発足
1960（昭和35）		32	●「養護施設の労務管理について」	1月 日米新安全保障条約 3月 精神薄弱者福祉法 9月 カラーテレビ放送開始 12月 国民所得倍増計画が決定
1962（昭和37）	全養協予算対策副部長（〜65年）	34	●「養護施設保母の職務内容の考察」	4月 全国老人クラブ連合会結成
1964（昭和39）	厚生省中央児童審議会臨時委員（〜66年）	36	●「措置費について」	7月 母子福祉法 第二水俣病発生 10月 東京オリンピック開催
1965（昭和40）	六踏園理事 調布市民生委員推薦委員（〜74年） 六踏園調布学園園長	37		
1966（昭和41）	全養協予算対策部長（〜68年）	38		5月 福祉活動専門員の配置
1967（昭和42）	東社協児童部会副部会長（〜78年）	39		8月 公害対策基本法
1968（昭和43）	六踏園皐月母子寮長	40		4月 東名高速道路開業 6月 小笠原諸島返還 12月 第一回子どもの人権を守る集会開催 「子どもの人権を守るために」第一集刊行

1969（昭和44）		41歳	●「改善の主役は施設である—民間社会福祉施設　職員給与改善のために願う—」	
1970（昭和45）	東社協評議員（～82年）	42		3月～大阪万博開催 5月 心身障害者対策基本法 12月 季刊「児童養護」創刊
1971（昭和46）	東京都公私格差是正事業創設に尽力 調布市社協評議員（～79年）	43		1月 厚生省「開是正方針」提示 11月 全社協給与改善要求全国大会開催 12月 労働省社会福祉施設の監督指導強化
1972（昭和47）	調布市富士見町連合会会長（～82年）	44	●講座「措置費について①」 ●講座「措置費について②」	2月 札幌オリンピック開催 5月 沖縄返還
1973（昭和48）	全養協総務部副部長（～76年） 養育家庭センター長	45		第一次オイルショック 12月 養護施設職員の労働適正化委員会設置
1974（昭和49）		46	●座談会「子どもの処遇と職員の労働適正化問題について」	
1976（昭和51）		48	●「児童福祉の課題と予算対策」 ●「措置費の推移と課題」	2月 ロッキード事件
1977（昭和52）	全養協総務部長（～83年）	49	●「養護施設における課題とサービス体系」 ●新聞記事「児童福祉法をかえりみて」	

1978（昭和53）	六踏園調布学園園長 東社協児童部会長（～93年） 東社協施設連絡協議会副委員長（～83年） 東社協予算対策委員会委員長（～06年）	50歳	●「養護をめぐる運営・管理と組織化」（初版）	第二次オイルショック 5月 成田空港開港
1979（昭和54）	11月 都知事感謝状（社会福祉功労）	51	●巻頭言「児福祉研究」再出発に祈る	1月 国際児童年
1980（昭和55）	グループホーム試行	52		
1981（昭和56）	全養協副会長（～93年）	53	●「労働条件の向上と処遇の向上の接点」 ●「労基法問題と児童養護」	1月 国際障害者年 5月 ベビーホテルでの事故が社会問題化 児童福祉法改正
1982（昭和57）	全社協施設制度基本問題研究委員会 日本社会事業大学評議員（～06年） 社会福祉法人清友会理事（～06年）	54		
1983（昭和58）	施設連絡協議会委員長（～93年） 都知事表彰（社会福祉功労）	55		6月 平均寿命、男女とも世界一となる

1984（昭和59）		56歳	●「期待する職員像」 ●巻頭言「新たな養護施設活動の展開」	
1985（昭和60）	東社協理事会理事（～89年） グループホーム認可	57		3月 つくば万博開催 4月「福祉ボランティアのまちづくり事業」開始 6月 男女雇用機会均等法
1986（昭和61）	天理教東本大教会役員 厚生大臣表彰（児童養護功労） 児童福祉友愛互助会 杉浦西脇基金委員長（～08年）	58	●「最近の福祉行政の動向をめぐって ―機関委任事務から団体委任事務へ・ 児童相談所の区移管問題・ 公私格差是正事業の見直し―」 ●「『公私格差是正事業』の経緯」 ●巻頭言「変様する社会福祉施設制度」	6月「長寿社会対策大綱」閣議決定 12月 老人保健法改正
1988（昭和63）		60	●「一一一号通達を考える」	
1989（平成元）	東社協副会長（～93年） 全社協予対委員（～95年）	61		4月 消費税開始（3%） 12月 ゴールドプラン策定
1990（平成2）		62	●巻頭言「児童福祉研究第一九号発刊に寄せて」	6月 福祉関係八法

1991（平成3）	東京都社会福祉審議会臨時委員（～93年）	63歳		4月 ふれあいのまちづくり事業開始
1992（平成4）	ショートステイ事業開始	64	●巻頭言「社会的養護の新たな構築をめざして」 ●座談会「東京の養護 昔・今・未来」	6月 福祉人材確保法
1993（平成5）	東社協参与（～07年） 東社協総合企画委員（～07年） 都知事感謝状（養育家庭制度功労）	65	●新聞記事「緊急時に子供預かります」 ●インタビュー記事「養護施設が地域の家庭の子育てを支援」 ●「養護をめぐる運営・管理と組織化」（加筆）	4月 福祉人材確保指針策定 12月「心身障害者対策基本法」を「障害者基本法」に改正
1994（平成6）	天理教本延分教会 五代会長	66		1月 国際家族年 7月 こども未来財団発足 12月 エンゼルプラン策定 12月 新ゴールドプラン策定
1995（平成7）		67	●記念講演「二一世紀に向けて従事者に期待するもの」	5月「精神保健法」を「精神保健及び精神障害者福祉に関する法律」に改正 12月「高齢社会対策基本法」
1997（平成9）	公私格差是正事業対策委員会委員長（～02年）	69		
2002（平成14）	民間社会福祉施設サービス推進費補助特別委員会委員長（～07年）	74		9月「少子化対策プラスワン」発足 11月「構造改革特区法」成立

2005（平成17）	社会福祉法人清友会評議員	77歳		4月「個人情報保護法」施行 6月「身体障害者雇用促進法」改正 「介護保険法」改正 10月「障害者自立支援法」公布 11月「高齢者虐待防止法」公布
2006（平成18）	六踏園調布学園統括園長 瑞宝双光章受賞	78	●「措置制度および措置費制度をめぐって」	5月「公益法人制度改革関連法」成立 6月 認定こども園設置法公布
2018（平成30）	6月 永眠（89歳）	89		
2020（令和2）			●「故渡邉茂雄先生の福祉活動に学ぶ」 ●「追悼　渡邉茂雄顧問」	2月～ 新型コロナウイルス 全世界で大流行

児(こ)・職友(ともも)と生きる　渡邉茂雄論文集

2022年6月15日　初版発行

編　者　渡邉茂雄論文集
　　　　編集委員会
発行者　名古屋　研一
発行所　(株)ひとなる書房
東京都文京区本郷2-17-13
広和レジデンス
電話　03(3811)1372
FAX　03(3811)1383
E-mail : hitonaru@alles.or.jp

印刷・製本/モリモト印刷株式会社